도해식 분재가꾸기·차례

〔컬러화보〕
盆栽의 美 ··· 2
　　　　　　송백분재편　　2
　　　　　　상엽분재편　　6
　　　　　　상화분재편　12
　　　　　　상과분재편　15
기초 강좌 ·· 18
　　　　　　　　전정　18
　　　　　　철사걸이　20
　　　　　　　　분갈이　22
　　　　　　　분재도구　24
송백분재편 ··· 25
　　　　　　　　해송　26
　　　　　　　섬잣나무　38
　　　　　　　　진백　50
　　　　　　　노간주나무　58
상엽분재편 ··· 67
　　　　　　　　산단풍　68
　　　　　　　　당단풍　76
　　　　　　　　느티나무　84
　　　　　　　너도밤나무　92
　　　　　　애기노각나무　100
상화분재편 ·· 109
　　　　　　　　매화　110
　　　　　　　사쯔기철쭉　118
　　　　　　　　장수매　126
상과분재편 ·· 133
　　　　　　　　낙상홍　134
　　　　　　　　모과나무　142
　　　　　　　　심산해당　148

Green Life

송백분재편

해송 樹高65cm

해송 海松 Pinus thunbergii
소나무과(科)의 상록교목.

해송 樹高65cm

섬잣나무
Pinus parriflora
소나무과(科)의 상록교목.
울릉도에서 자라며 관상용
으로 흔히 재배한다.

섬잣나무 樹高65cm

섬잣나무 上下55㎝, 左右90㎝

진백

Juniperus chinensis var. Sargentii

향나무과(科)의 고산성 상록수.

진백 樹高78cm

진백 樹高72cm

노간주나무 樹高93cm

노간주나무 Juniperus rigida
측백나무과(科)의 상록 침엽교목
노가지나무라고도 한다. 산록 양지쪽 특히 석회
암 지대에 잘 자라며 우리나라 전국 각지와 일
본, 중국, 몽고, 등지에 분포한다.

노간주나무 樹高63cm

상엽분재편

산단풍 樹高59cm

산단풍
Acer palmatum var. Matsumurae

산단풍 樹高 68cm

당단풍 唐丹楓 Acer buergerianum
단풍나무과(科)의 낙엽 활엽교목.

당단풍 樹高 57cm

당단풍 樹高45㎝

느티나무
Zelbova serrata
느릅나무과(科)의 낙엽 활엽교목.

느티나무 樹高55㎝

느티나무 樹高70㎝

너도밤나무 樹高 87cm

너도밤나무
Fagus crenata var. multinervis

참나무과(科)의 낙엽 활엽 교목. 울릉도의 특산 식물이다.

너도밤나무 樹高 85cm

애기노각나무 樹高65cm

애기노각나무
Stewartia monadelpha

애기노각나무 樹高90cm

상화분재편

매화나무 樹高69cm

매화나무
Prunus mume

매화나무 樹高 上下52cm, 左右60cm

매화나무 樹高73cm

사쯔기철쭉
Rhododendron indicum
진달래과(科)의 상록관목. 일본이 원산지이며 잎 모양이 작고 초여름 6월에 피는 작은 꽃이 아름답기 때문에 분재계에서는 매우 인기가 높다.

사쯔기철쭉 樹高48cm

사쯔기철쭉 樹高64cm

장수매 Chaenomeles japonica
장미과(科)의 낙엽관목.
잎이 작고 짙은 초록색으로 윤기가 있으며 주홍빛의 꽃은 사계절 피며 잔가지도 잘 자라기 때문에 분재를 위해 태어난 듯하다.

장수매 樹高40cm

상과분재편

모과나무 樹高90cm

모과나무 Pseudocydonia sinensis
장미과(科)의 낙엽활엽수.
원산지는 중국이나 요즘 우리나라 가정에서 정원수로 널리 재배되고 있다.

낙상홍
Ilex serrata

모과나무 樹高88cm

낙상홍 樹高65cm

낙상홍 樹高57cm

심산해당 Malus sieboldii
장미과(科)

심산해당 樹高81cm

심산해당 樹高52cm

전정

전정은 너무 많이 자란 가지를 잘라 주거나 불필요한 가지를 완전히 제거하는 작업을 말한다. 그래서 전정의 배경에는 반드시 정자(整姿)를 목적으로 하는 것과 나무의 생육을 꾀하는 양면이 있다.

즉, 어린나무를 양성하는 단계는, 장래에 가지로 사용하고 싶은 가지의 생육을 방해하는 가지(불필요한 가지)를 자르거나, 대생지와 차륜지 등 수형을 구성하는 데 좋지 않는 가지(꺼리는 가지)를 정리하는 가지 솎기가 수반된다. 또 사용할 가지는 잔가지의 분기를 위해서 잘라 주어야 한다.

수형이 어느 정도 잡힌 나무의 가지 솎기는 드물지만 수형의 유지를 위한 가지의 전정은 계속 반복해야 한다. 이것은 속 가지의 일조와 통풍을 개선시켜 준다는 목적도 있다.

이와 같이 분재의 전정은 항상 수형의 유지 향상과 생육이라는 두 가지의 목적을 만족시켜 주어야 한다.

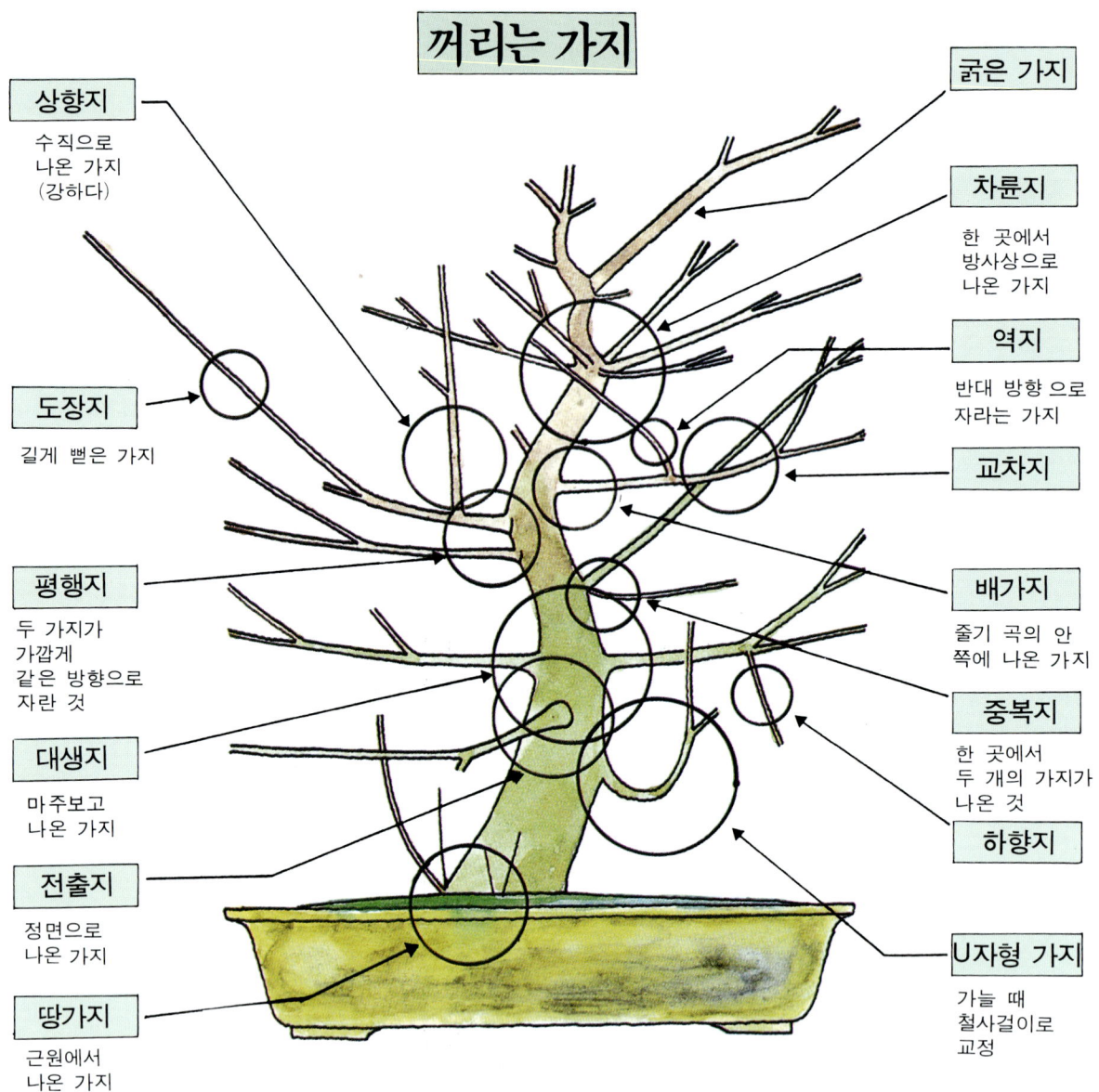

꺼리는 가지

- 상향지: 수직으로 나온 가지 (강하다)
- 도장지: 길게 뻗은 가지
- 평행지: 두 가지가 가깝게 같은 방향으로 자란 것
- 대생지: 마주보고 나온 가지
- 전출지: 정면으로 나온 가지
- 땅가지: 근원에서 나온 가지
- 굵은 가지
- 차륜지: 한 곳에서 방사상으로 나온 가지
- 역지: 반대 방향으로 자라는 가지
- 교차지
- 배가지: 줄기 곡의 안 쪽에 나온 가지
- 중복지: 한 곳에서 두 개의 가지가 나온 것
- 하향지
- U자형 가지: 가늘 때 철사걸이로 교정

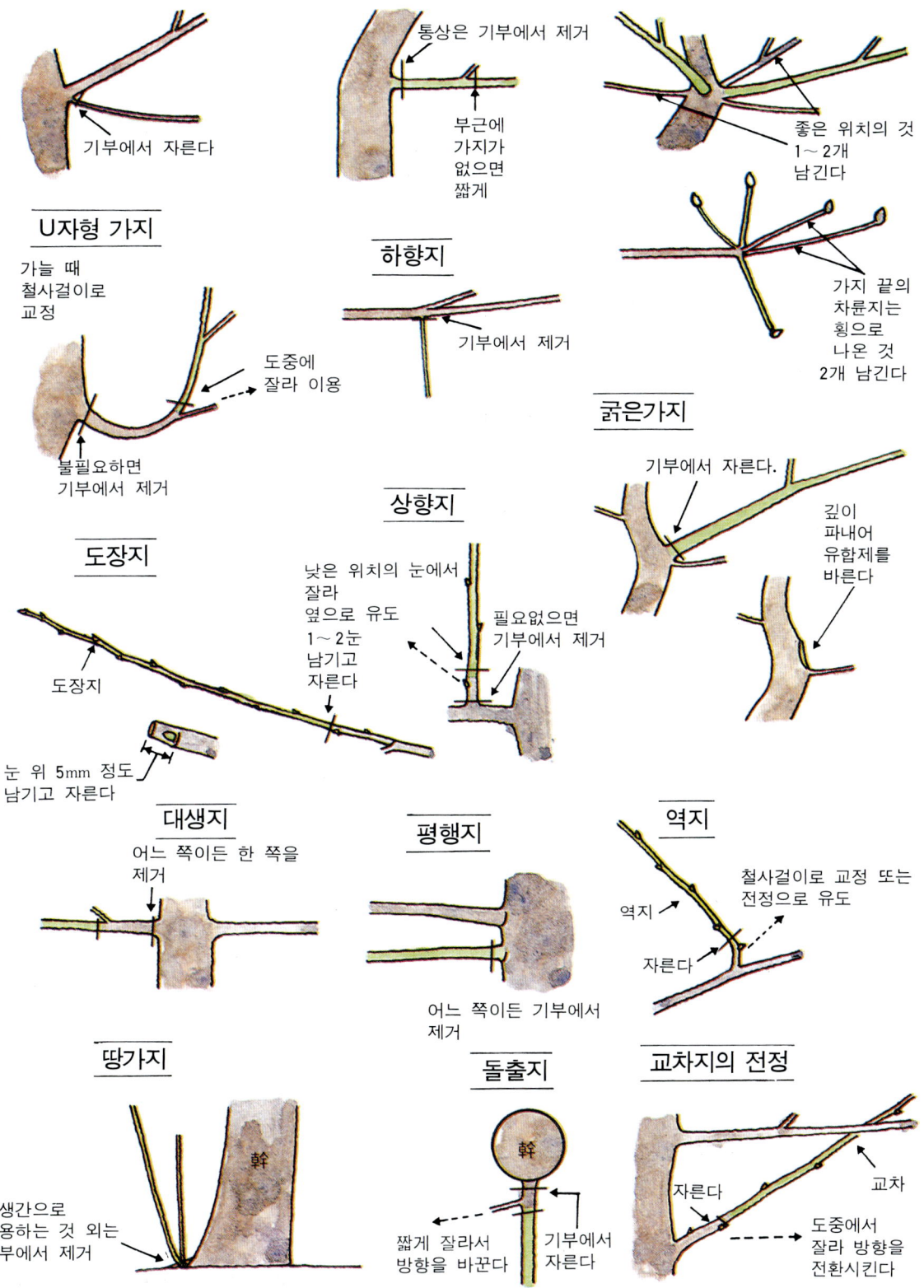

철사걸이

철사걸이는 분재의 수형을 만드는 데 있어서 기본적인 정자 작업의 하나이다. 통상 전정과 동시에 하게 되는 경우가 많으며, 줄기에 철사걸이를 하는 경우는 장래의 수형의 방향을 결정 짓는다고 해도 과언은 아니다.

철사걸이는 결코 무익하게 줄기와 가지에 곡을 넣는 것이 아니다. 그 나무의 개성과 멋을 살리는 자연스러운 작업이 되어야 한다.

나무의 장점과 단점을 살펴서 장점은 살리고 단점은 교정시켜주는 것이 철사걸이의 의의이며 목적인 것을 잘 알아야 한다.

낙엽수류는 대개 수피가 약해서 상처를 입기 쉬우므로 반드시 종이를 감은 철사를 사용하며, 철사가 수피에 파고 들기 전에 빨리 풀어주는 것을 잊어서는 안 된다.

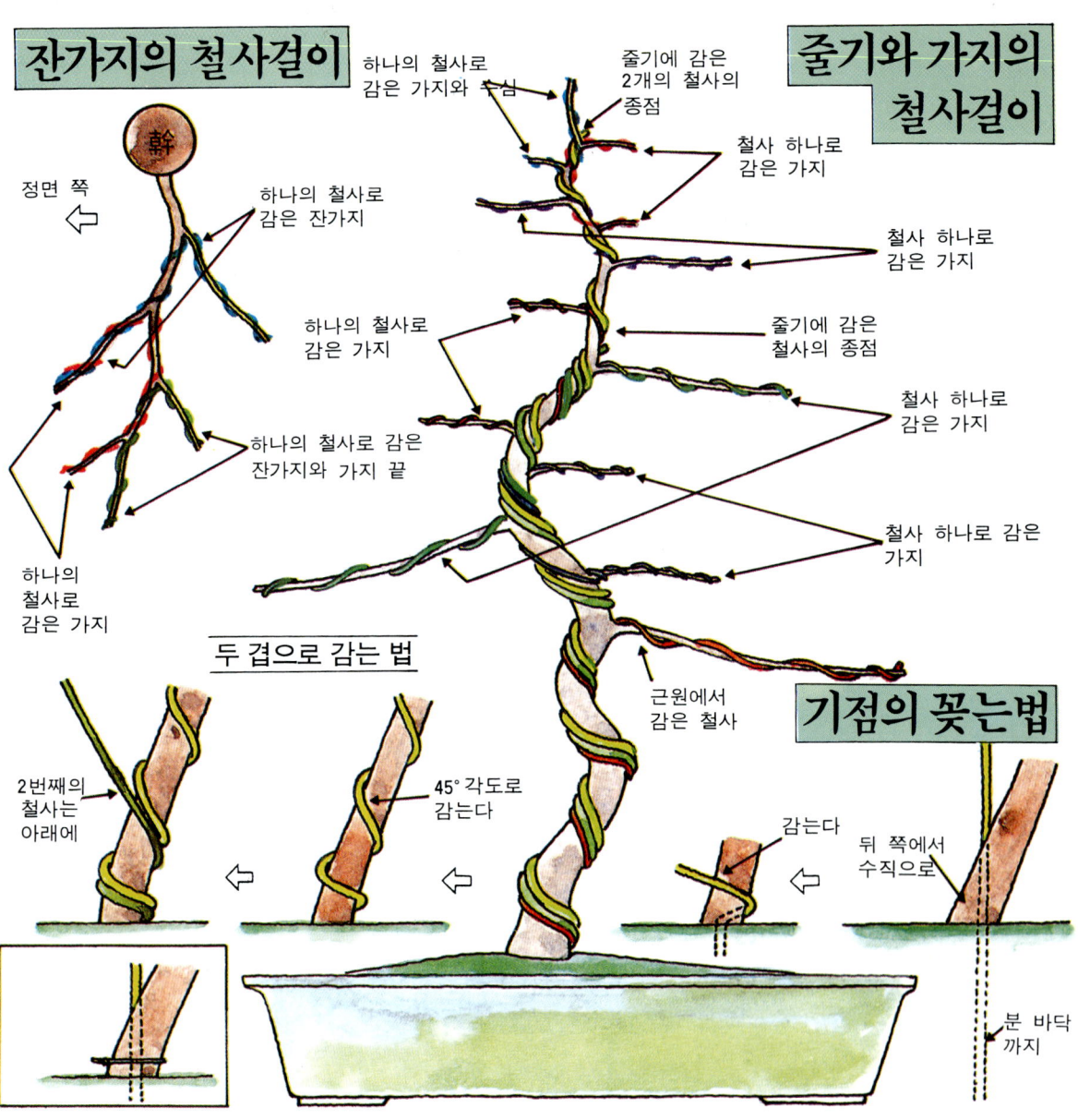

가지에 감는다.

줄기에서 가지로 감는 법
- 위로 오도록 ○
- 아래로 오지 않도록 ×

철사 하나로 2개의 가지에 감는다.
- 도중에 1~2번 감는다

철사가 적게 보이도록 감는 요령
- 幹
- 철사가 적게 보인다 ○
- 철사가 많이 보인다 ×

철사하나로 한 가지에 감는다.
- 기점
- 뒷쪽에서 가지의 방향으로 대고 철사를 앞쪽으로 돌려감는다

곡을 넣는 법
- 幹
- 곡의 등에 가지가 오도록
- 등 / 배

줄기에 감는다.

굵기가 달라질 때
- 가는 줄기는 가는 철사로
- 굵은 철사의 종점

철사 감는 요령
- 종이 한 장이 들어갈 정도의 간격으로
- 아래에 덧붙여 감는다
- 철 사이에 끼운다
- 철사 굵기는 줄기 굵기의 1/3정도

곡 넣는법
- 곡의 등에 철사가 닿도록
- 우측으로 곡을 넣으면 우측으로 감고 좌측으로 곡을 넣으면 좌측으로 감는다

도중에 방향전환
- 가지를 이용해서 방향을 바꾼다

21

분갈이

분재가, 분이라는 한정된 분토 속에서, 수십 년 혹은 수백 년 동안 생명이 계속적으로 유지되는 비밀은 분갈이라는 작업에 기인한다.

분 속을 감고 있는 묵은 뿌리를 잘라 뿌리의 갱신을 도모하고 굳어진 묵은 분토를 새 분토로 바꾸어 주어 분재의 신진대사를 촉진하는 이런 작업이 적절한 주기로 반복되기 때문에 분재는 언제까지나 그 생명력이 넘치는 모습을 분 위에 나타내는 것이다.

또 분갈이는 분재의 생명을 유지하는 목적 이외에도 재배분에서 감상분으로 옮길 때 강하게 잘 발달한 뿌리뻗음을 만드는 역할도 있으며, 관상을 위해 분과의 조화를 잘 시켜주는 목적도 있다.

이와 같이 분갈이에는 여러 가지 목적과 역할이 있으며, 분갈이의 방법도 다양하지만 반드시 뿌리를 잘라주어야 한다는 것을 명심해야 한다.

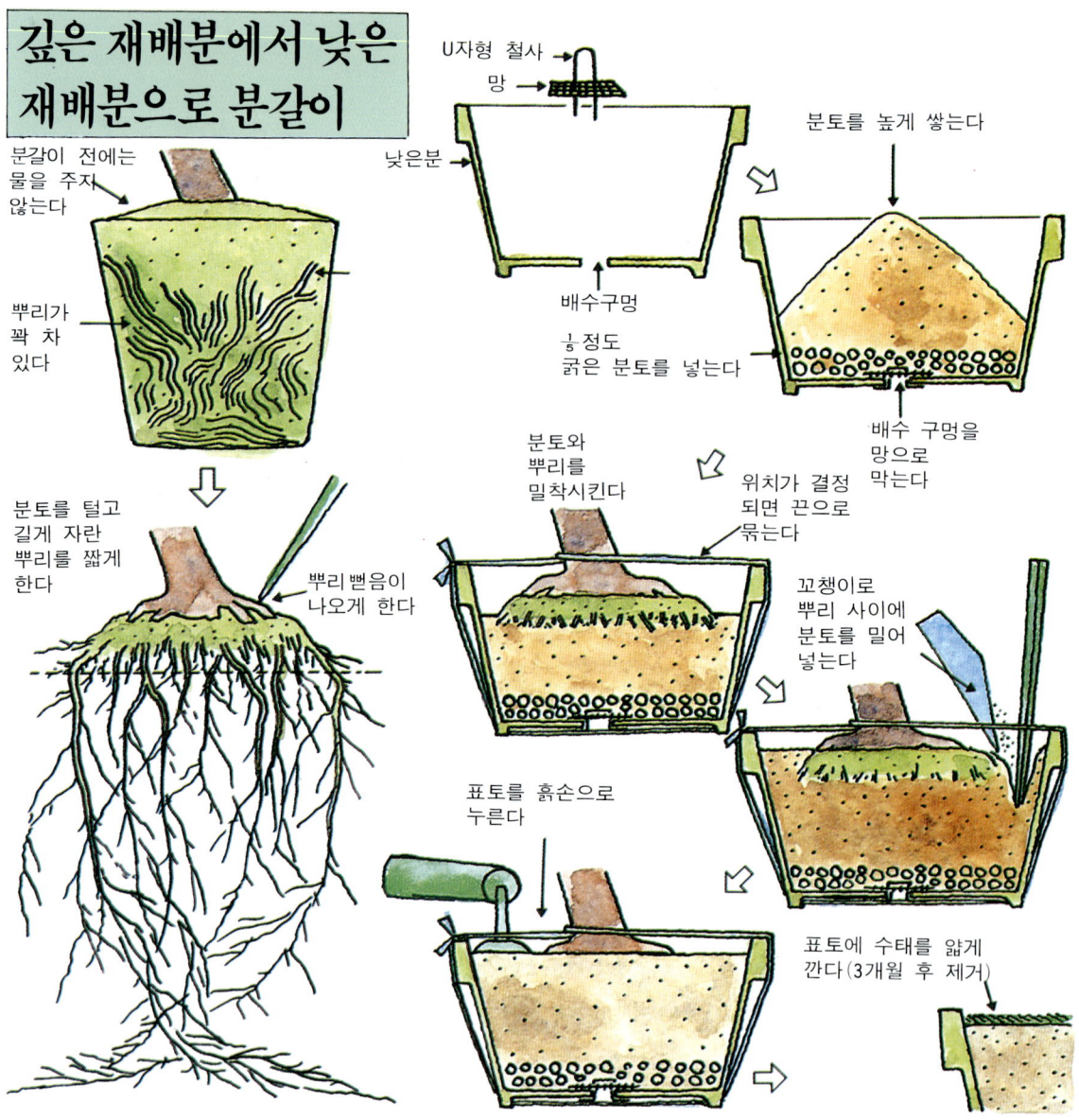

깊은 재배분에서 낮은 재배분으로 분갈이

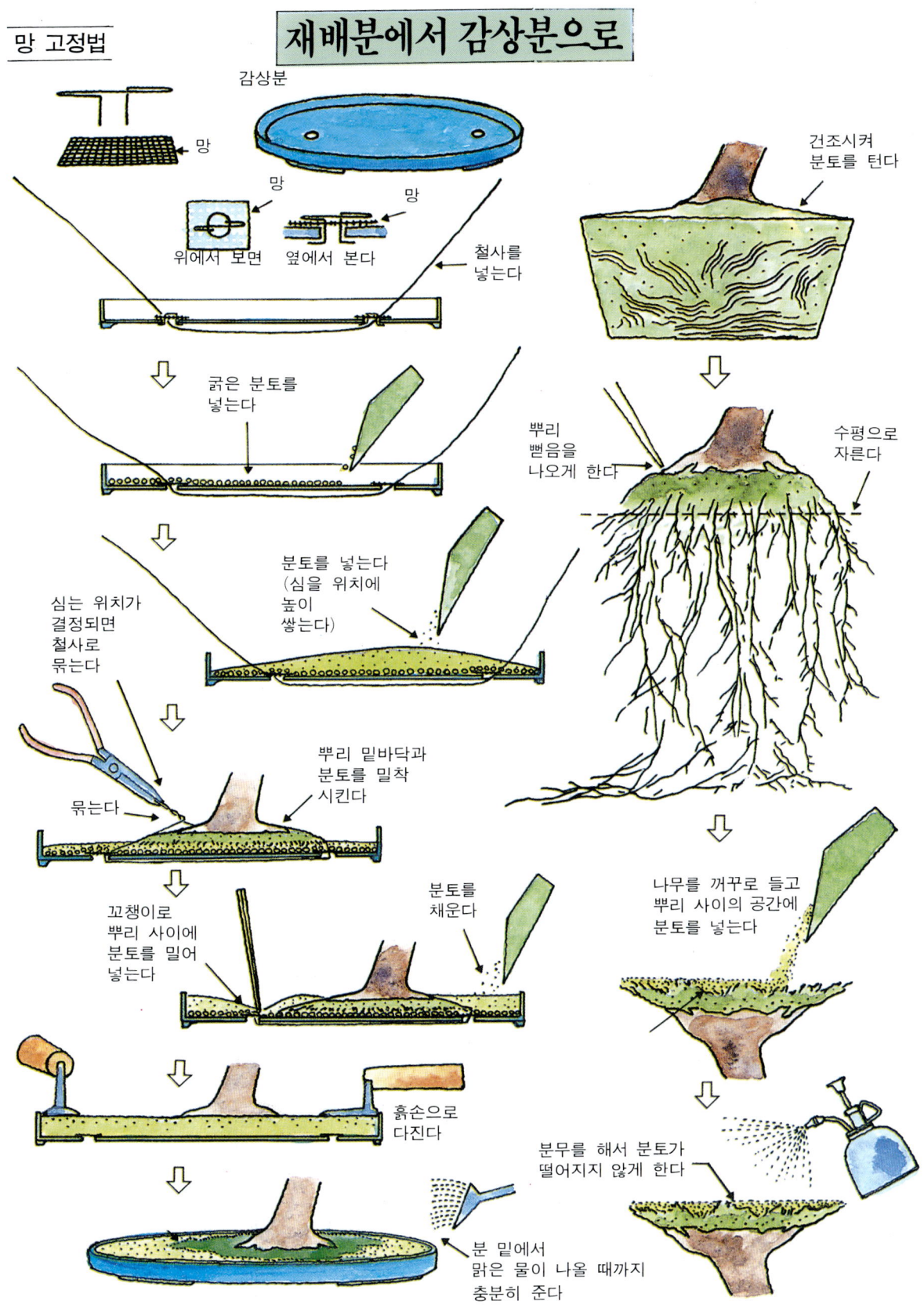

분재도구

분재의 작업에는 분갈이, 정자, 관수, 병충해 방제 등이 있는데, 각 작업에 필요한 도구를 구입해야 한다.

좋은 도구는 작업의 능률을 향상시킬 뿐만 아니라 좋은 나무를 만드는 기본이 되기도 한다. 조금 가격이 비싼 도구라 하더라도 일단 구입하게 되면 오랫 동안 사용할 수 있으므로 질이 나쁜 도구의 구입은 좋지 않다. 그러므로 분재를 하는 선배나 친구에게 의견을 물어보는 것도 좋을 것이다.

또 좋은 도구를 항상 양호한 상태로 유지해야 하는 것은 물론, 도구를 갈고 사용하는 방법에 따라 작업능률에 큰 차이가 생긴다. 작업시에는 언제라도 사용하기 쉽게 몸 주위에 가지런히 놓도록 한다.

아이디어 도구

진용 도구

정자 도구
- 줄기 교정기
- 작키
- 집게 가위

분갈이 도구
- 철포수
- 파이프
- 직경 1mm 노즐
- 고무호스
- 굵은 동선 이용
- 동선을 이용
- 낫
- 회전대
- 타이어 이용
- 이용법

송백분재편

해송
섬잣나무(일본오엽송)
진백
노간주나무

해송
분재의 왕자

해송분재의 역사를 바꾼 단엽법

소나무는 옛날부터 우리 생활과 밀접한 관계를 가지고 있는 나무이며, 우리나라 풍경미의 주역이기도 하다.

해송은 우리나라의 해안가에 주로 자생하고 있으며 내륙으로 갈수록 거의 볼 수 없다.

해송은 잎의 길이가 10cm 이상 되기 때문에 이 긴 잎을 짧게 하기 위해 종일 햇빛이 강하게 잘 드는 곳에 두고 물과 비료를 주지 않고 재배해 왔다. 그러나 이와 같은 방법으로는 식물이 건강한 생명력을 발휘하기 힘들며 가지가 마른다든가 고사하는 경우도 종종 있다.

그러던 중 단엽법이 우연히 발견되어 해송을 단번에 '분재의 왕자'라는 지위로 올려놓게 되었다. 또 단엽법의 완성 뿐만아니라 실생에 의한 소재의 작출로 대중화의 촉진을 보게 되었다.

최근에 실생에 의해 소품 소재와 장래성이 있는 작품이 많이 나오는 것은 앞으로 해송 분재의 인기의 폭이 넓혀지고, 또 분재 가꾸기의 강한 원동력이 될 것이다.

수성이 강건하고 물과 비료를 좋아한다

해송만큼 수성이 강건한 수종은 없을 것이다. 환경에 대한 순응성도 뛰어나 비옥한 평지에서부터 건조한 곳에 이르기까지 폭넓게 잘 견디며 누구라도 안심하고 재배할 수 있다.

그러나 해송을 보다 건강하게 기르려면 역시 그 특성을 충분히 이해할 필요가 있다.

"해송은 물을 매우 좋아 한다. 옛날부터 인간은 물이 있는 곳을 찾아 주거지를 정했다. 해송은 이 인간의 주거지 근처에 자연림을 형성하고 있다. 말하자면 해안 근처와 내륙지방 어디에서든지 자연수의 노목을 볼 수 있다. 소나무와는 달리 정원수 등과 같이 식재되어 있는 것을 제외하고는 산이 높게 됨에 따라 그 모습은 볼 수 없게 된다. 반대로 평지의 호수 근처의 해송은 뿌리가 반쯤 물 속에 들어가 있어도 뿌리의 부패없이 원기왕성하게 자라고 있다. 지정보호수로 되어 있는 해송의 노목은 평지의 비교적 비옥한 곳에서 자라는 나무들이다."

— 吉田淸治 《黑松盆栽》 —

이러한 것으로 미루어 보아, 해송이 물과 비료를 특히 좋아하는 수종이라고 하는 것은, 그 배양에 크게 시사해 주는 것이라고 생각된다.

전술한 바와 같이 해송은 단엽법이라고 하는 가혹한 시술이 매년 반복되므로 건강한 수세를 유지하는 비배관리의 추구가 보다 한층 더 중요시 된다.

동아와 강직한 침엽

호쾌하게 거칠어진 수피의 고색

남성적인 강함을 모든 수형에 나타내자.

해송은 강직한 침엽과 호쾌하게 거칠어지고 갈라진 수피에서 볼 수 있듯이 틀림없이 남성적인 강함이 최대의 매력이다.

더구나 뿌리뻗음, 그루솟음새로부터 수심에 이르기 까지의 아름다움은 확실히 왕으로서의 풍격과 생명력, 약동감으로 펼쳐져 있다.

어떤 수형으로 만드는 것이 좋을까? 여기에 대표적인 수형을 살펴보도록 하자.

左上…直幹 樹高 72Cm
右上…文人木 樹高61Cm
左…連根 樹高 60Cm

■ 표준곡간

해송의 호장한 풍격의 매력이 잘 발휘되는 수형이다. 그래서 단엽법이 가져온 꿈의 수형으로 말해진다.

뿌리뻗음, 그루솟음새의 안정감은 물론 자연스런 줄기 모양을 해야 하며 수심이 그루솟음새의 중심에 위치하도록 하는 것이 조건이다.

가지는 줄기가 기울어지는 쪽에 첫번째 가지가 발달되어야 하며, 전체의 줄기 모양에 맞는 가지의 배열과 변화가 중요하다.

■ 직간

직간은 단순화된 수형이며, 이에 따라 수형을 구성하는 뿌리뻗음, 그루솟음새, 줄기의 흐름, 가지의 배열 등에 엄한 제약이 뒤따른다.

지나치게 조형적이라는 비판도 있지만 해송다운 남성미가 여실히 표현되는 수형으로 꽤 인기가 있다.

직간을 볼 때는, 줄기선의 흐름에서부터 사방 팔방으로 균일하게 발달한 뿌리뻗음의 약동감, 가지의 배열과 장단의 변화 등에 보이는 심오한 미를 감상하는 것이다.

■ 반현애

해안의 절벽 등에서 보여지는 수형으로 강한 생명력과 약동감을 볼 수 있다. 팔방 뿌리뻗음

標準曲幹 樹高 46Cm

双幹 樹高 81Cm

石附 樹高 52Cm

은 오히려 부자연스러우며, 동적인 수형에 어울리는 뿌리뻗음과 그루솟음새의 안정감이 있어야 한다.

■ 총생간

해송의 총생간은 자연에서 극히 보기 힘든 수형이지만 간간이 만들어지고 있다. 또 여러 줄기를 한꺼번에 심어서 해안가나 산기슭의 풍정을 표현한 작품도 볼 수 있다. 즉, 총생간 뿐만 아니라 연근, 군식 등의 다간수형은 해안가를 따라 자생하고 있는 송림의 경관을 아주 잘 나타내므로 앞으로 기대되는 수형이다.

■ 석부

창작 분재로서 군식과 더불어 해송에도 많이 시도되고 있다. 해송은 석상식 석부로 만들어지는 것이 많으며, 돌과 나무 거기에다 뿌리가 일체로 된 박력있는 경관이 볼 만하다.

■ 문인목

줄기가 가늘고 가지의 수도 적은 말하자면 자유분방하고 속세를 떠난 듯한 수형이다. 거칠게 잘 발달된 수피, 약간 곡이 든 듯한 줄기 그리고 아래로 늘어진 가지의 고담한 멋은 심산유곡의 낙낙장송을 연상케 하며, 바로 이 풍정이 감상할만한 거리가 된다.

순따기, 순치기, 눈솎기는 단엽법의 일련의 작업

해송의 단엽법이라고 하면 순치기만을 연상하지만 순치기는 한 해 동안 하는 여러 가지 손질 기술과 밀접하게 연계되어 있으며, 또 비배관리에 의한 건전한 생육이 무엇보다도 뒤따라야 효과가 있음을 분명히 명심해야 한다.

■ 순따기

봄에는 새순이 왕성한 세력으로 자라나온다. 특히 어린나무일 수록 길게 자라므로 반드시 순따기를 해야 하며, 가장 강한 순은 ⅓정도 남기고 중간 순은 ½정도 남긴다.

■ 순치기

단엽법의 핵심을 이루는 손질법으로 새순이 굳어진 6월 하순에서 7월 상순이 적기이다. 순치기는 2~3회로 나누어서 약한 순(특히 약한 순은 제외), 강한 순의 순서로 새순을 그 기부에서 자르고, 두 번째 순을 나오게 해서 가을에 나무 전체의 잎을 짧게 하는 것을 목적으로 한다.

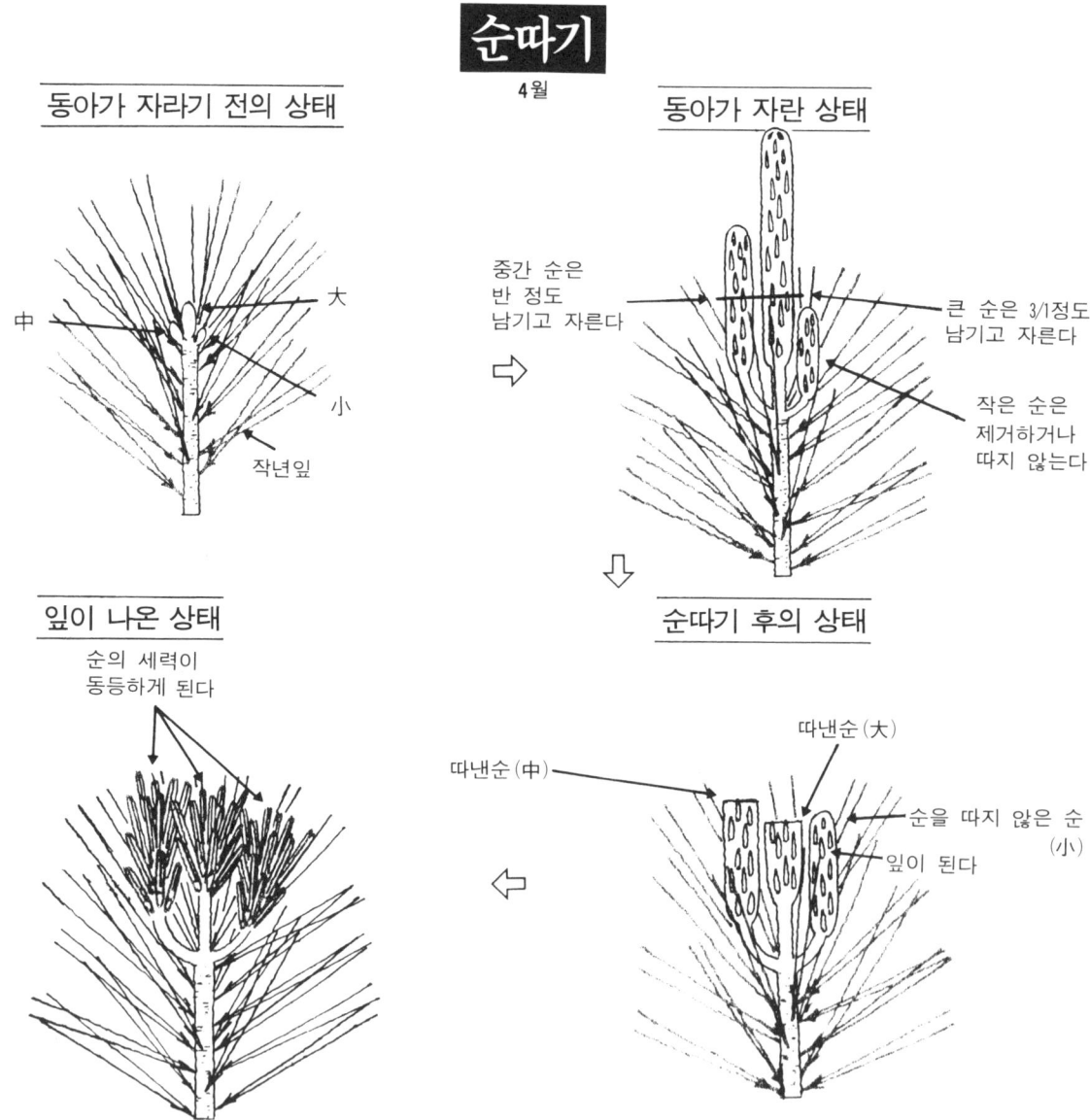

왜 약한 순부터 먼저 자르는가 하면 빨리 두 번째 순을 나오게 하려는 것이다.

한편 강한 순은 대개 1주일정도 늦더라도 이미 수세가 왕성해져 있기 때문에 가을까지는 충분히 생장할 수 있다. 이렇게 해서 전체의 잎 길이가 어느 정도 짧아지게 된다.

어린나무는 가지의 수도 적고 눈의 강약에 차이가 별로 없으므로 1회의 순치기만 한다. 또 신장을 시켜서 세력을 올리고 싶은 가지에 대해서는 순치기를 하지 않는다. 어쨌든 순치기는 새순의 기부에서 자르는 가혹한 작업이므로 새순의 신장이 나쁜 것과 병충해의 피해를 입은 나무는 순치기를 해서는 안 된다.

■ 중간 순치기

단엽화를 주 목적으로 하는 순치기에 대하여 몸통 눈과 엽아를 갖게하는 목적으로 실시하는 것이 중간 순치기이다. 길게 신장시켜야 할 가지는 순치기를 하지 않고 가을까지 그대로 둔 후 새잎을 3~4장 남기고 잘라준다. 그러면 남은 잎 사이와 전년지와의 경계에 눈(몸통 눈)이 형성되게 된다. 이 중간 순치기는 어린나무의 수형을 만드는 데 반드시 필요한 작업의

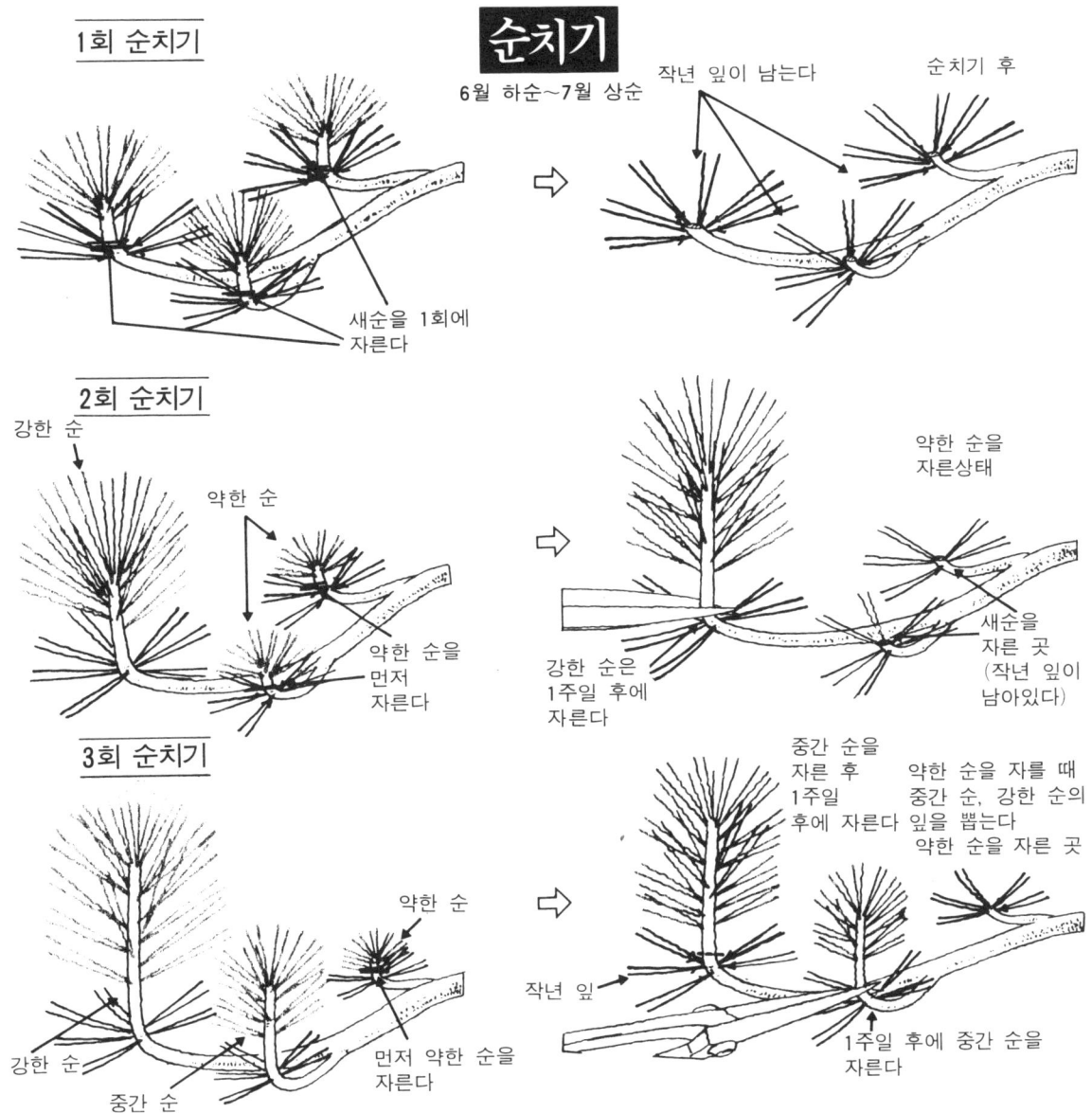

하나이다.

■ 눈솎기

비배를 잘한 나무는 순치기 후 약 1주일만에 두 번째 눈이 나온다. 두 번째 눈은 세력이 강한 수심부와 가지 끝에 4~5개가 나온다. 그런데 이 눈을 겨울의 전정시까지 방치하면 가지 끝이 굵어지고, 수심부와 가지 끝의 세력이 강해져 아랫가지는 약해지며, 속가지를 고사케 하는 원인이 된다.

그러므로 7월 하순에서 8월 상순에 걸쳐 모든 가지에 눈을 두 개씩 남기고 여분의 눈은 전부 제거한다. 이것이 눈솎기이다. 눈솎기 할 때 수관부와 세력이 강한 가지 끝의 강한 눈을 제거하고 약한 눈은 남기며, 아랫가지와 속가지의 강한 눈은 남기고 약한 눈을 제거하는 것에 주의한다.

수세의 균형을 꾀하는 잎솎기

순치기는 순을 자르는 시차를 이용해서 강한 부분을 억제하고 단엽으로 만들며, 또 잔가지의 분기를 조장한다. 강한 부분은 순치기 전에

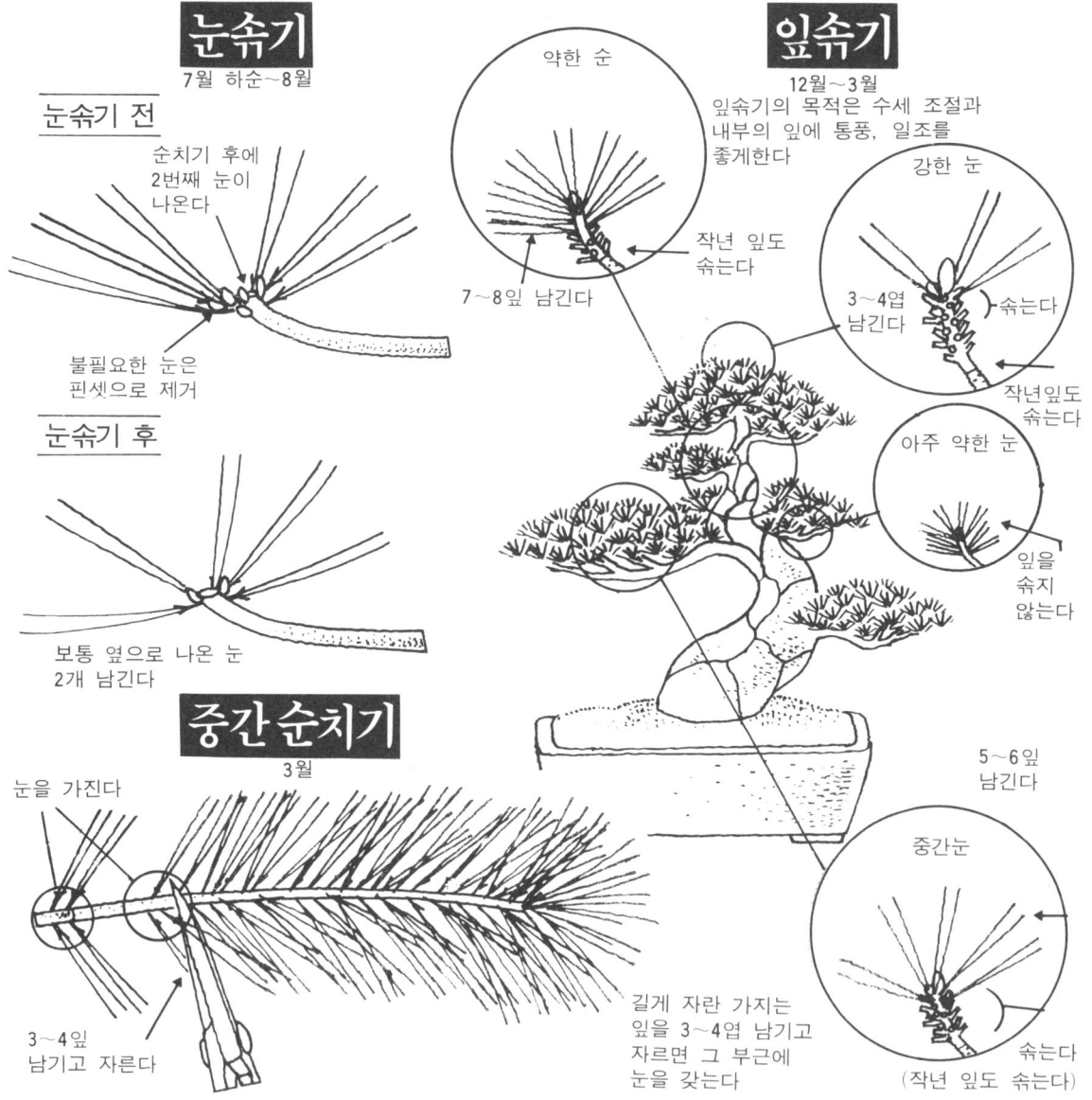

벌써 세력이 올라있으므로 두 번째 순도 강하고 엽수도 많이 붙은 반면, 약한 부분은 두 번째 순의 엽수도 적게 된다. 이대로 두면 엽수를 많이 가진 부분은 이듬해에도 강한 눈이 나오고 엽수가 적은 부분은 약한 눈밖에 되지 못한다.

그래서 엽수를 그 눈의 강약에 따라 조정해서 전체의 수세의 균형을 꾀하는 손질로써 잎솎기가 필요하게 되는 것이다.

잎솎기의 적기는 휴면기인데 늦어도 이듬해 3월 상순경까지 해야 한다. 가지 끝에 세력이 오른 뒤는 잎솎기의 효과도 반감되기 때문이다.

• 수심부와 강한 가지 끝……묵은 잎은 전부 제거하고 새잎은 3~4엽 남긴다.

• 중간부……묵은 잎은 전부 제거, 새잎은 5~6엽 남긴다.

• 아랫가지……묵은 잎은 전부 제거, 새잎은 7~8엽 남긴다.

• 속가지……묵은 잎만 제거하거나 극히 약한 눈은 묵은 잎도 남긴다.

즉, 엽수를 많이 가진 눈만큼 잎을 적게하는 것이 기본이다.

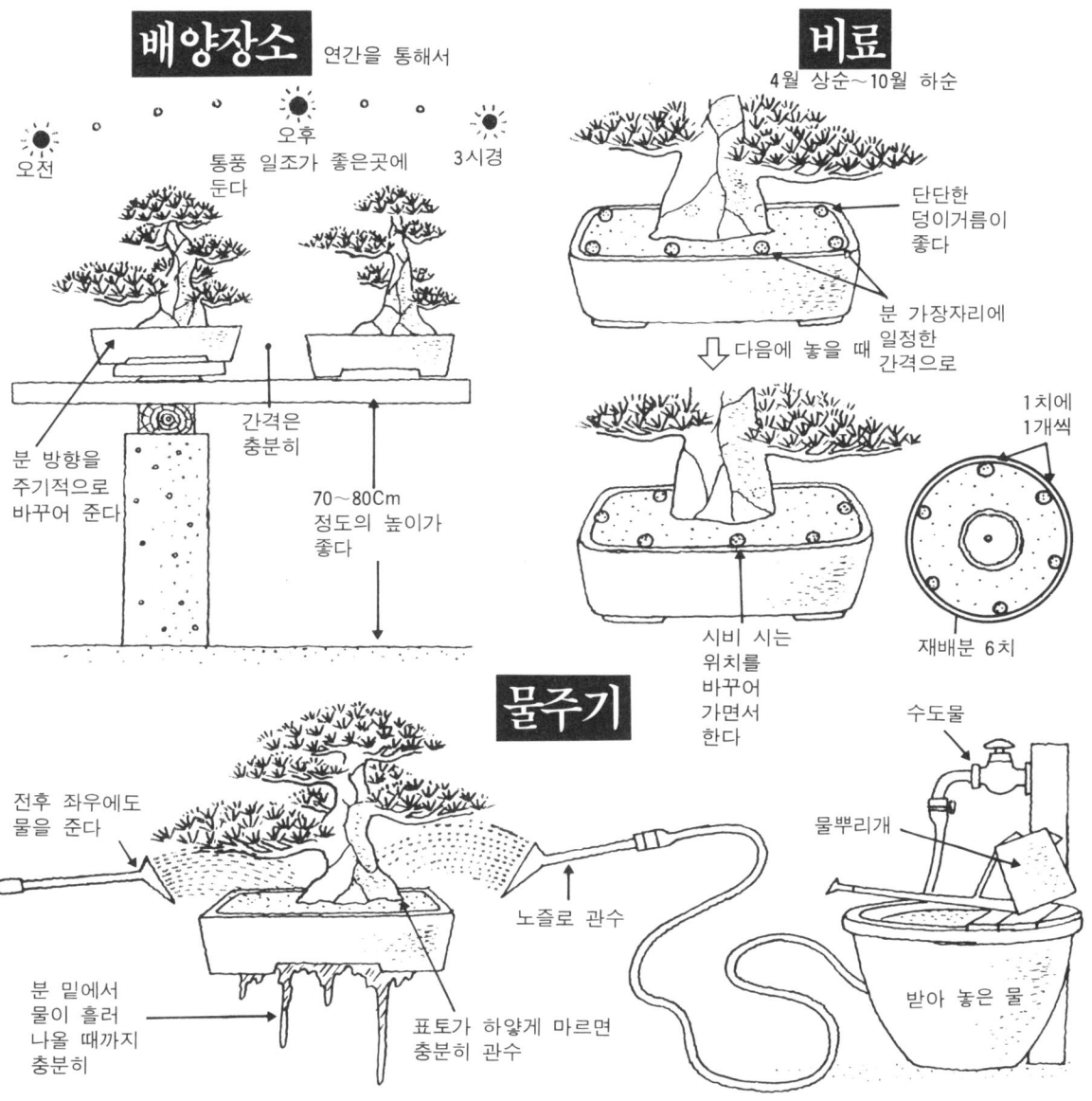

소재 구입할 때의 주의점

해송은 산채, 실생, 가지접 등으로 만들 수 있으므로 소재를 구하기는 쉬운 편이다. 소재를 구입할 때는 다음과 같은 점에 주의한다.

■ 타 들어가 상처가 있는 것은 피한다

해송은 심하게 자르더라도, 즉 굵은 가지를 제거해도 그 시점에 적절한 처리를 하면 의외로 빨리 상처를 아물게 한다. 그러나 상처의 처리를 게을리하는 것은 반드시라고 해도 좋을 만큼 타 들어간다.

■ 줄기에 철사 자국이 있는 것도 피한다

줄기 특히 그루숏음새의 부분에 철사가 파고 든 것 또는 철사 자국이 있는 것은 반영구적으로 없어지지 않는다. 단, 가지, 잔가지의 철사 자국은 의외로 빨리 없어진다.

산채한 소재를 표준곡간으로 만들기

아래 그림의 해송은 산채한 소재로 가지와

구입한 소재의 개작
3월

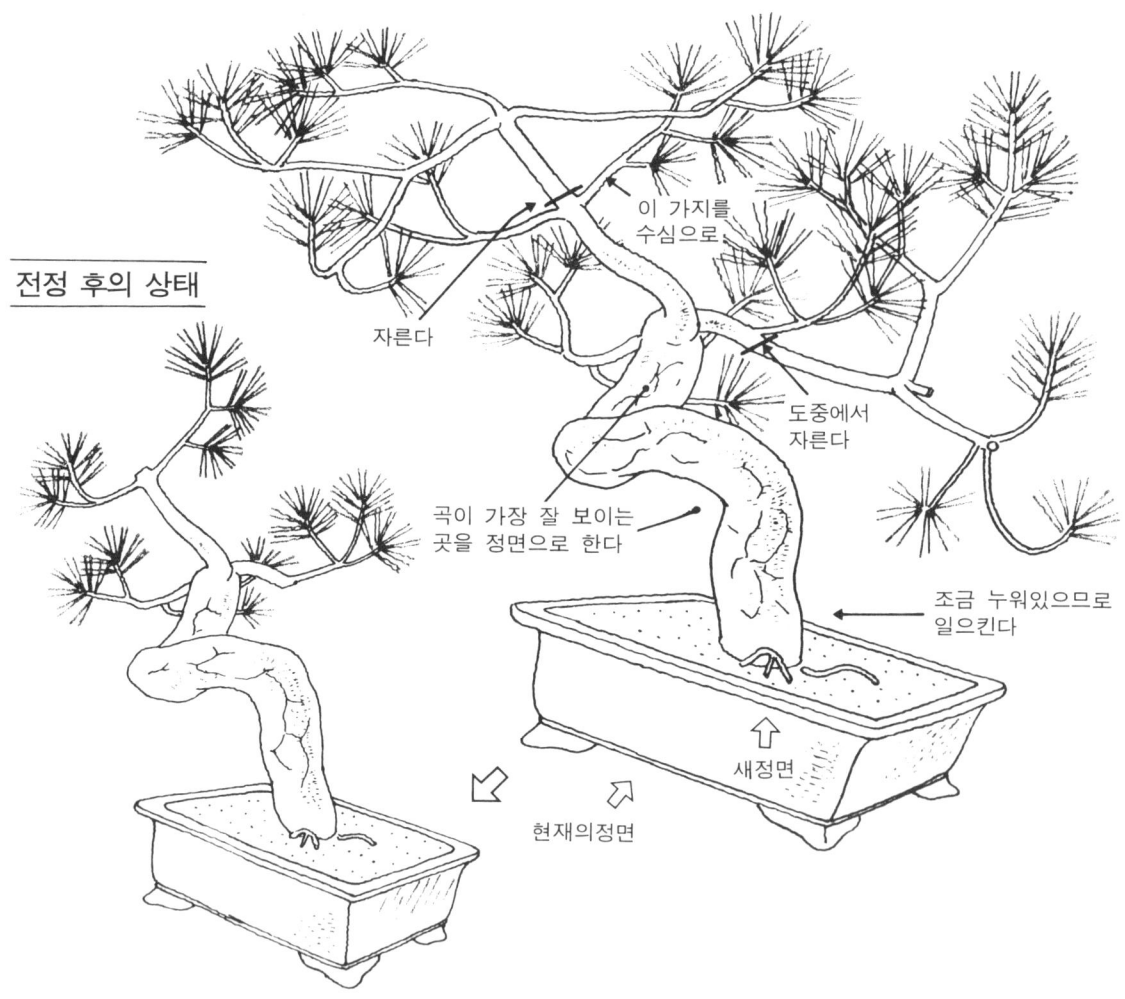

뿌리뻗음은 볼 것이 없지만 산채한 소재답게 심하게 굴곡이 든 줄기가 매력이 있다. 다만, 구입한 당시의 정면은 첫번째 곡이 잘 보이는 곳이 아니며 더구나 그루솟음새가 직선인 감이 없지 않다. 이 상태로는 흥미가 없으므로 나무를 보는 위치를 바꾸어야 하는데 약간 오른쪽에서 보면 이 나무의 개성이 잘 나타나게 된다.

이와 같이 구입한 소재는 단점이 먼저 눈에 뜨이지만 단점에 연연하지 말고 하나라도 장점을 찾아내는 기분으로 나무를 보는 것이 중요하다.

이 나무는 다행히 동아(冬芽)도 굵게 자라 있으며 수세도 올라 있으므로 필요없는 굵은 가지를 잔가지 앞까지 잘라 분갈이를 한다. 그리고 굵은 가지를 잘라 낸 상처에 반드시 유합제를 발라 빨리 아물게 해준다.

■ **분갈이와 분토**

가지의 형성이 나빠 뿌리의 발달도 형편없을 것으로 생각되므로 분갈이할 때는 굵은 뿌리; 엉켜진 뿌리 등을 정리해야 한다.

원래의 흙(특히, 산채 당시의 흙)은 전부 깨끗이 털어내야 하고 뿌리를 짧게 잘라 주는

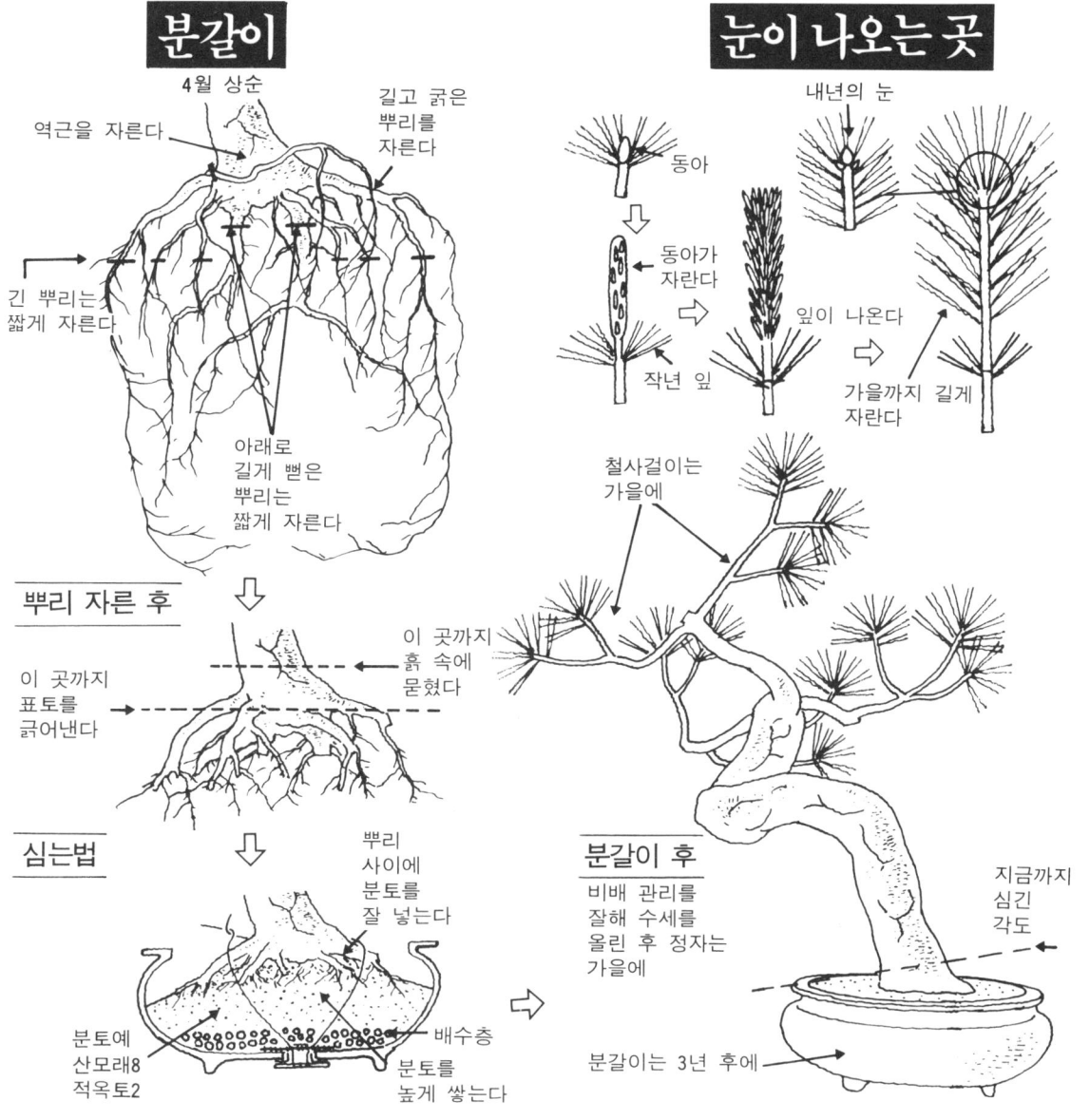

데, 이 때 가지를 잘라 낸 양과 균형이 맞지 않을까 하는 염려는 필요없다.

문제는 분토이다. 이 배합은 앞으로 배양의 주안점이 어디에 있는가를 고려해서 선택해야 한다.

이 나무의 경우는, 먼저 잔가지에 수세를 올리는 것이 무엇보다도 우선이므로, 충분한 비배관리가 요구된다. 다비다수(多肥多水)에 뿌리가 견디는 환경, 즉 입자가 조금 굵은 산모래를 사용한다.

■ 전정 · 철사걸이

1년간의 비배관리(순치기는 하지 않는다)에 의해 잔가지에 세력이 붙고 가을에는 새눈도 길게 자라나온다. 또, 여기저기 부정아도 확인된다.

드디어 제1회의 철사걸이 적기가 되었다. 철사걸이는 가지를 아래나 위로 교정하는 정도의 작업이면 시기를 선택할 필요는 없다. 그러나 이 나무와 같이 수형의 골격을 결정하는 정도의 작업이면 가지를 비트는 경우가 적지않으므로 초심자는 휴면기에 하는 것이 무난하다. 10월경까지는 많은 수분을 흡수하는 시기이

므로 조금만 가지를 비틀더라도 목질부와 형성층이 떨어져 가지가 마르게 된다.

가지 끝은 두 가닥씩 뻗어나가게 전정을 하고 철사걸이를 하며 각 가지에 줄기의 곡과 조화되도록 곡을 넣고 전체의 모습이 부등변삼각형이 되게 해준다.

그리고 해송은 가지의 끝도 반드시 철사걸이를 해서 수평이 되게 해놓는다. 눈은 자연히 위로 향하게 되므로 섬잣나무와 같이 가지 끝을 위로 올려줄 필요는 없다.

■ **가지 만들기**

수형의 골격이 만들어지면 다음 과제는 가지 만들기가 된다. 그 주역은 순치기이다. 순치기가 매년 반복되면 잔가지의 수가 증가되어 볼륨있는 가지가 형성된다.

단지, 가지 만들기의 초기 단계에는 반드시 신장을 시켜 세력을 올려야 할 순도 있으므로 수형 전체를 잘 살펴서 순치기를 실시해야 한다. 이 나무는 우측의 잔가지를 잘 형성시켜 전체의 균형을 맞추어야 할 것이다.

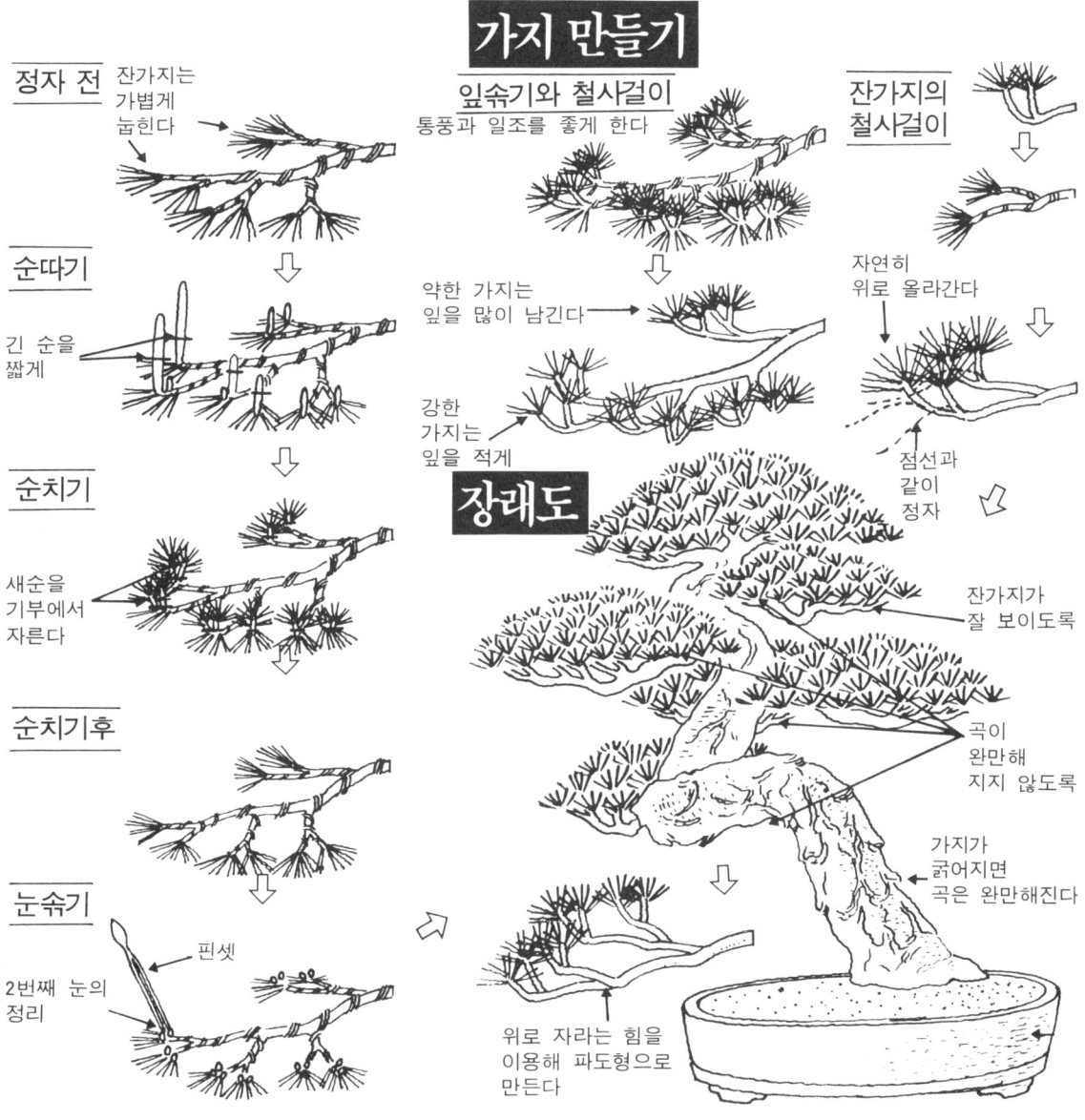

섬잣나무(일본오엽송)
섬세하고 우아한 멋의 귀공자

섬세하고 우아한 엽성

해송은 호쾌하고 웅대한 느낌이 드는 반면에 섬잣나무는 섬세하고 온유함이 느껴진다.

섬잣나무의 첫째 매력은 짧게 밀생하는 엽성이 나타내는 섬세함과 우아함에 있으며, 잘게 거칠어진 수피와도 조화가 잘 되어 독특한 풍류를 즐길 수 있다.

또, 환경에 대한 적응성, 강건한 수성도 정평이 나 있으며, 특히 어린나무든 노목이든지 간에 수형의 변화가 풍부하고 만들기 수월해 다양한 수형 전개가 가능하다.

초심자와도 친해지기 쉽고, 또 오랫동안 배양하더라도 싫증이 나지 않고 깊이가 있는 것이 섬잣나무이다.

실물을 잘 살펴서 선택

우리나라는 분재로 가꿀 수 있는 섬잣나무가 자생하고 있지 않으므로 굵고 고태감이 풍부한 산채소재가 없다.

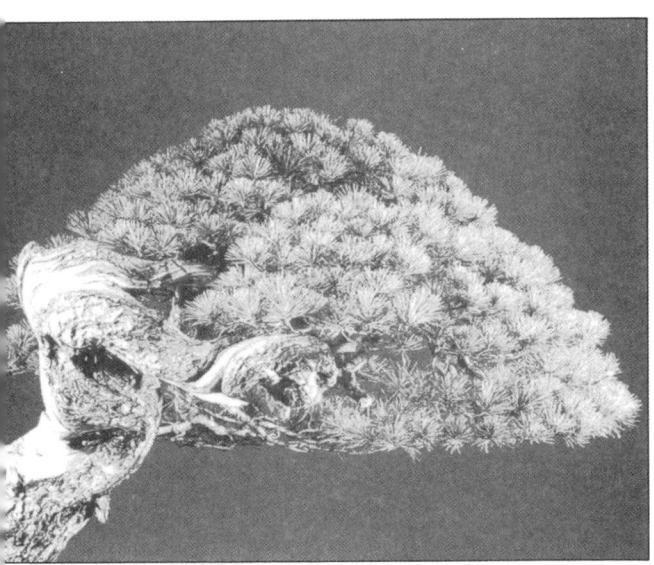

사리간에 어울리는 우아한 잎

自然樹의 가지 진

그리고 일부 분재원에서 실생묘를 생산하고 있지만 양질의 소재가 나오지 못하고 있는 실정이며, 시일이 너무 오래 걸리는 것이 흠이다.

그래서 해송을 대목으로 해서 접목을 한 섬잣나무가 시중에 많이 판매되고 있다. 처음부터 분재소재로 배양된 것이 아니고 정원수 묘로 재배하던 것을 분재소재로 사용하고 있다. 이것은 아무리 수형을 잘 가꾸더라도 접목 부위의 아래 위 수피가 완전히 다르고 그곳이 혹처럼 생긴 것이 많으므로 좋은 분재를 만들 수 없다.

그리고 섬잣나무는 개체변이가 심하고 여러 가지 성질을 가지고 있으므로 소재 배양시는 양질의 것만 선발해서 배양해야 한다.

■ 엽성의 우열

섬잣나무는 무엇보다도 특히 엽성의 우열이 중시되는 수종으로 소재 구입시에는 엽성을 잘 살펴야 한다.

일본의 경우 산지에 따라서도 엽성에 차이가 있지만 동일 산지라도 섬잣나무는 실생변이가 심하고 형질이 똑같지 않다. 그렇기 때문에 잎이 바르게 직선으로 나오지 않고 꾸불꾸불한 것, 유선형으로 휜 것 등은 피한다.

■ 눈과 가지의 성질의 우열

소재 구입시에 또 하나 주의해야 할 것은 눈과 가지의 우열이다. 성질이 우수한 것은 눈의 기부까지 잎이 나오는데 비해 나쁜 것은 순이 길게 자라나와 작년 가지와 새순의 사이가 멀어진다. 나쁜 것은 몇 년을 배양하더라도 나무가 조밀하게 자라지 못하고 가지들이 길게 뻗어 엉성하게 자란다.

이러한 나무를 가지고 배양하다 보면 점점 의욕도 떨어지고 똑같은 손질 관리를 하더라도 눈과 가지의 성질이 우수한 것에 비해 결과가 나쁘므로 소재 선택에 신중을 기해야 할 것이다.

수형

섬잣나무는 아주 다양한 수형으로 만들 수 있는 장점이 있으며, 수형을 만들 때는 먼저 섬잣나무가 어떠한 환경에서 자생하고 있는가를

半懸崖 上下 45cm

文人木 樹高 91cm

風向樹 左右 112cm

염두에 두어야 할 것이다.

   섬잣나무는 자연환경이 나쁜 고산의 척박한 토양에서 자라는 모습에서 수형을 배우는 것이 수형 만들기의 제일보이다.

   그리고 분재는 아무리 기술이 뛰어나더라도 하루 아침에 좋은 나무를 만들 수 없으므로 오랜 세월을 두고 천천히 만들어 나가야 한다.

石附 左右72cm

曲幹 樹高38cm

連根 樹高80cm

눈의 강약에 따른 순따기가 중요

나무 전체 및 가지 전체의 수세의 격차를 없애고 평균화할 수 있는 기술이 바로 순따기이다. 순따기의 적기는 4월 중순경이다. 아직 새순이 유연하고 손으로 집어낼 수 있을 때에 빨리 실시하지 않으면 안 된다.

수세가 강한 수심부와 가지 끝의 눈은 빨리 자라므로 긴 순이, 작업하기 쉬운 길이가 되고 새잎이 돋아나온 것이 확인되면 새순을 ⅓~¼ 정도 남기고 손으로 따낸다. 강한 순인 만큼 많이 제거하는 것이 기본이다. 이와 같이 강한 순이 있는 곳에는 순의 수도 많으므로 특히 강한 순과 아래로 처지는 순은 기부에서부터 자르고 2~3 순이 되게 솎아내는 것이 대단히 중요하다.

강한 순을 기준으로 해서 계속해서 자라나오는 순은 적심하는 정도로 조금씩 다르게 순따기를 해서 수세의 균형을 맞추어 준다.

그리고 가지의 내부에는 아직 자라지 못한

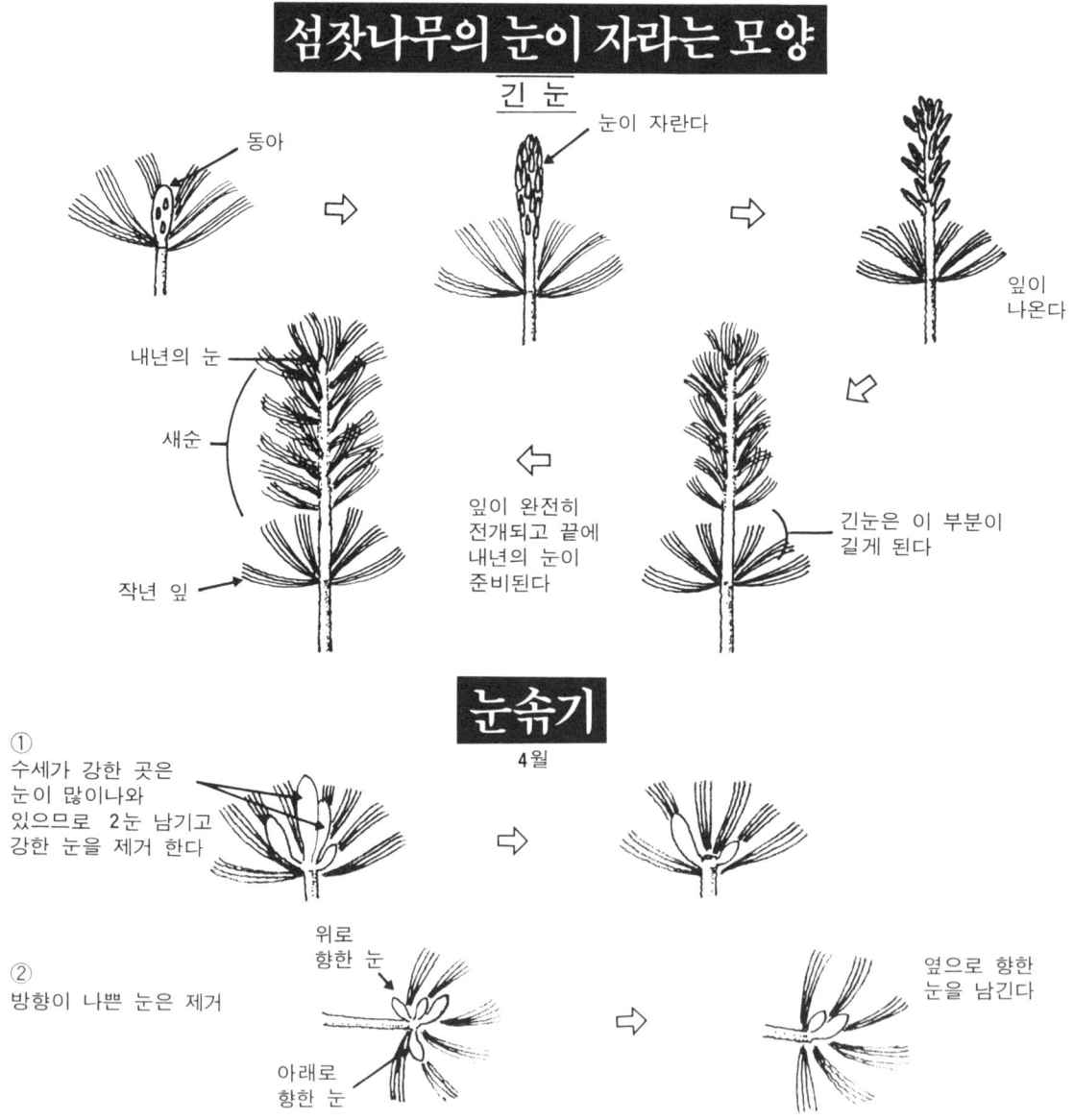

약한 순이 있다. 이와 같은 순은 일절 순따기를 하지 않고 신장 시켜서 세력을 올려 놓아야 한다.

배양 중인 나무의 순따기

양성 중인 어린나무에 대해서는 단지 수자(樹姿)를 유지시키기 위한 순따기만 해서는 안 되고 당연히 가지를 신장시키는 목적도 가미되어야 한다.

먼저 가장 강한 순은 그대로 신장시키는 것이 기본이다. 강한 순의 곁에 있는 순(사이 순)은 잔가지를 만들어야 하므로 수평으로 나온 두 순만 남기는 것에 잊지 말고 순따기를 한다.

이 작업은 원하는 길이가 될 때까지 매년 반복한다. 그러나 가지 끝의 갱신을 염두에 두고 하는 것이지만 신장한 순(가지)에 필요 이상으로 세력을 올릴 필요는 없으며, 내부의 가지에도 일조 통풍이 잘 되도록 유의해야 한다.

즉, 수세가 너무 강한 곳에서는 순이 길게

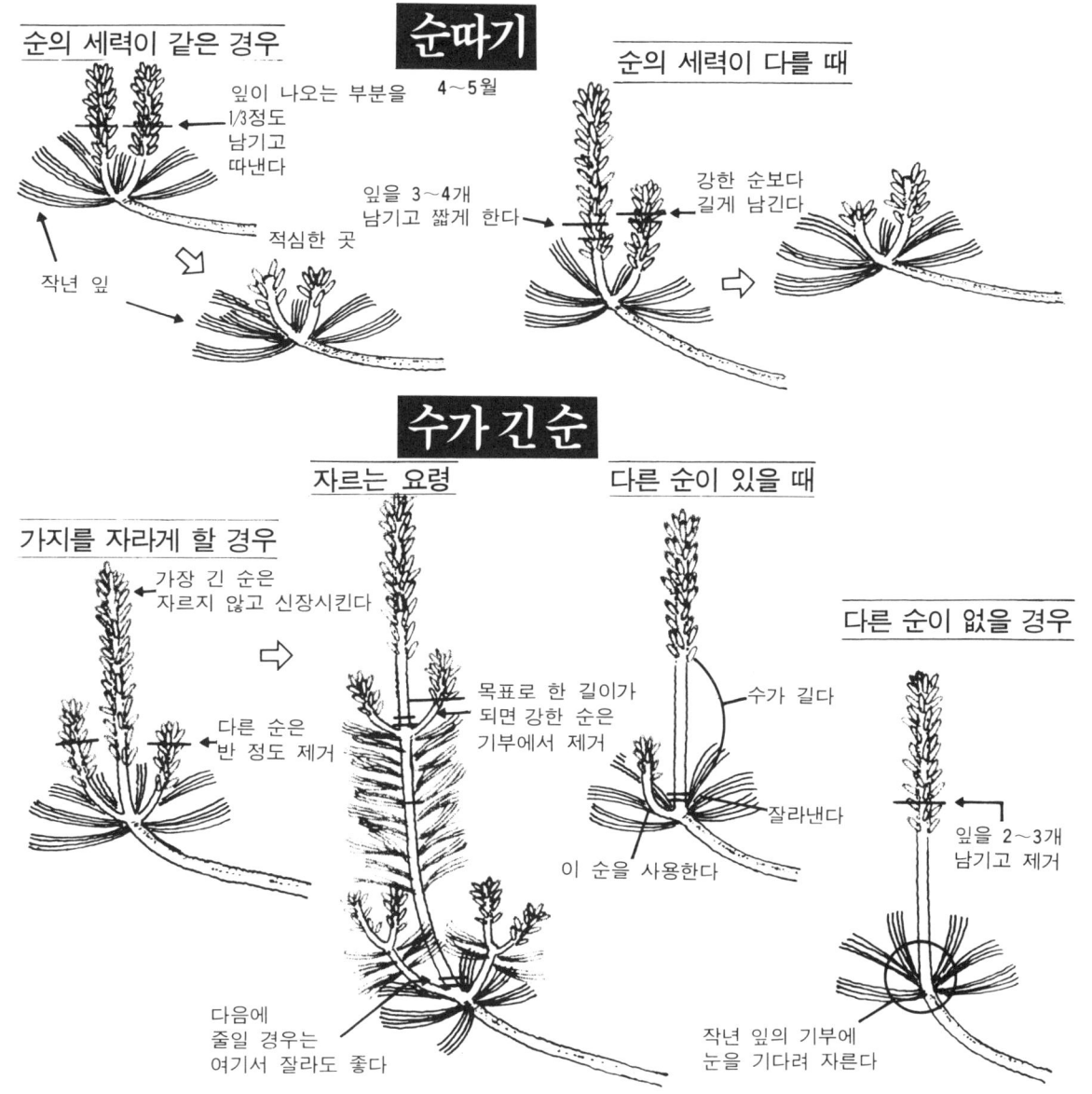

빠져 자라게 된다. 이러한 순은 가지를 사용하려고 해도 절간이 너무 길어 전혀 가지로 사용할 수 없다. 이와 같은 순이 잘 나오는 나무에 대해서는 순따기와 중산 순치기의 적기를 놓치지 않도록 주의해야 한다.

가지 내부의 환경을 개선하는 묵은 잎솎기

섬잣나무는 해송과 같이 단엽법을 하지 않기 때문에 8월경이면 새잎, 작년 잎, 재작년 잎 등 3년분의 잎이 전부 가지 위에 있게 된다.

그래서 9월경 재작년 잎이 갈색으로 변해서 떨어지기 시작한다. 가지 사이에 손을 넣어서 가볍게 흔들어 주면 떨어지는데 떨어지지 않는 것은 가위로 잎을 조금 남기고 잘라 준다. 이것을 묵은 잎솎기라고 한다.

이렇게 재작년 잎을 제거하면 가지 내부의 일조 통풍이 대폭적으로 개선되며 내부의 약한 가지도 충실해지고 또 몸통 눈도 얻기 쉬워진다.

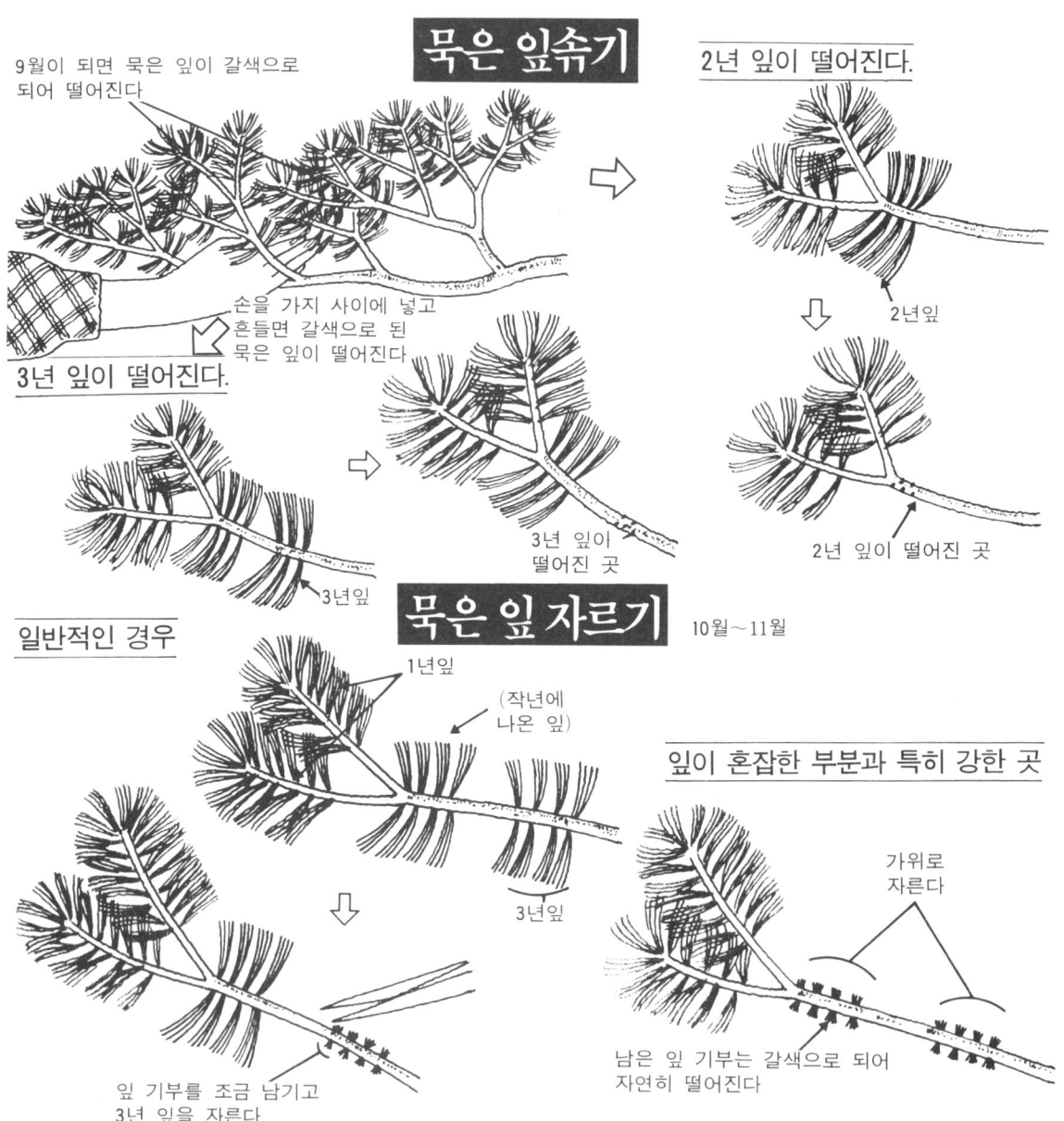

철사걸이를 쉽게 해주는 묵은 잎자르기

섬잣나무는 새잎이 굳어지는 9월에 접어들면 철사걸이를 하는데 이때 철사걸이를 쉽게 하기 위해 묵은 잎(작년 잎)을 자르는 일이 있다. 이것은 이듬해 봄에 이르기까지 정자가 가능한 기간 동안 실시한다.

단, 작년 잎을 대상으로 한 묵은 잎 자르기는 어디까지나 철사걸이를 필요로 하는 어린나무에 한정된 것이라는 것을 꼭 명심해야 한다.

작년 잎은 될 수 있는 한 남겨 놓는 것이 좋으며 수자의 정리가 계속되는 나무의 특히 세력이 강하고 묵은 잎이 많이 붙어있는 부분만 적당하게 솎아내 주는 정도가 무난하다.

원칙은 잎이 그다지 혼잡하지 않으면 손을 대어서는 안 된다.

구입한 소재를 직간으로

그림과 같은 어린나무를 구입한 경우 가장

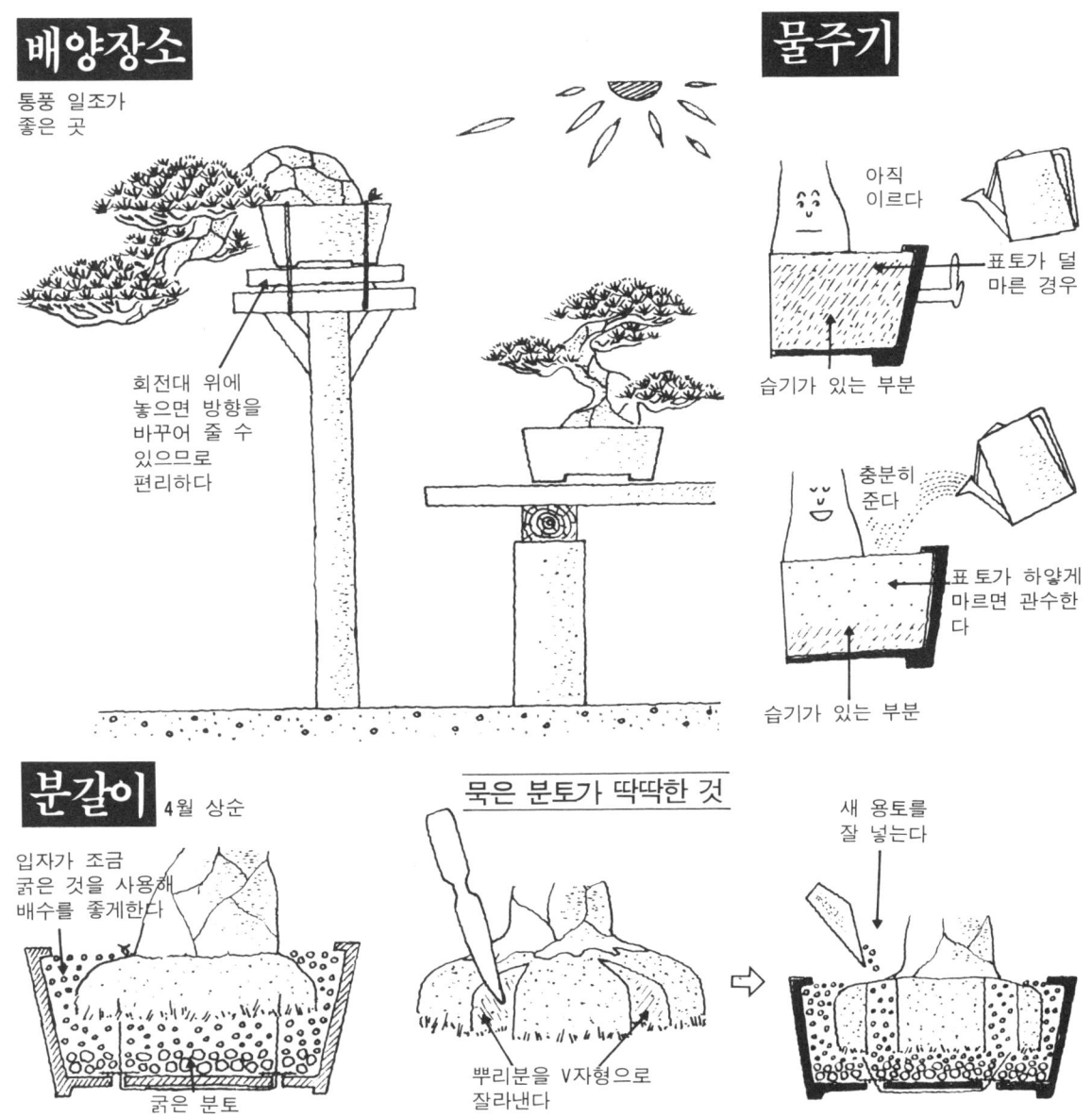

먼저 해야 될 것은 분토와 뿌리뻗음의 확인이다. 분토는 자신이 사용하고 있는 것과 같은 것이 사용되었다면 문제가 없지만 밭흙으로 심어져 있으면 배양상 많은 문제점이 발생하게 된다. 이와 같은 나무는 적기를 선택해서 빨리 분갈이를 해야만 한다.

다음은 뿌리뻗음인데 실생으로 밭에서 양성된 소재에 있어서 공통적인 것은 뜻밖에도 그 나무 본래의 뿌리뻗음이 흙 속에 감추어져 있는 것이다. 그러므로 분에 깊이 심으면 뿌리뻗음을 음미할 수 없게 된다.

표토 위로 노출되는 뿌리뻗음은 웅장함과 안정감을 나타내므로 감추어진 것은 표토를 긁어내어 그 나무 본래의 뿌리뻗음을 확인하는 습관을 가져야 할 것이다.

때로는 뿌리뻗음이 나무의 정면을 좌우할 정도로 수형의 중요한 기초라는 것을 인식해야 한다.

따라서 이 나무는 뿌리뻗음이 일정하게 발달해 있으며, 그루솟음새가 직선이다. 그러므로 곡간으로 만들기에는 줄기 모양이 단조로워 직간수형에 알맞다.

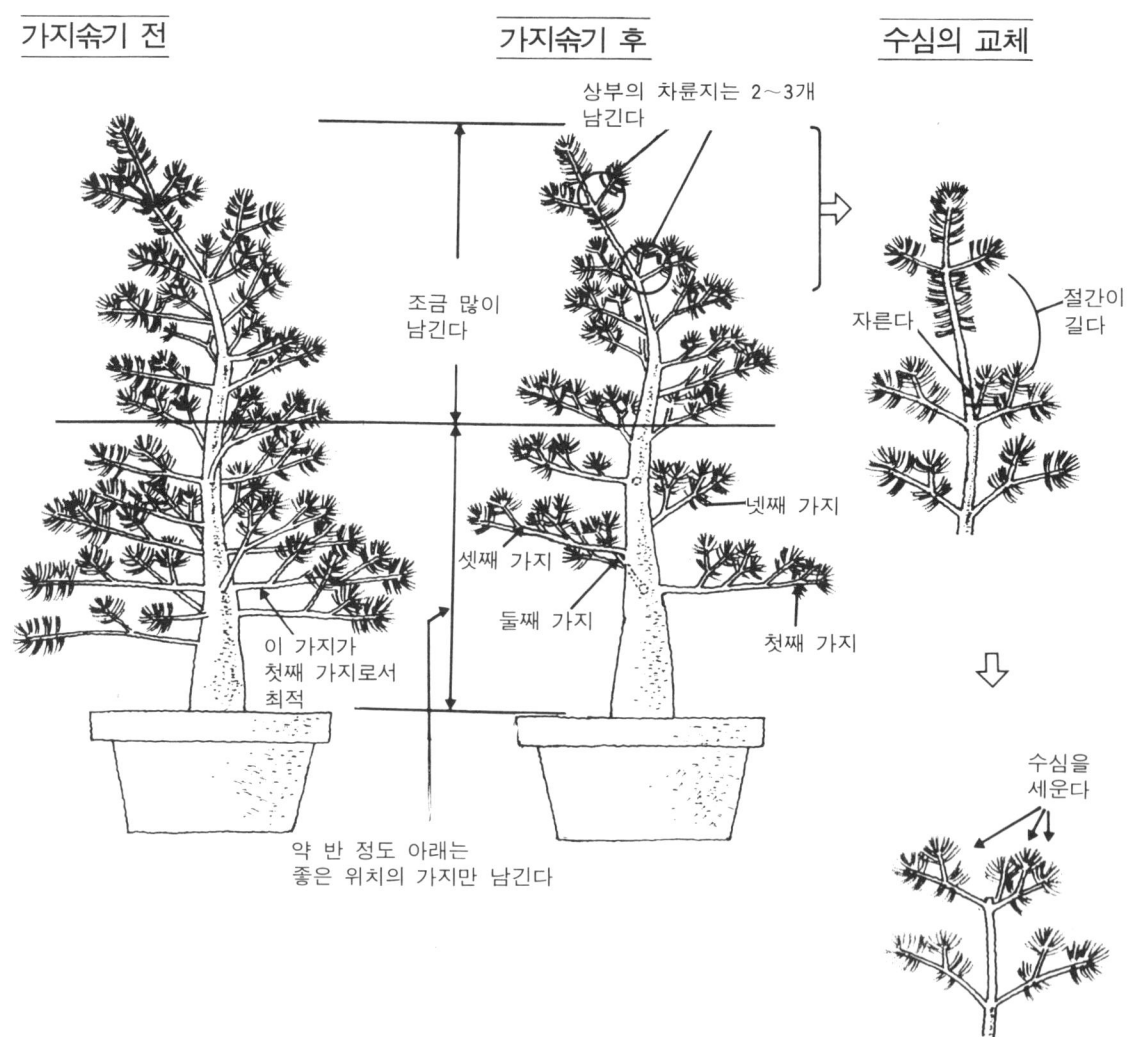

첫번째 가지솎기의 목적은 가지의 생육 환경을 정리하는 것

줄기를 굵게 만들 동안에는 가지를 많이 남겨서 자라게 해야 되지만, 이 나무와 같이 언제까지나 가지를 너무 많이 두면 가지마다 충실하지 못할 뿐만 아니라 내부의 눈이 말라서 절간이 길어진 가지로 된다.

이 나무는 가지솎기가 급한 나무이다. 단, 일시에 가지 수를 적게하면 그것만으로도 나무에 큰 부담을 주게되므로, 잘 알고 있겠지만 잔가지라도 예비지로 조금 남겨 놓도록 한다. 다음 기회에 얼마든지 가지솎기를 할 수 있기 때문이다.

특히, 첫번째 가지솎기는 가지 순서 결정과 보기 좋게 하는 것 보다는 먼저 가지마다의 생육 환경을 정리해 주는 것이 중요하다.

가지는 호생과 방사상으로

제2단계에 들어서면 일보 진전된 가지솎기가 행해진다. 위쪽의 가지는 예비지로 남겨 놓는

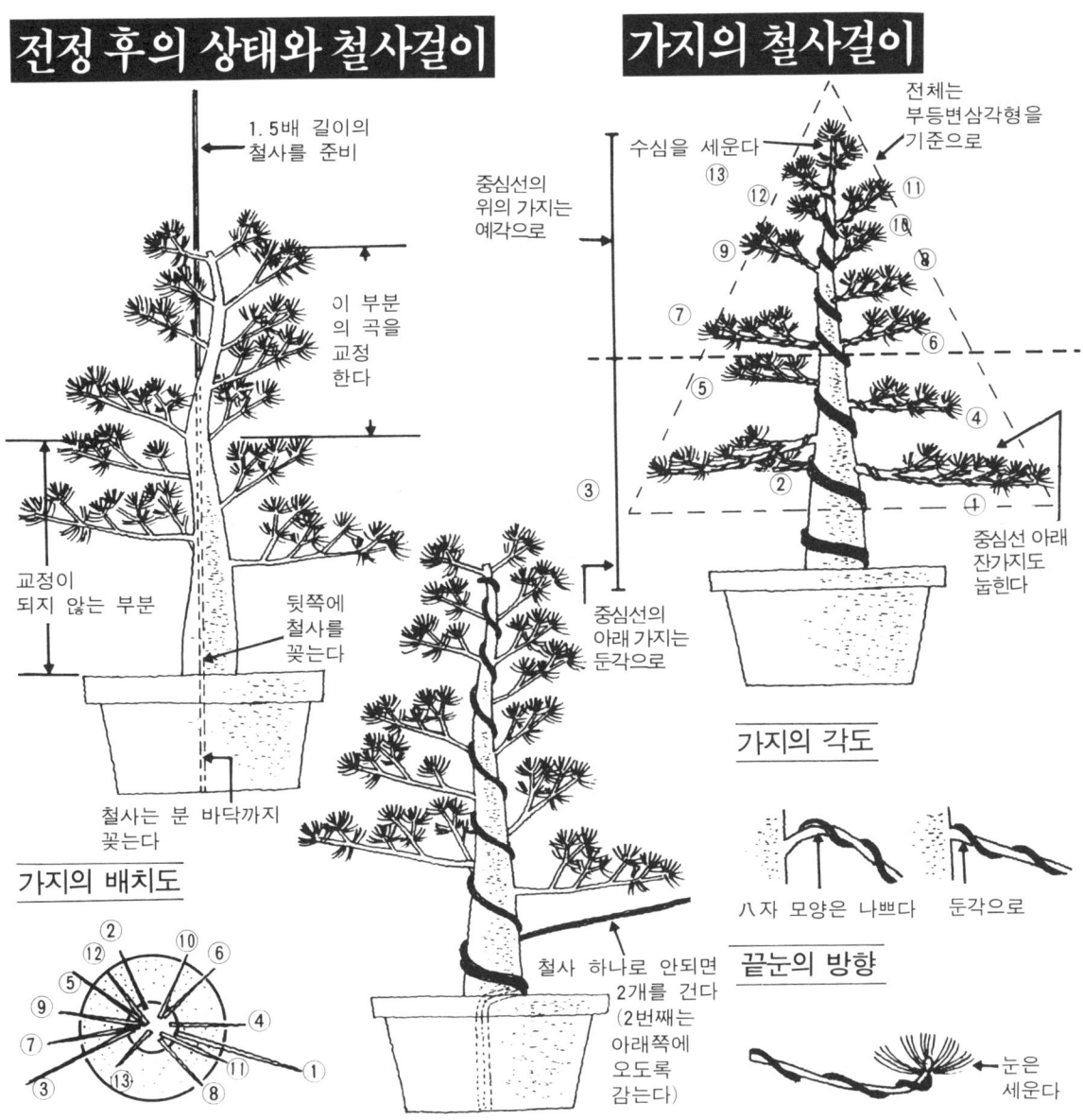

47

처리를 하지만 아래쪽의 가지는 생육환경 뿐만 아니라 분재로서의 주지(主枝)를 결정한다고 하는 창작의 목표가 가미된다. 줄기를 만드는 목표가 어느 정도 끝나면 잔가지를 만드는 단계로 넘어가게 된다.

제3단계로 접어들면 위쪽의 가지가 너무 굵어지지 않을까 하고 염려되는데 아랫가지와의 균형을 보고 나무 전체의 가지 순서를 결정한다.

가지 순서를 결정할 때는 호생으로 그리고 전후 좌우에 가지가 방사상으로 나오도록 하는 것을 명심해야 한다. 수고(樹高)의 $\frac{1}{2}$ 위쪽은 특히 좌우가지 뿐만아니라 앞가지, 뒷가지를 효과적으로 배열해서 수자에 변화와 깊이를 더해 주어야 한다.

첫째 가지는 가장 낮은 위치에 나오는 것만 아니고 뿌리뻗음, 그루솟음새의 리듬을 받으며, 보는 사람에게 깊은 인상을 주는 가지이다.

이 결정에는 장래의 수고와 가지의 길이가 설정되어야 한다. 우선 수고의 $\frac{1}{4} \sim \frac{1}{3}$ 의 범위를 표준으로 하면 될 것이다.

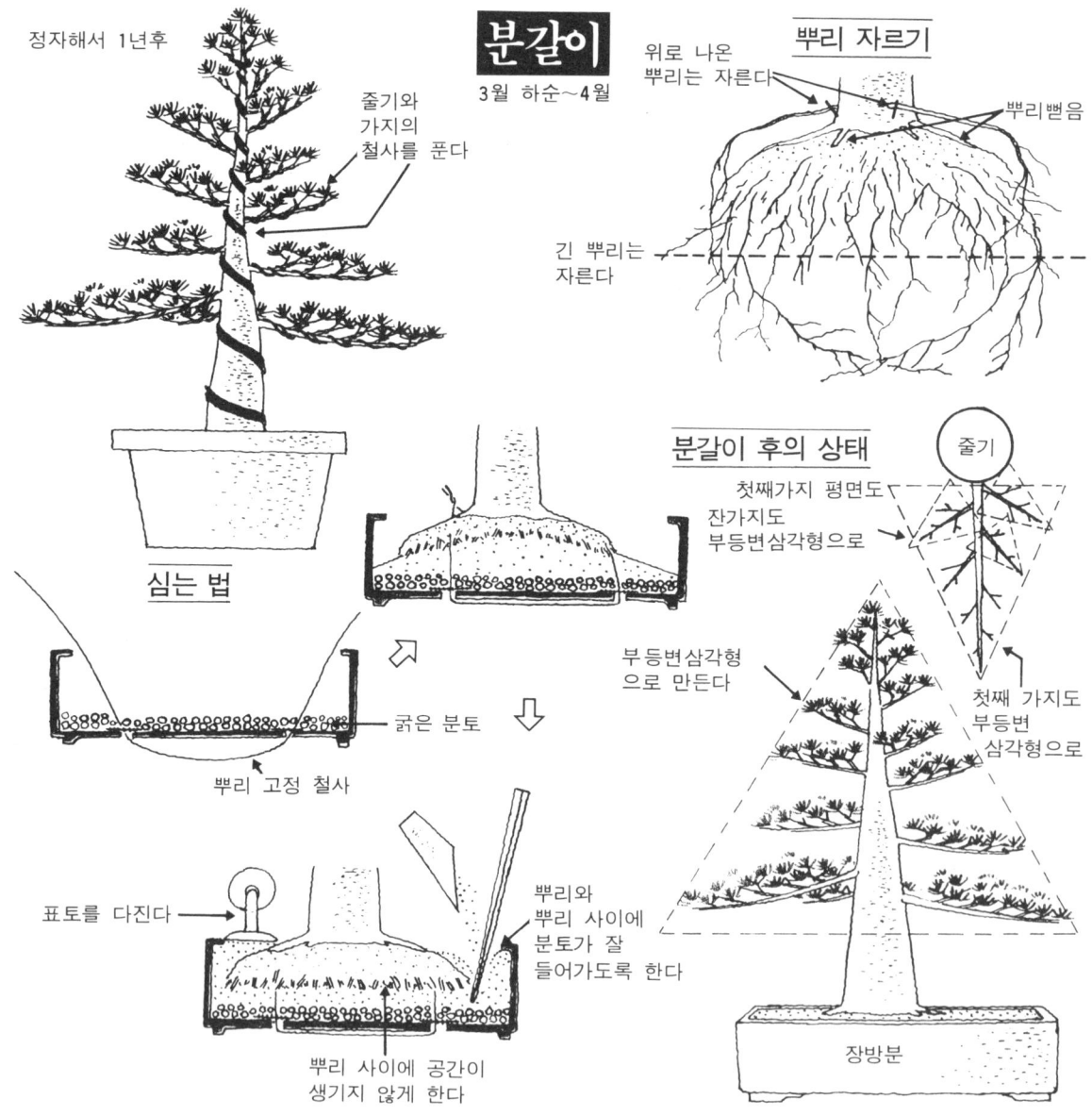

수형을 유지하기 위한 가지치기와 가지솎기

이렇게 가지 순서가 결정되면 수형의 골격이 정해졌다고 볼 수 있겠지만 여기서 가지솎기도 끝난 것은 아니다.

오히려 수형의 골격이 정해진 이후의 가지솎기야말로 중요한 것이다.

드디어 가지가 굵어지고, 잔가지의 형성에 따라 가지 전체가 두터워져 맨 처음의 가지 간격이 좁아지면서 가지가 대생지처럼 보이는 것도 생긴다. 한 가지를 놓고 보더라도 가지의 끝에 비해서 내부의 가지가 약해지는 것은 피할 수 없다.

이미 만들어진 가지를 개조해서 다시 잔가지를 형성시키는 것은 손해를 보는 기분이 들겠지만 언제까지고 풍격이 있는 가지 모습을 유지시키기 위해서는 꼭 필요한 손질이다.

가지를 솎아내고 또 잔가지를 형성시키더라도, 한 가지를 솎아내는 것은 다른 가지를 살리는 것과 같으며 일살다생(一殺多生)의 영단을 가지고 임해야 할 것이다.

진백
심산유곡의 성자

진백은 식물명을 누운 향나무라고 하며, 심산계곡에 자생하는 그 모습은 분재를 애호하는 사람뿐만 아니라 누구에게나 동경의 대상이 된다.

천애의 절벽에 줄기가 심하게 뒤틀려지고 수피가 벗겨져나간 채 매달려 있는 모습, 조금 남아있는 수피에 의해 왕성한 생육을 계속하는 모습은 신선하고 엄숙한 정취를 불러 일으킨다.

또한, 세밀하고 둥근 듯한 잎도 이 나무에 있어서 우아한 멋을 준다.

배양관리

진백은 수성이 강건해서 햇빛을 좋아하고 내한, 내서성도 강하며 전정에도 잘 견딘다.

■ 배양장소

진백은, 그 자생지의 상황을 살펴보면, 대개 고산지대에 분포하고 있다. 안개가 많고 공기가 깨끗한 곳에 자생하고 있다.

대기오염이 심한 도심지에서 배양할 경우는 적어도 햇빛이 잘 들고 통풍이 좋은 동남에

双幹 樹高75Cm

石附 62Cm

접한 정원이나 빌딩의 옥상을 이용하는 것이 좋다.

■ 물주기

진백은 공중 습도가 높은 환경을 좋아 하므로 엽수(葉水)를 열심히 자주 주는 것이 효과적이다.

즉, 물을 줄 때 잎에도 주어서, 특히 도심지에서의 지엽과 줄기가 오염된 것을 씻어낸다. 그러면 응애의 발생도 예방할 수 있어 좋다.

■ 시비

진백은 바위가 있는 험악한 곳에 자생하고 있으므로 무비료에 가까운 배양이 좋은 성적을 올린다고 생각되지만 잘못이다. 분이라는 한정된 용기 속에서 생활해야 하고 그 외에도 잔가지를 만들어 수격을 향상시켜야 하는 목적도 있으므로 시비를 소홀하게 해서는 안 된다.

단, 시비를 계속하면 분토가 산성화 되므로 분갈이할 때까지 기간이 많이 남는 경우에는 잿물기름을 주어 분토를 중화시켜 준다.

文人木 樹高76Cm

순따기와 전정, 철사걸이

진백은 가지를 방치해 두면 가지가 끝으로 끝으로 신장해 나가 속에는 가지가 없게되고 가지 끝만 붕긋하게 되는 경향이 있다.

그렇게 되면 사리(舍利)와 줄기의 아름다움도 잎에 가려지고 상쾌한 가지 모양도 관상할 수 없다. 그래서 순따기, 전정, 철사걸이에 의해 가지 끝 부위를 아름답게 정자해 줄 필요가 있다.

■ 순따기

순따기의 목적은 강하게 신장한 순을 따주어 가지의 강약의 균형을 유지하고 내부에 있는 약한 속가지가 상하지 않게 힘을 올려 주는 것이다.

따라서 순이 자라나오는 5월부터 가을까지 뭉쳐져 나와있는 순 중에서 제일 강한 순을 잡아 당기듯 해서 따준다. 너무 길게 자라면 손으로 순따기를 할 수 없게 되므로 될 수 있는 한 빨리 해준다. 너무 자란 것은 가위로 잘라준다.

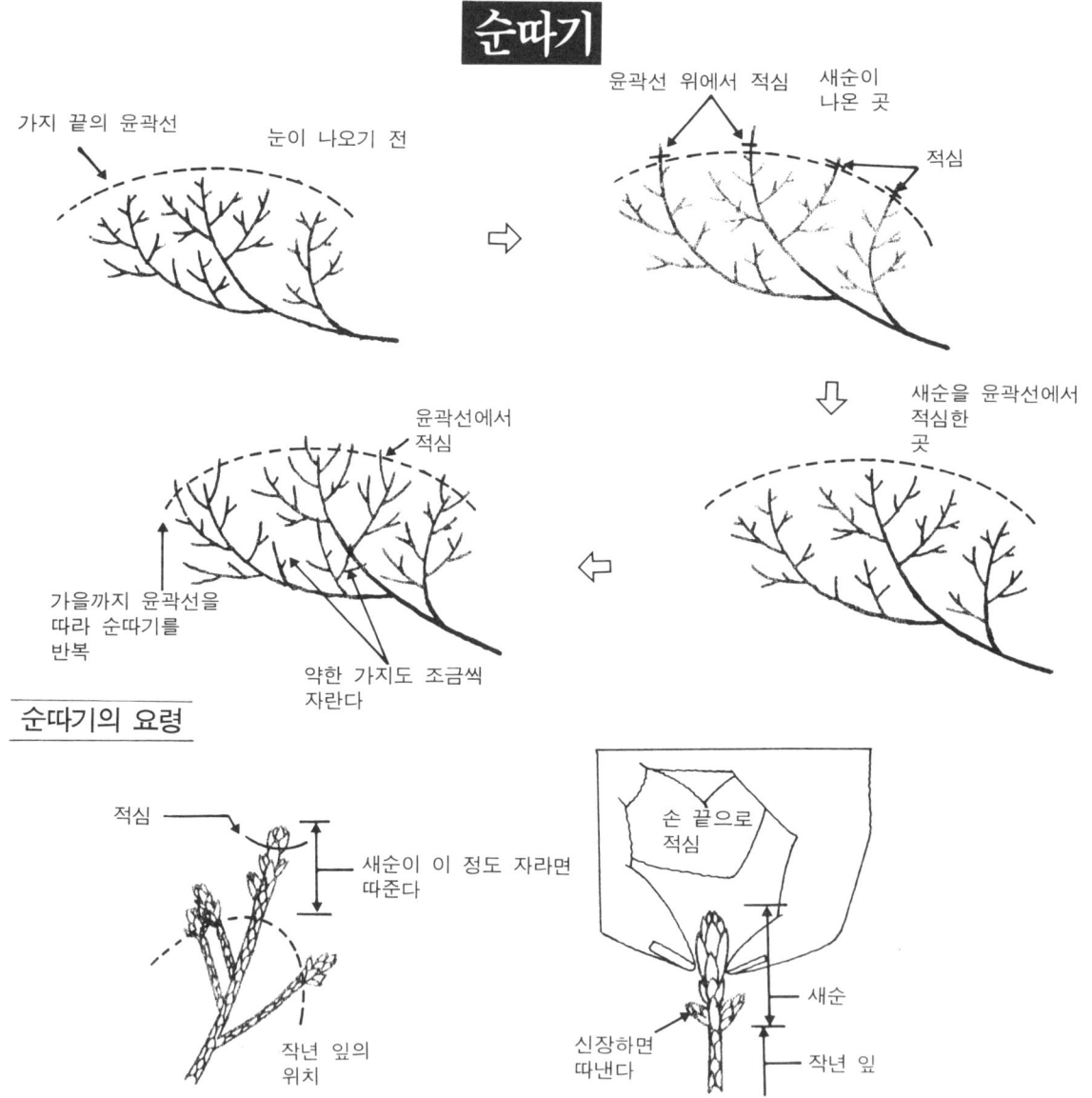

■ **전정**

수세가 강한 가지와 너무 자란 도장지(徒長枝) 등을 자르는 것은 수형 전체의 균형을 유지하는 목적 외에 밀집된 부분을 성기게 하여 햇빛이 잘 들어가게 하는 배양상의 목적도 있다.

가지를 자르면 내부에도 부정아가 나오게 된다. 시기는 철사걸이를 하는 3월, 4월, 9월 하순에서 11월 사이이다.

■ **철사걸이**

앞에서 언급한 시기에 실시하는데, 특히 진백의 경우는 수피가 얇기 때문에 굵은 줄기를 휠 때는 수피가 상하지 않도록 주의한다. 삼껍질 등을 감아 보호해준 다음 휘는 것이 무난하다.

잔가지의 철사걸이는 낙엽수와 같이 두 가닥 두 가닥씩 뻗어나가는 것을 기본으로 전정하고 모양을 만들어 준다.

사리와 진의 아름다움을 보아가면서 가지의 균형을 도모하고 공간을 만드는 것이 최대의 목적이다.

■ **침엽의 처리**

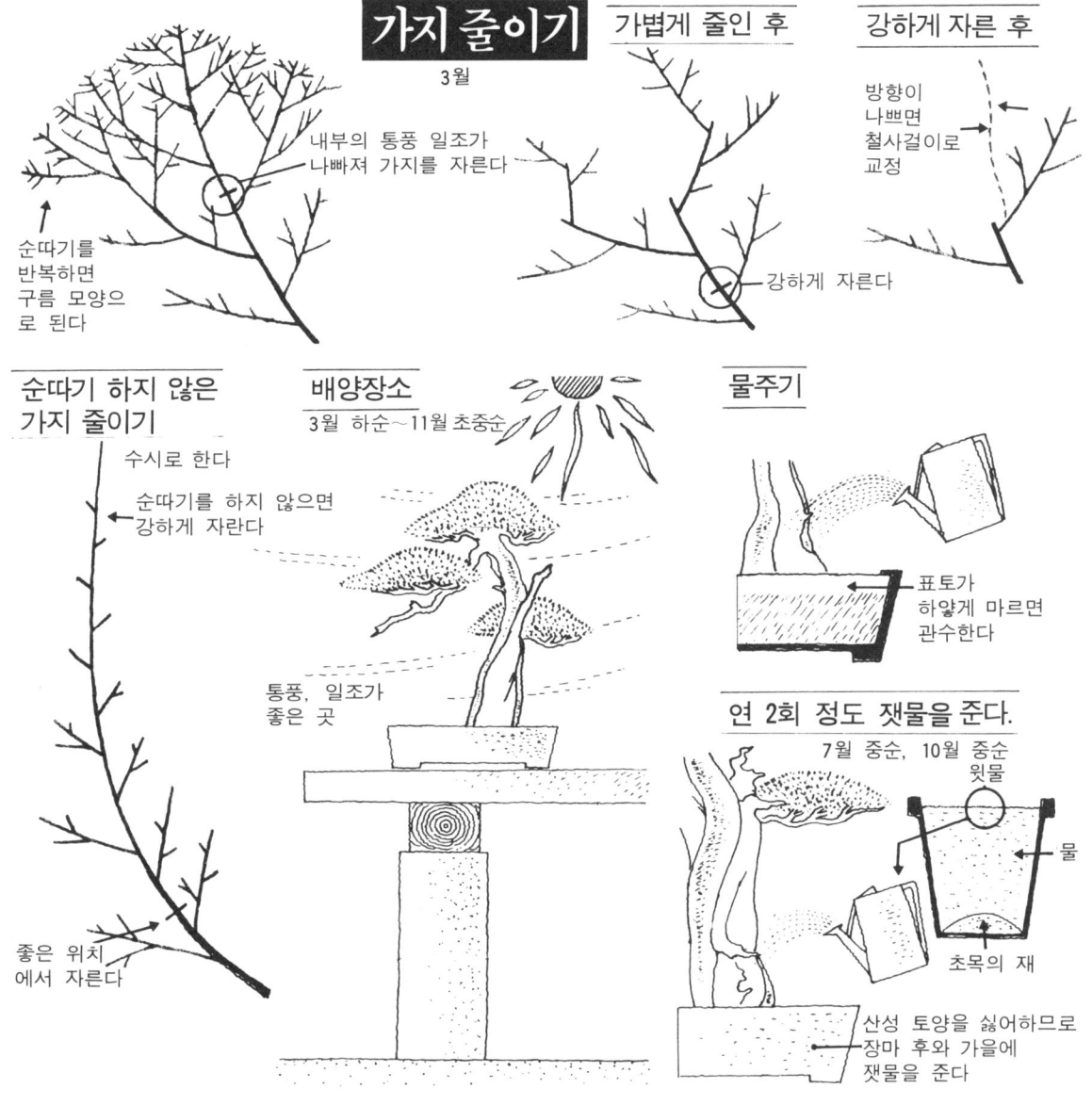

진백은 강하게 자르거나 철사걸이를 하면 간혹 침엽이 나오는 경우가 있다. 이 때 보기 싫어서 잘라 버리고 싶어지는데, 자르게 되면 언제까지나 회복되지 않으므로 주의를 요한다.

수세가 회복되면 자연히 원상태로 돌아가므로 우선은 한결같이 관리에 열중해야 한다.

삽목소재로 산채의 맛을 낸다

현실상 산채소재를 구한다는 것은 여간 어려운 일이 아니다. 따라서 진백은 오래전부터 삽목소재로 대량으로 재배되어 왔다.

산채한 고목에 비하면 여러 가지 측면에서 뒤떨어지지만 엽성이 뛰어난 소재가 대량으로 생산될 수 있는 이점이 있으므로 좋은 소재의 생산이 무엇보다도 중요하다.

그런데 여기서 다룰 진백은 삽목해서 가늘 때 곡을 넣었으며 땅에 닿을 정도의 낮은 위치에 가지를 자라게 해서 줄기의 비대육성을 시켜왔다. 삽목 10년생 정도라고 생각된다. 이와 같은 나무는 산에서 자연이 묘사한 디자인을 가지고 있지 않으므로 만드는 사람의 센스가

구입 묘의 전정과 분갈이

3월 하순

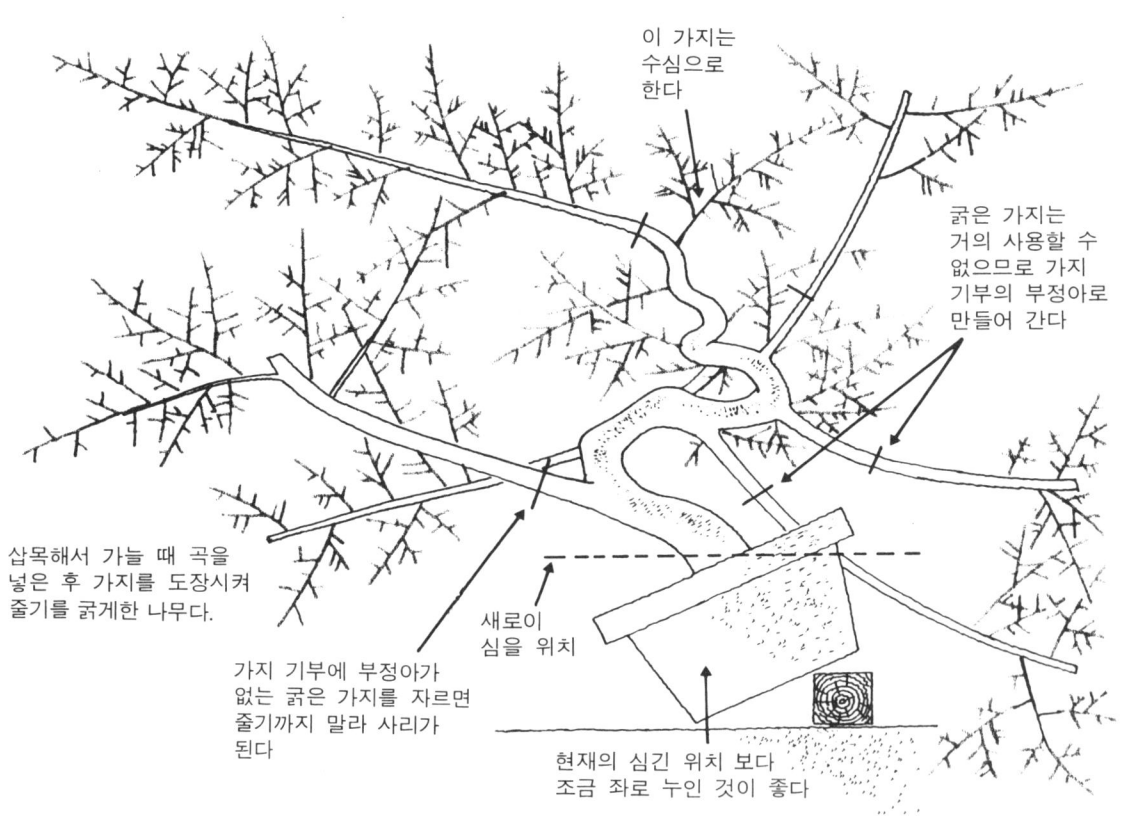

큰 영향을 끼친다.

먼저 희생지로서 길게 자란 굵은 가지를 조금 짧게 남겨두고 자르며 부정아를 나오게 해서 가지를 만들어 간다. 수심도 적당한 높이에서 잘라 가지를 세워서 바꾼다.

줄기 모양은 확실히 진백답게 강한 곡이 들어 있지만 현재의 심은 위치로는 줄기가 그루솟음새로부터 좌측으로 기울어져 있으며, 또 도중에서 우측으로 크게 굴곡이 져있으므로 어쩐지 그루솟음새가 잘 표현되어 있지 않다.

그리고 굵은 가지의 전정과 동시에 분갈이를 하며, 심은 위치의 각도를 변경한다. 조금 우축을 세우면 그루솟음새의 첫째 곡이 잘 표현되는 만큼 선의 흐름이 강하게 나타나는 것이 확인될 수 있다.

분재의 기본 수형은 진백에 통용되지 않는다

진백의 수형 가꾸기에 있어서는 흔히 말하는 분재의 기본 조건, 즉 뿌리뻗음, 가지의 배열, 줄기 모양 등을 도외시 할 필요가 있다.

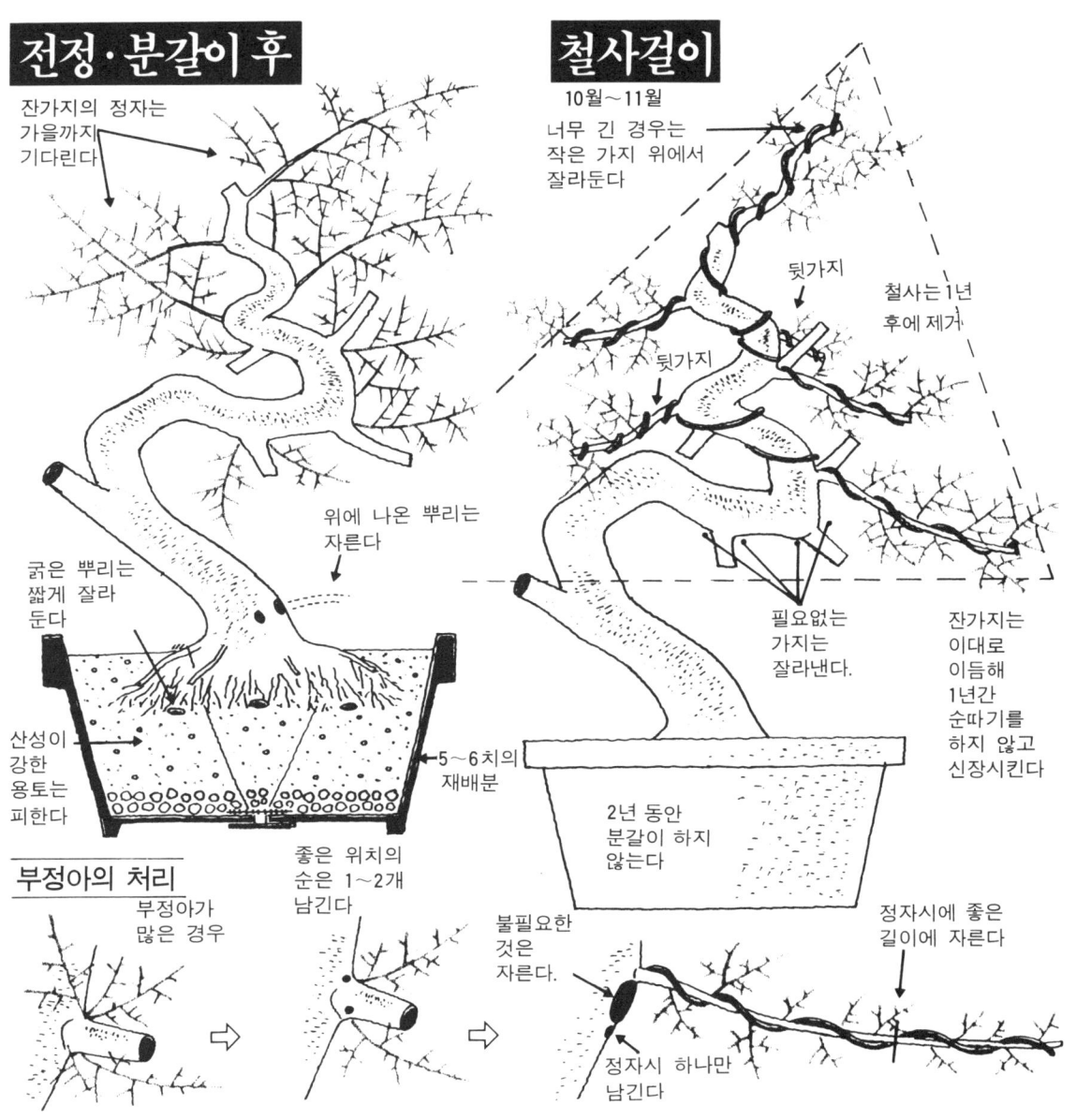

가지가 서로 교차되기도 하고 도중에서 굽어 곡이 들어서 회전 되기도 하며, 또 뿌리뻗음은 거의 없고, 가는 수피와 사리만 그루솟음새를 이루고 있기 때문에 기본 수형과는 동떨어진다.

즉, 가지의 배열을 잘 하기 보다는 어떻게 사리, 진을 강조해서 전체의 균형을 맞추어 주는가 하는 진백다운 수형 감상이 필요하게 된다.

삽목소재라 하는 것은 불량한 자연환경에서 자라는 고목의 모습과는 꽤 거리가 멀기 때문에 어딘가 변화는 적지만 가지 만들기는 수월하다. 고목의 모습을 잘 관찰해서 이 소재도 고목의 모습이 잘 나타나도록 손질을 해야 할 것이다.

줄기의 사리화는 조금씩

사리, 진의 조각은 생장이 왕성한 시기를 피하고 휴면기인 2월경에 실시한다. 가령 말라죽은 부분을 조각하는 것도 초심자의 경우는 이 시기를 택하는 것이 좋다.

방법으로는 먼저 끝이 잘려져 있는 굵은 가지의 죽어 들어간 곳까지 깎아 낸다. 이것에 의해 산 줄기와의 경계를 확인하는 것이다.

이렇게 한 후 전체를 살펴보아 사리화할 선을 설정하고 살아있는 줄기의 조각이 진행되게 된다.

단, 한 번의 작업에서 대량으로 수피를 벗겨 내면 수세가 약해지므로 몇 해에 나누어서 조금씩 조각하여 목표에 가깝게 접근하는 것이 대단히 중요하다. 그리고 작업 후에는 살아있는 줄기와의 경계에 반드시 유합제를 발라 주도록 한다.

자생지의 모습

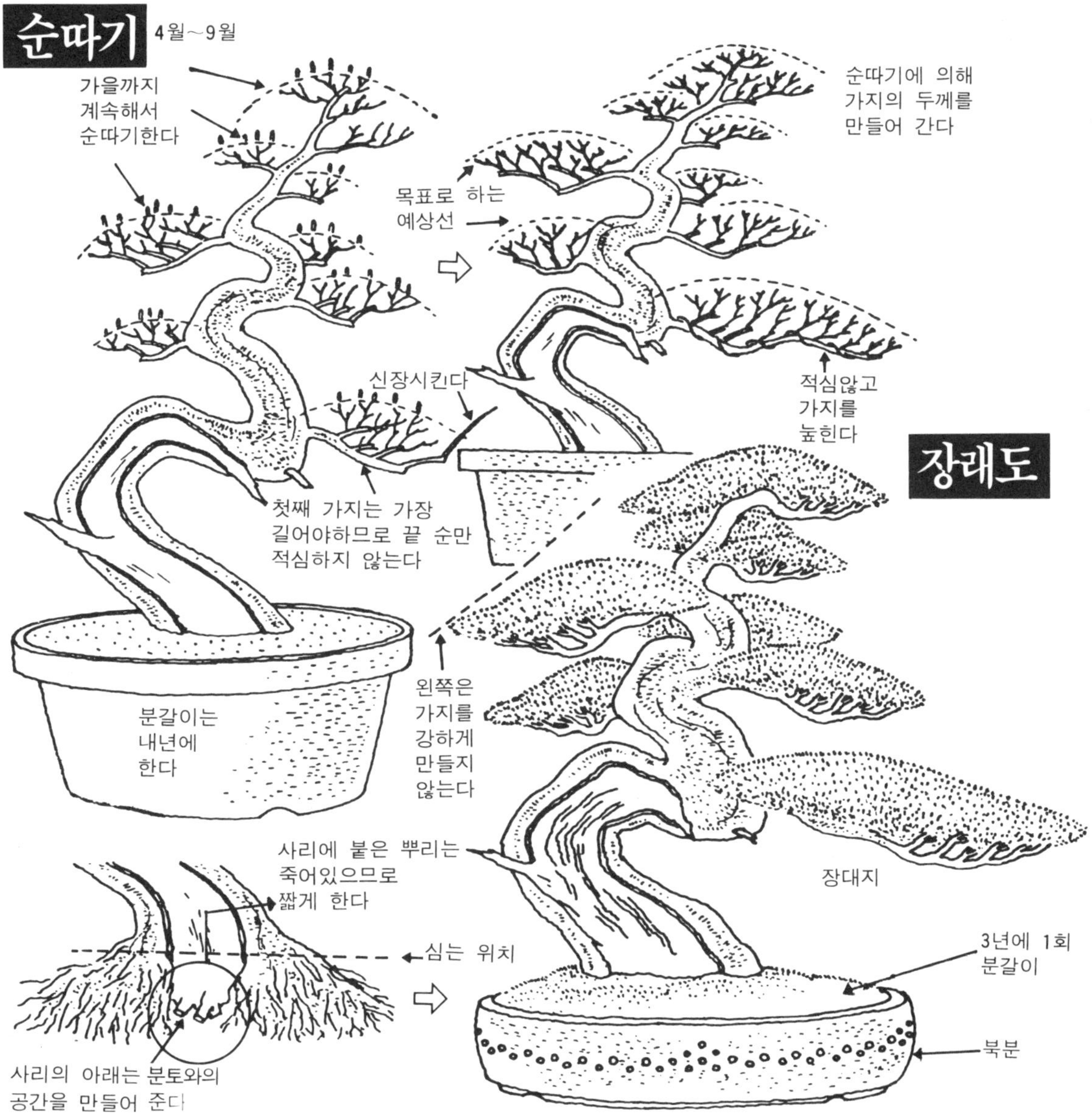

순따기 4월~9월

- 가을까지 계속해서 순따기한다
- 목표로 하는 예상선
- 순따기에 의해 가지의 두께를 만들어 간다
- 신장시킨다
- 적심않고 가지를 높힌다
- 첫째 가지는 가장 길어야하므로 끝 순만 적심하지 않는다
- 분갈이는 내년에 한다
- 왼쪽은 가지를 강하게 만들지 않는다

장래도

- 장대지
- 3년에 1회 분갈이
- 북분
- 사리에 붙은 뿌리는 죽어있으므로 짧게 한다
- 심는 위치
- 사리의 아래는 분토와의 공간을 만들어 준다

노간주나무
다양한 수형미를 구사한다

중량감이 웅장함

노간주나무는 그 강한 수성으로 인해 인기가 높아진 수종이다.

노간주나무는 진백과 같은 측백과 식물로 사리간(舍利幹)이 매력적이라는 공통점이 있다. 양자는 때로 비교되지만 노간주나무는 진백과 같이 줄기에 큰 곡이 든다던지 비틀려 굽은 사리의 아름다움은 없다. 다만, 중량감이 있는 남성적인 웅장함은 노간주나무의 독특한 맛을 낸다.

또한, 노간주나무의 특색으로 중요한 것은 무수한 가지 진의 역할이다. 특히 근원에서부터 그루솟음새에 걸쳐 뾰족하게 돌출된 흰 가지 진과 잎 사이 사이에 간간히 보이는 가지의 진, 이러한 것을 아름답게 나타내는 줄기와 가지의 표현은 다채로운 여러 가지 수형 표현을 가능케 한다.

이와 같이 사리와 진의 특성에 의해 섬잣나무와 해송보다는 더욱 오래된 연대의 노대수를 표현할 수 있는 것이야말로 노간주나무가 최근 주목되고 있다는 점이다.

半懸崖 樹高 40cm

배양상의 특성

건조한 척박지에 많이 자생하는 수종이므로 극히 소량의 시비와 물주기에도 잘 견디지만 한편으로는 분재 수종 중에서 가장 비배에 잘 견디는 양극단의 성질을 갖고 있다.

잔가지를 많게 하고 격조있는 수형으로 만드는 데는 정성들인 순따기가 반복되어야 하므로 시비와 관수를 충분히 해주어 수세를 왕성하게 하지 않으면 안 된다.

중부 이북지방에도 자생하고 있으므로 내한성이 꽤 강한 수종인 것만은 틀림없지만 분갈이 후에 뿌리의 발달이 불충분한 것은 의외로 추위에 약하다. 따라서 이른 봄과 늦가을의 분갈이는 해서는 안 된다. 기온이 안정된 4월 하순에서 5월경이 최적기이다.

그리고 내음성이 강한 수종이지만 전술한 바와 같이 좋은 분재를 만들기 위해서는 일조와 통풍이 좋은 장소에서 배양해야 할 것이다.

連根 樹高 55cm

曲幹 樹高 103cm

순따기, 묵은 잎솎기, 잔가지의 전정

노간주나무는 가을까지 순따기할 때마다 몇 번이고 새순이 나오는 성질을 갖고 있다. 따라서 순따기는 한 번에 끝내서는 안 되고 봄부터 가을까지 반복해야 한다.

순따기를 몇 번이라고 하는 것은 사실은 큰 오해의 소지가 된다. 새순이 붓털 모양으로 되었을 때에 찾아내어 따내는 것은 적절한 방법이라고 말할 수 없기 때문이다.

따낸 곳에서 새순이 나온 뒤 또 따내는 것은, 언제나 일정한 곳만 순따기하는 악순환에 의해, 그 곳이 혹 모양으로 되어 가지의 전체를 제대로 가꿀 수 없게 된다. 그러므로 올바른 순따기란 나오면 순따기를 반복하는 것이 아니고 나무 전체에 일제히 따내는 것이 중요하다. 길게 자란 것도 그렇지 않는 것도 똑같이 순따기를 해주는 것이다.

따라서 순이 나오는 상태를 보고나서 가을까지 2~3회에 나누어서 순따기하는 것을 권한

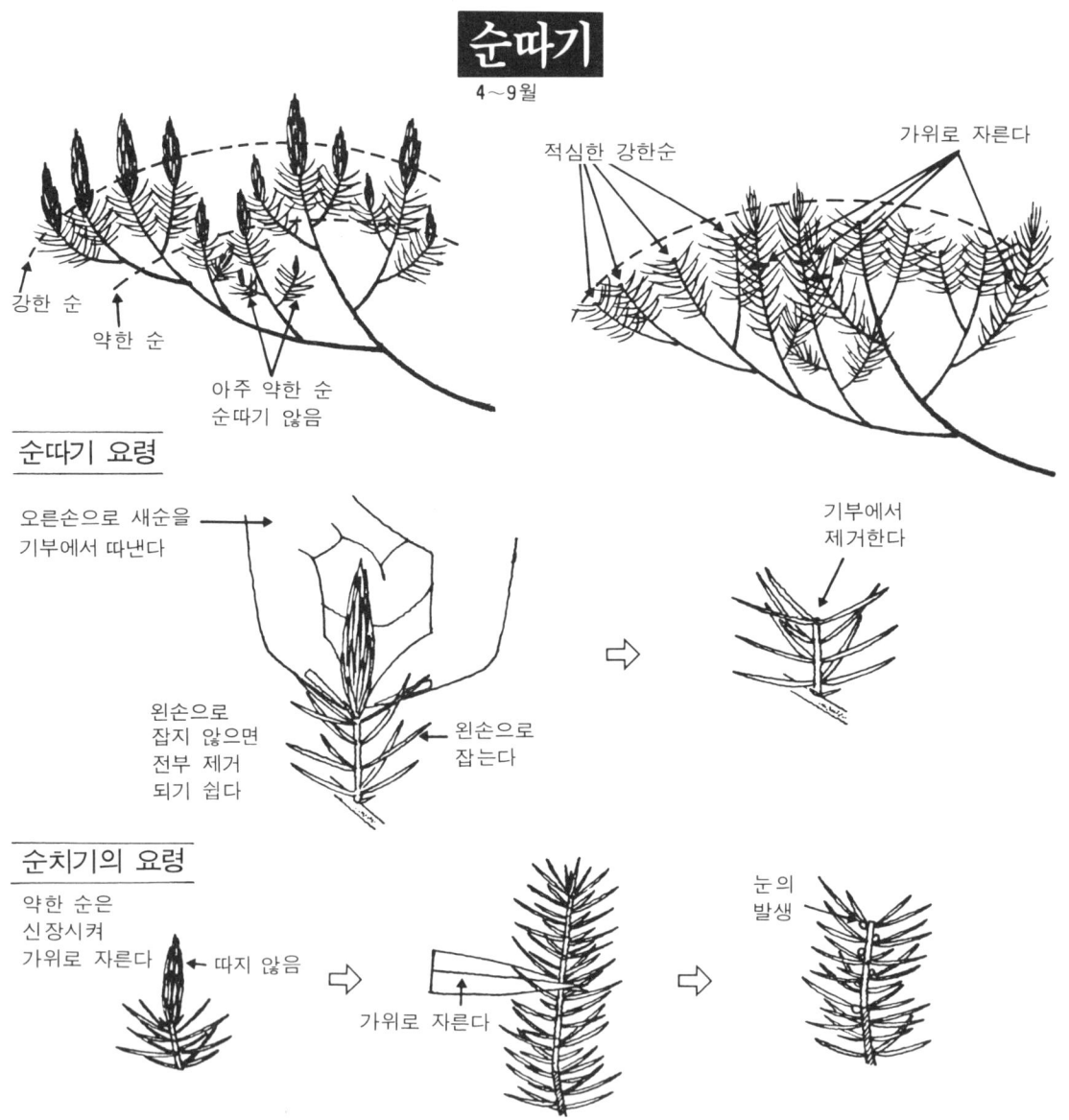

다.
 단, 도장하는 순은 보이는 대로 제거한다.
 만약 한 곳에서 몇 개의 순이 나오는 경우에는 방치하면 혹이 되므로 반드시 하단의 순에서 잘라준다.
 순이 나오기 전에 철사걸이를 했거나 분갈이에 의해 뿌리의 상태가 걱정되는 경우에는, 자라나오는 순이 일단 완전히 펴지고 나서 8~10mm 정도 남기고 잘라주는 방법이 유효하다.
 그런데 이러한 순따기가 반복되면 어쨌든 가지 끝만 수세가 집중되고 잔가지가 혼잡하게 된다. 물론 가지 내부의 일조와 통풍도 좋지 못하게 된다.
 이대로 방치하면 내부의 눈이 마르므로 묵은 잎을 솎아내야 하며 9월 초순에서 중순에 걸쳐 잔가지를 두개씩 남기고 제거해 준다.
 이렇게 하므로써 가지 전체의 수세의 평균화를 시킬 수 있다.
 가지의 골격이 어느 정도 갖추어진 단계는 봄부터의 순따기와 가을의 잔가지 정리(두 개씩)로 수자를 유지해 나갈 수 있다.

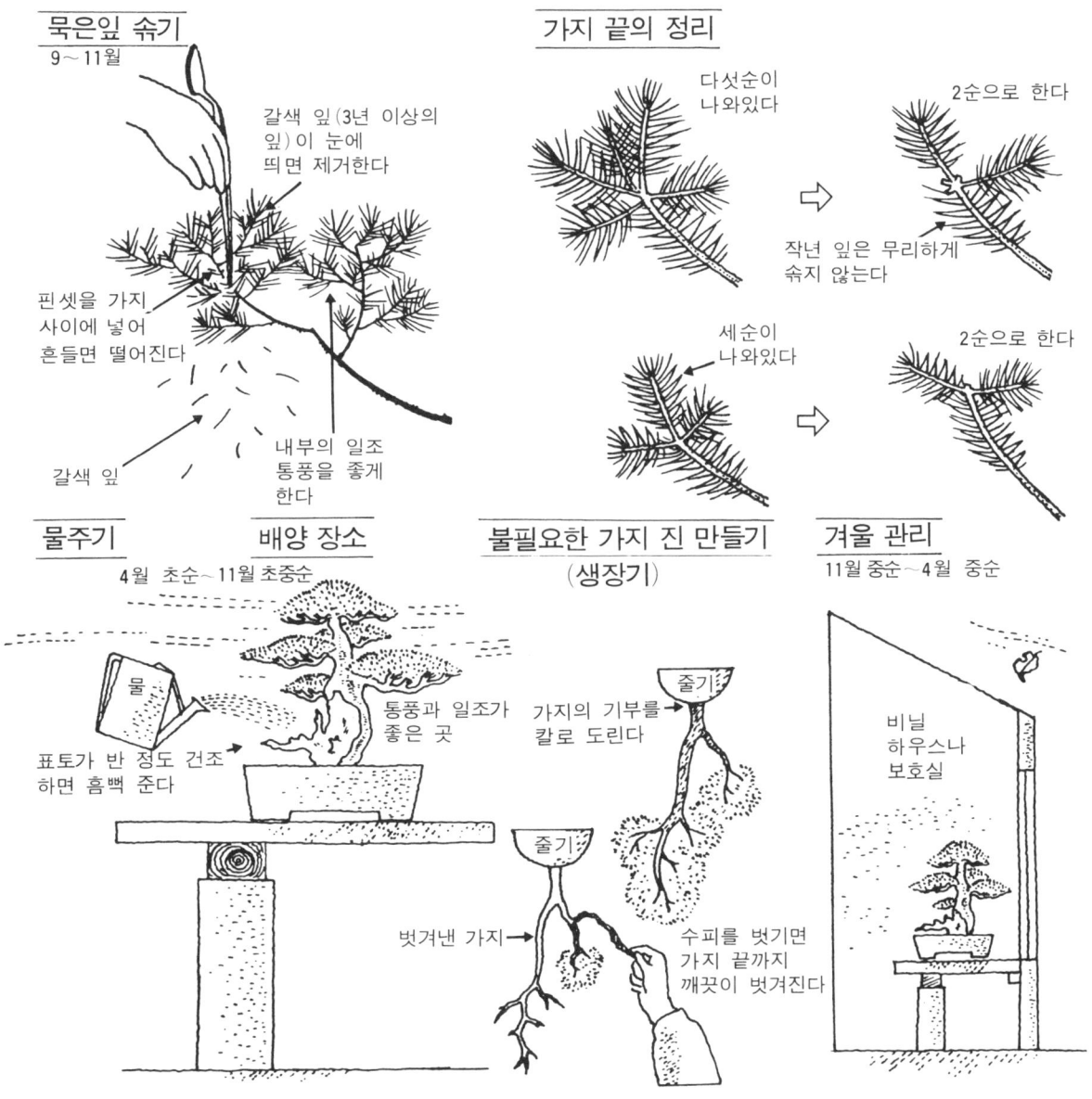

산채 당시의 굵은 가지를 사용하지 않고 부정아를 주지로

노간주나무는 산채가 비교적 쉬운 수종이다. 이 나무는 분올림한 지 몇 년 안 되는 것이며, 그루솟음새의 진이 볼만하고 줄기모양도 노간주나무로서는 변화가 많은 편이다.

단, 현재의 심은 상태로는 그루솟음새 부분이 가늘어 매우 눈에 거슬리므로 가지 만들기와 함께 이의 해소도 큰 과제이다.

무엇보다도 심는 각도의 변경에 의해 쉽게 해소되리라는 속셈에서 구입한 것이 아닐까?

자, 이와 같은 소재를 만들 때 먼저 꼭 알아야 될 것은 산에 있을 때의 가지를 장래의 가지로 사용할 수 없는 것이다. 이 가지는 굵게 신장해 있고 절간도 길며 또 생각과 같이 교정이 잘 안 된다.

무리하게 사용하면 인공적인 느낌이 많이 들기 때문에 전체가 투박한 인상을 받는 나무로 된다.

결국 예전의 굵은 가지는 전부 적당한 길이로 잘라 최후에는 가지 진으로써 이용하게 된다.

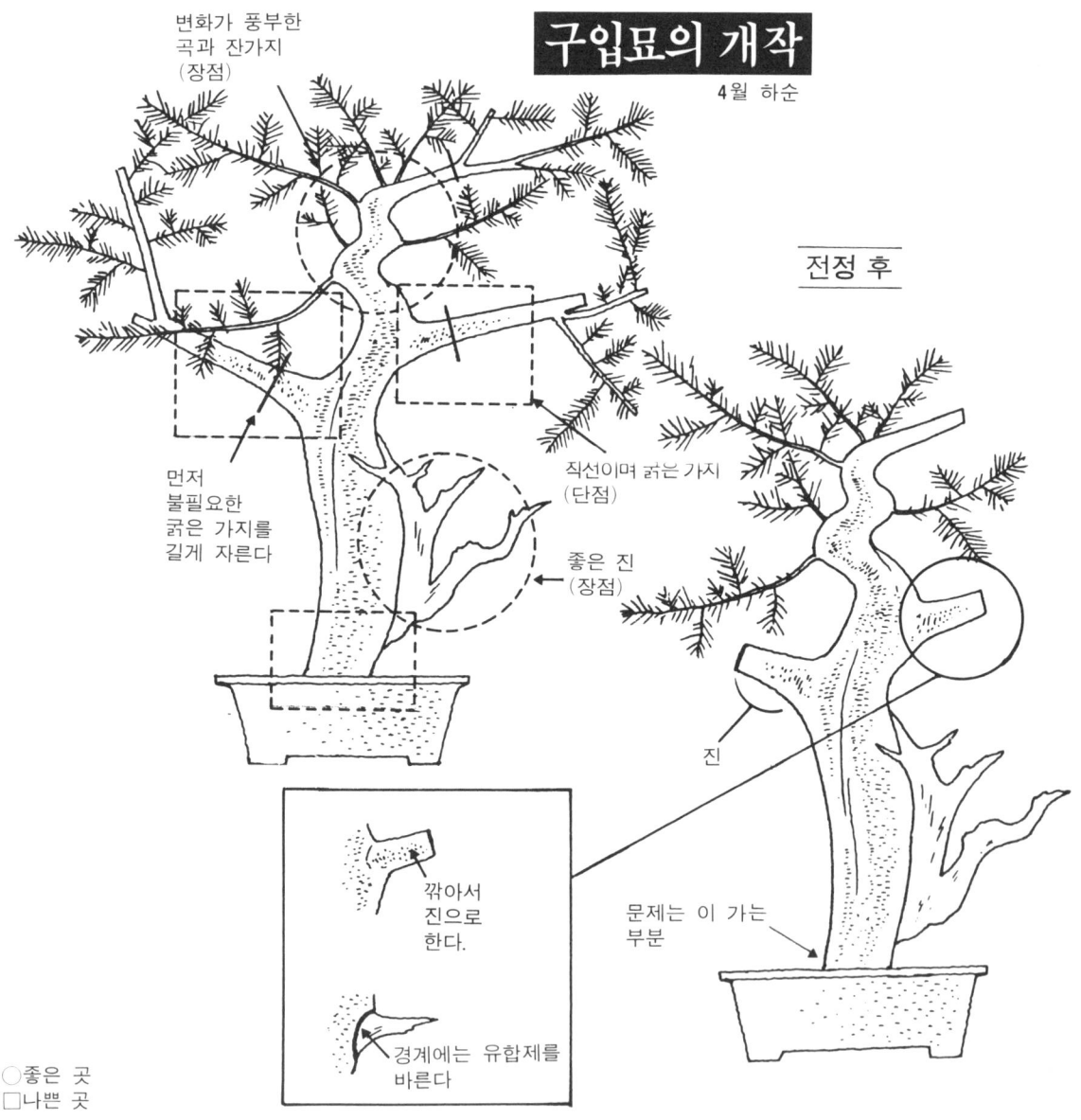

구입묘의 개작 4월 하순

노간주나무는 왕성한 부정아를 이용해서 가지를 만드는 것이 기본임을 알아야 한다.

이 나무는 다행히 부정아가 가지가 있어야 할 위치에 많이 나와있고 세력좋게 신장해 있다. 서서히 굵은 가지를 잘라 진을 만들어야 할 것이다.

진의 조각과 가지 정리로 수형의 기초를 만든다

노간주나무뿐만 아니라 모든 나무의 사리와 진 만들기는 휴면기에 행한다. 비록 죽어 있는 곳을 조각하더라도 뿌리가 활동하고 있는 시기를 피하지 않으면 안 된다. 왜냐하면 주의를 하더라도 뿌리에 진동을 주어 잔뿌리를 약하게 하기 때문이다.

가지 진은 수형의 중요한 관상 대상이므로 조각할 때는 어디까지나 자연적으로 고사한 인상을 받도록 해야 하며, 인공적인 것은 감탄의 대상이 될 수 없다. 그리고 살아있는 줄기나 가지를 조각할 경우에는 1주일 정도는 바람을 피해야 하며 엽수를 열심히 주어서 수세의 회복에 전념해야 한다.

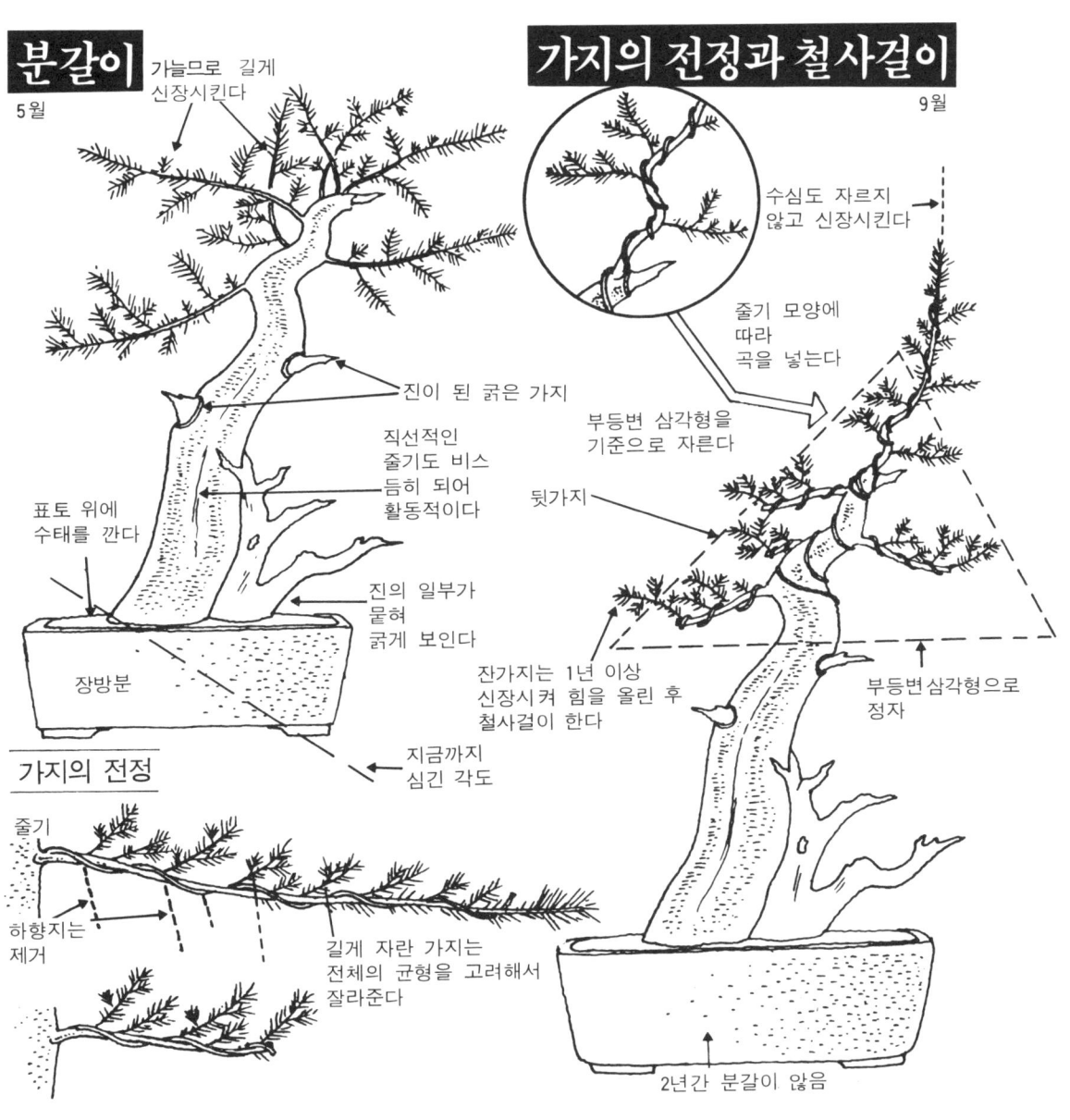

다음은 가지의 정자인데 기본적으로는 줄기의 굵기에 어울리는 굵기를 얻기 위해 힘을 올려야 할 것이지만, 그 전 단계로 주된 가지 만큼은 철사걸이를 해서 가지가 아래로 처지게 해둘 필요가 있다.

수세가 오른 후 가지 전체를 부등변삼각형을 기준으로 잘라주고 될 수 있으면 빨리 아래로 처지게 한다.

노간주나무는 조금이라도 가지를 굵게 하면 철사걸이가 매우 힘들고 무리하게 정형한 곳이 생기므로 완성되면 세련되지 못한 느낌이 들게 된다.

가지의 하강은 철사로 가지 각도를 교정하는 것이다. 위에서 보면 마치 가지 전체가 손을 편 것과 같은 모습으로 정리하는 작업이다.

이것에 의해 장래의 가지 골격이 된다. 가지를 하강시킨 후에는 다시 가지 끝의 신장을 꾀하여 가지의 기부가 굵어지도록 기다린다.

단, 가지 끝이 너무 왕성하게 자라면 가지 기부 근처의 잔가지의 생육환경이 나빠지므로 상황을 보아 적절히 솎아내거나 잘라주어 잔가지의 일조, 통풍에 방해가 되지않게 주의해야

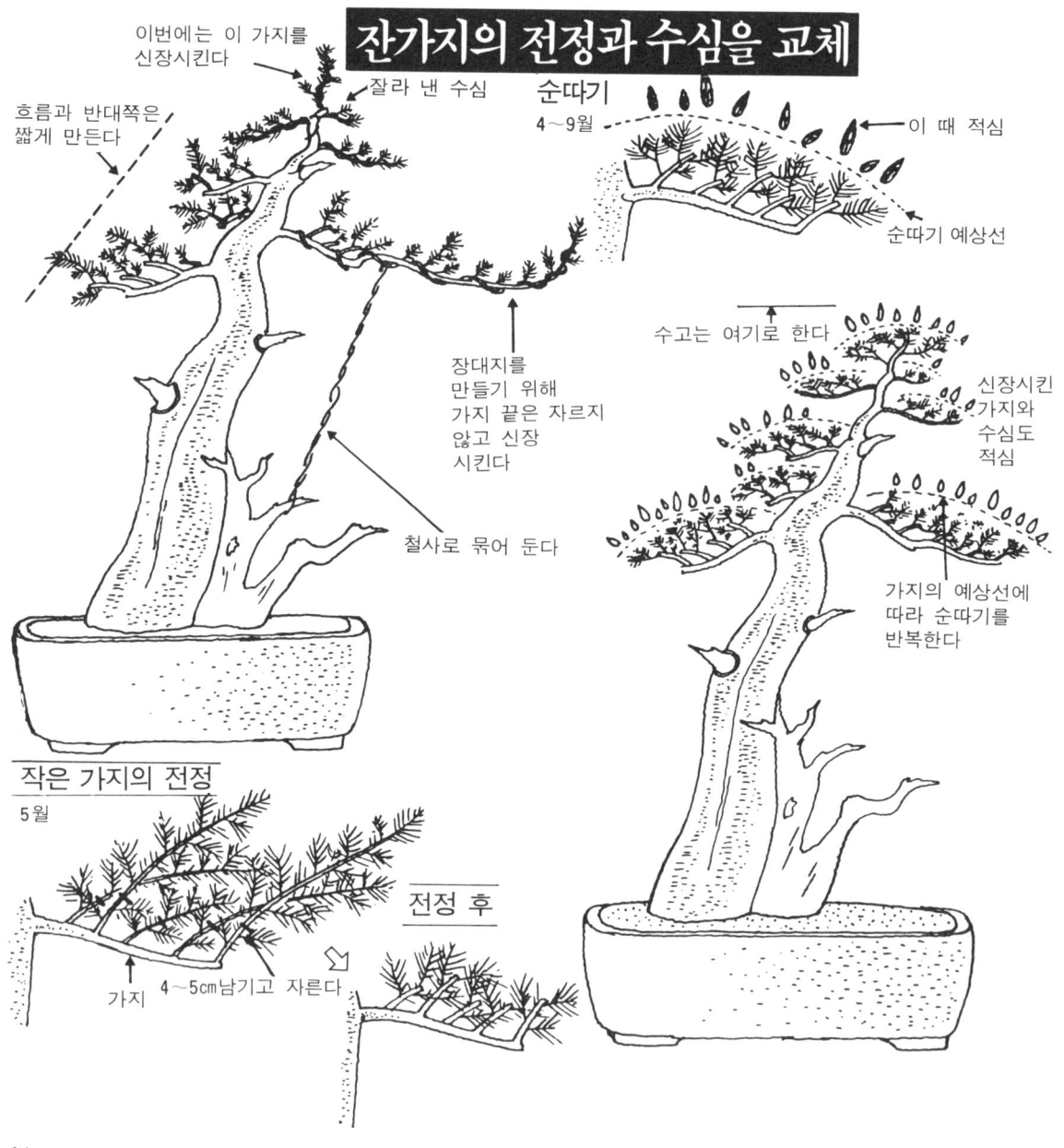

한다. 가지 끝을 갱신하고 또 신장을 병행시켜 잔가지를 만드는 것이 주 목표다.

가지 만들기의 최종 단계

제1회의 철사걸이로부터 여러 해가 경과하면 잔가지에도 수세가 오르고 잘 발달되므로 이 때 잔가지의 철사걸이를 한다. 전과 마찬가지로 부등변삼각형을 기준으로 전체를 자르고 각 가지를 수평에 가깝게 만들어 준다.

이 작업에 의해 가지와 가지의 간격이 보기 좋게 되며 필연적으로 잔가지의 일조, 통풍 조건이 개선된다.

여기까지 진행되면 가지 만들기가 거의 완료되었다고 해도 과언은 아니다. 단, 가지를 수평으로 해주므로써 잔가지는 꽤 억제되므로 갑자기 완성수처럼 순따기를 하는 것은 나무에 부담을 준다. 이 후에 자라나오는 새순은 완전히 펴질 때까지 방치하고 5월 중순경에 전부 기부에서 8~10mm 정도 남기고 잘라준다.

이것을 순치기라고 하며, 가지를 수평으로 하는 해는 극히 강한 것을 제외하고는 두 번째 순을 신장시켜 수세를 올리는 데 전념한다.

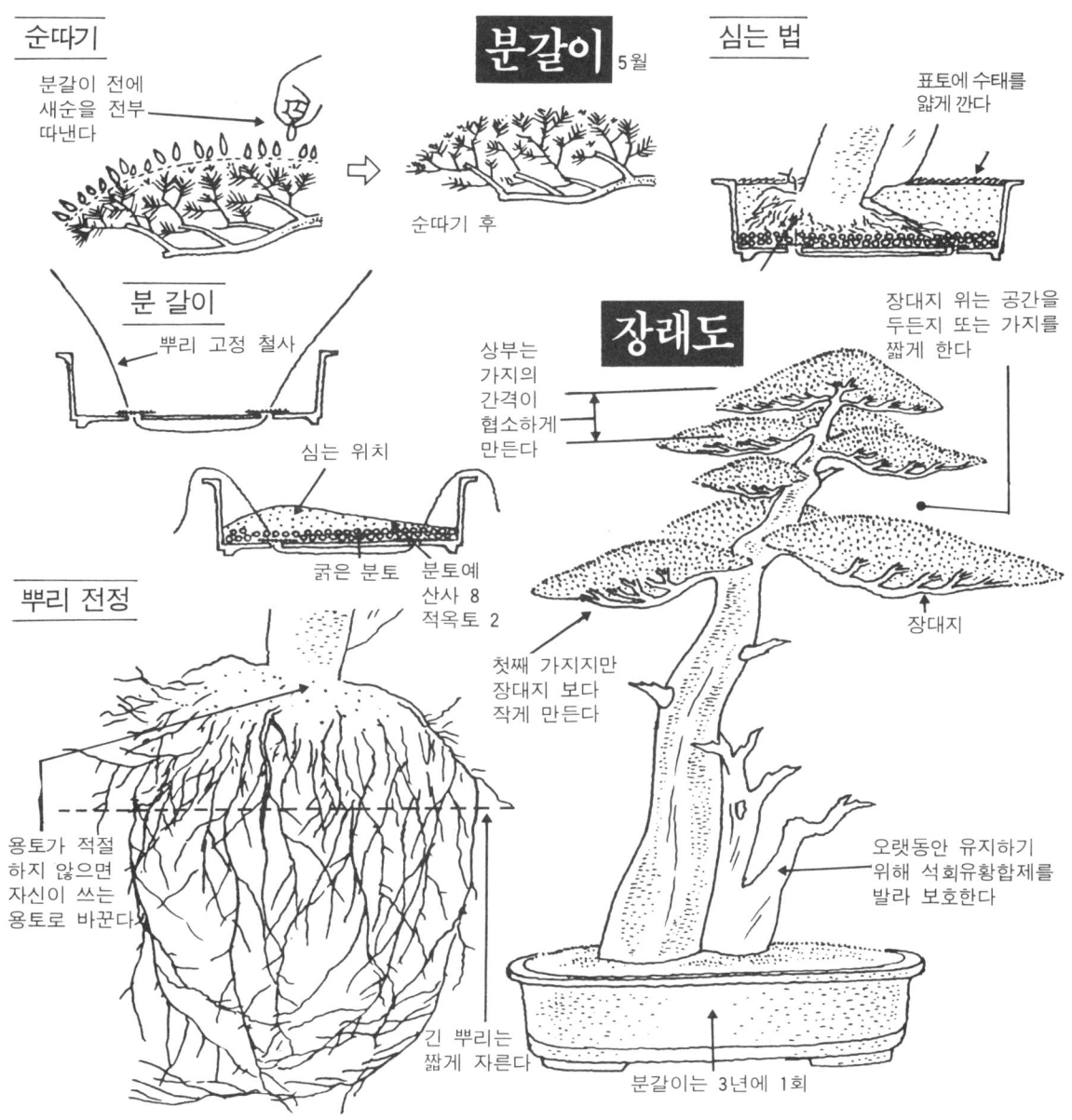

소품분재의 매력

○높이 15cm 미만의 작은 나무를 고목의 형상으로 가꾼다.
○구입 가격이 비교적 싸며 누구나 손쉽게 즐길 수 있다.
○놓는 장소가 좁아도 많은 분재를 배양할 수 있다.
○만들기가 수월하며 실생, 삽목, 접목, 취목 또는 산에서의 채취로 비교적 빨리 만들 수 있다.

상엽분재편

산단풍
당단풍
느티나무
너도밤나무
애기노각나무

산단풍
섬세하고 우아한 상엽분재의 여왕

사계절의 변화가 풍부한 상엽분재의 대표적 수종

 식물학적으로는 단풍나무와 당단풍은 특별히 구별하지 않지만 분재계에서는 양자를 구별해서 취급하며 잎이 5~8가닥으로 깊이 찢어진 것을 단풍이라 칭하고 있다.
 단풍 중에서도 분재로 가장 많이 만들어지고 있으며 그 외에도 야취가 풍부한 것은 산단풍이다. 가지는 가늘게 잘 분기해서 조금 옆으로 길게 나오고 수령이 많아지면 회백색을 띤 수피에 독특한 잔주름이 생긴다.
 봄의 새순, 여름의 녹엽, 가을의 홍엽과 같이 잎의 변화만 즐기는 것이 아니라 낙엽 후의 한수(寒樹)의 모습도 섬세, 우아하다. 오래 배양한 고목은 송백 분재에도 뒤떨어지지 않는 풍격과 관상 가치가 있다.
 봄의 새 순이 선명하게 붉은 出猩猩, 백록색의 바닥에 엽맥이 농녹색으로 나오는 鴨立淚, 그 외에 獅子頭 등도 산단풍 중에서 파생된 품종이며, 또 青姫, 鹿島단풍 등의 팔방종도

標準曲幹 樹高53cm

叢生幹 樹高78cm

双幹 樹高85cm

있다.

모두 분재로 많이 만들어지고 있으며 산단풍의 변종으로서 친숙한 것들이다.

아름다운 붉은 잎을 즐기기 위한 배양상의 조건

산단풍의 매력이라고 말하면 그 수자와 가지모습의 우아함에 있는 것은 물론이지만 붉은 잎이 아름다운 수종이므로 그 관상도 배양의 큰 즐거움이다.

붉은 잎은 가지의 엽병에 이층이 생기고 잎 속의 엽록소 함량이 급속히 감소하며 그 대신 안토시안이라고 하는 색소가 증가되는 현상을 말한다. 온도(특히 야간의 온도)가 영향을 주는데, 하루의 최저기온이 7℃ 이하로 되면 그 후 몇 주일만에 붉은 잎을 보게 된다.

또 ① 야간의 온도는 내려가더라도 주간은 비교적 따뜻해야 한다. 즉 주야의 온도차가 커야 한다. ② 공기가 깨끗한 낮에는 충분히 자외선을 받게 해야 한다. ③ 대기 중의 습도가 높아 잎이 건조하지 않고 언제까지나 신선하게 유지되어야 한다. 위의 세 가지는 아름다운 단풍에 꼭 필요한 조건이다.

그러므로 이러한 조건을 숙지해서 배양에 신경을 많이 써야 할 것이다.

첫째, 잎이 타는 것을 방지하는 것이 가장 중요하다. 여름에는 반드시 직사광선과 서향 햇빛을 피해야 하는 데 차광망이나 한냉사로 차광한다.

(야간에는 밤이슬을 맞도록 한다.)

또한, 결코 수분 부족을 일으켜서는 안 된다.

둘째, 통풍을 좋게 한다. 통풍이 나쁜 환경에는 흰가루병이 쉽게 발생하는데, 잎에 고통을 주는 것뿐 아니라 수세를 약하게 한다.

수형표현이 다양하다

산단풍은 상엽 분재로서 당단풍과 함께 폭

넓은 수형 표현이 가능한 수종이다. 직간, 표준 곡간, 사간, 반현애 등도 자연미가 잘 발휘되는 수형이다.

또 총생간, 쌍간, 연근 등의 다간 수형도 단풍의 묘미를 잘 발휘시킬 수 있다.

빠르고 빠른 순따기는 섬세한 가지를 유지한다

겨울 동안 움츠려 있던 산단풍의 눈이 봄의 방문과 함께 붉은 빛이 돌기 시작한다.

그런데 새눈은 나무 전체에 일제히 트는 것이 아니라 수세의 강약과 월동의 환경 차이에 따라 빨리 움직이는 곳이 있으면 늦는 곳도 있다. 빨리 움직이는 눈부터는 차례로 순따기를 해나 간다.

즉, 매일 아침 진열대를 돌아 보면서 순이 나오는대로 잔손질을 한다. 새눈은 일단 벌어지면 세력 좋게 신장하므로 하루라도 놓치지 않고 주의 깊게 살펴 보아야 한다. 이와 같이 산단풍은 섬세한 잔가지의 멋이 생명인 수종이다.

시기를 늦추면 가지 끝이 투박해지고 절간이

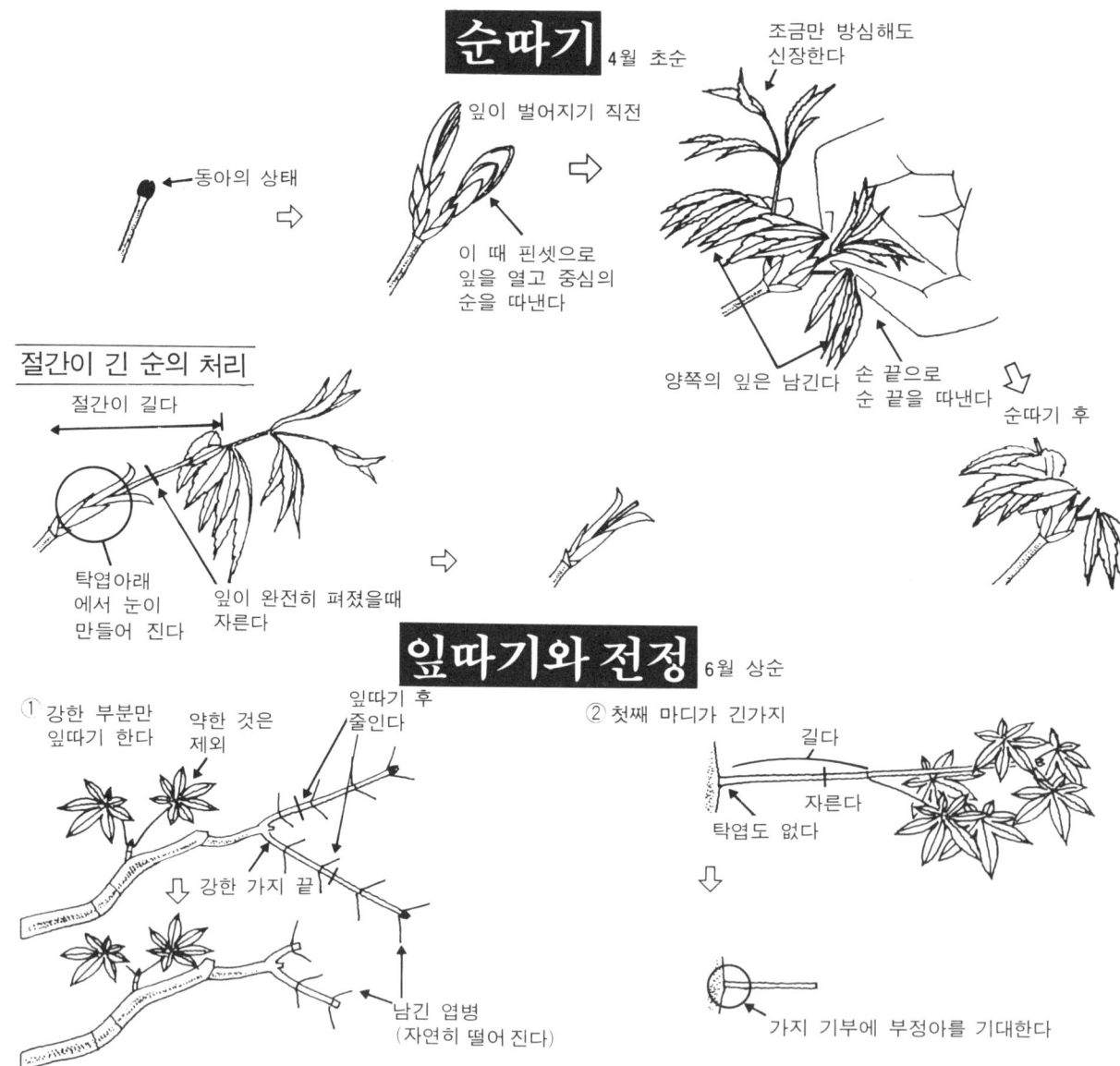

길어져 아름다운 가지를 만들 수 없다.

 그래서 특히 수세가 강한 눈, 억제해야 할 눈에 대해서는 눈이 벌어질 때 핀셋으로 눈 끝을 열고 심을 제거한다. 핀셋의 벌어지는 힘을 이용하므로 실제로 해보면 결코 번거로운 것은 아니다.

 손 끝으로 순을 따는 단계는 늦었다는 기분을 가지고 습관을 붙여야 한다. 만일 늦은 경우에도 손으로 순을 따낼 수 있는 단계여야 할 것이다.

 순따기 시기는 가지의 기부에 부정아가 보인다. 방치하면 가지가 투박하게 되므로 순따기 작업의 일환으로써 잊지않고 처리해야 한다.

 순따기가 일단락 되었다고 기분이 느슨해지겠지만 강한 가지 끝과 정부에 대해서는 계속해서 주의를 기울여 살펴보아야 한다.

 확실히 신장은 억제되었지만 원래 눈에 세력이 축척되어 있었기 때문에 새롭게 몇 개의 액아가 나오는 경우가 왕왕 있기 때문이다.

 이러한 액아는 단숨에 신장하므로 빨리 기부에서 잘라 내부의 약한 눈에 조금이라도 수세가 이행하도록 한다. 그리고 가지는 두 개씩 두

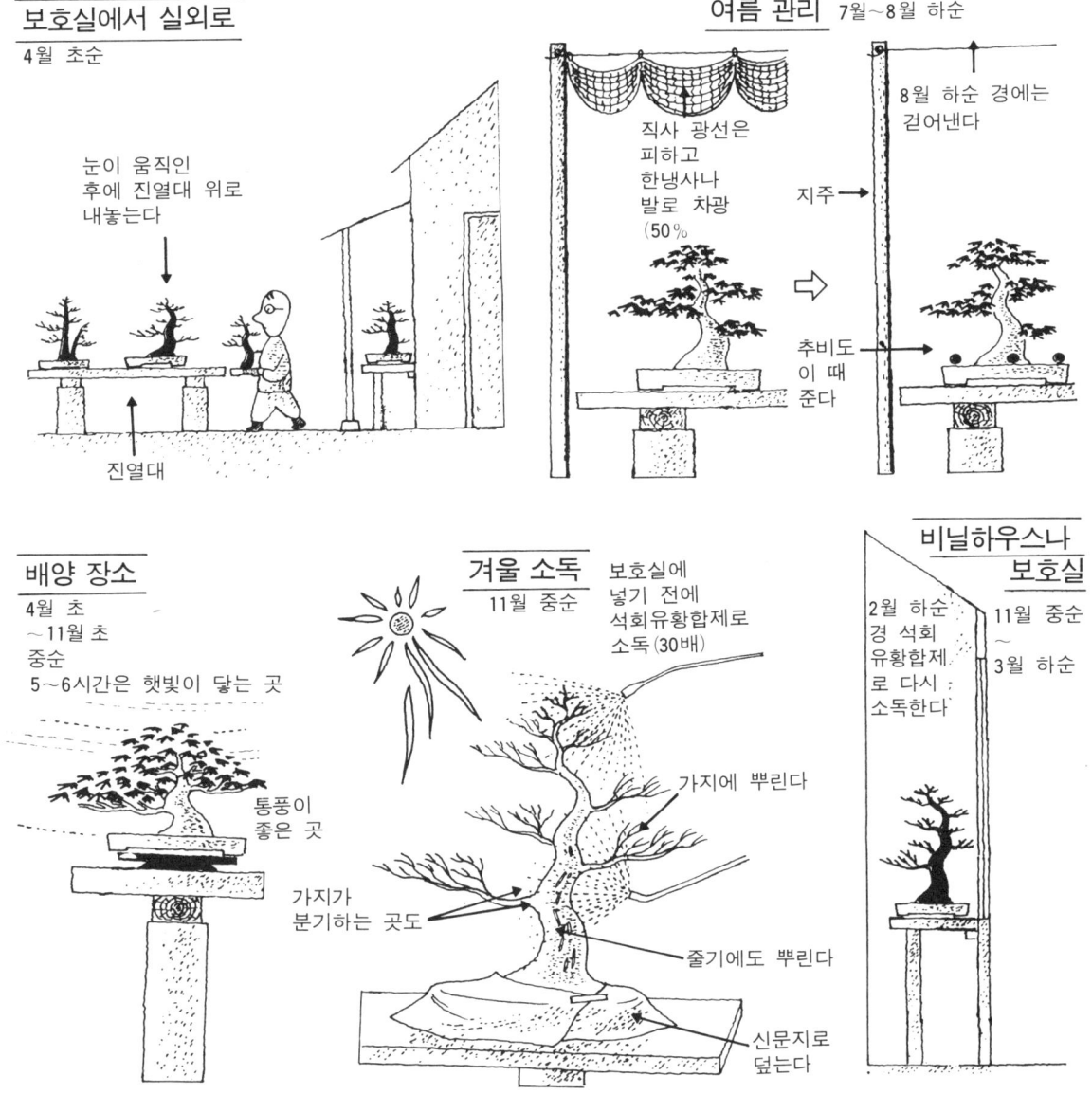

71

개씩 뻗어 나가도록 만드는 것을 명심해야 한다.

실생의 묘미는 분 배양에서

산단풍은 실생, 삽목, 취목의 어떤 방법으로도 생산되지만 그 중에서도 실생은 가장 일반적인 방법이다.

실생은 확실히 수형을 가꾸는 데 기간이 오래 걸리지만, 분에서 꾸준히 배양된 뿌리 뻗음의 아름다움, 줄기, 가지의 좋은 점 등은 장래성이 풍부한 자질이 된다.

단, 같은 실생이라도 밭에서 속성 재배된 소재는 줄기와 가지가 거칠어지므로 어느 정도 단기간에 줄기를 비대시키는 것은 가능하다하더라도 산단풍의 경우는 좋지 않다.

산단풍의 실생은 분에서 배양되어야 그 진가를 발휘할 수 있다는 것을 알아야 한다.

파종의 적기는 3월 중·하순경이다. 보존하고 있는 종자를 꺼내서 파종 전 하루 동안 물 속에 담근다. 입고병을 예방하기 위해 우스플룬 수용액(1000배액)에 소독을 한다.

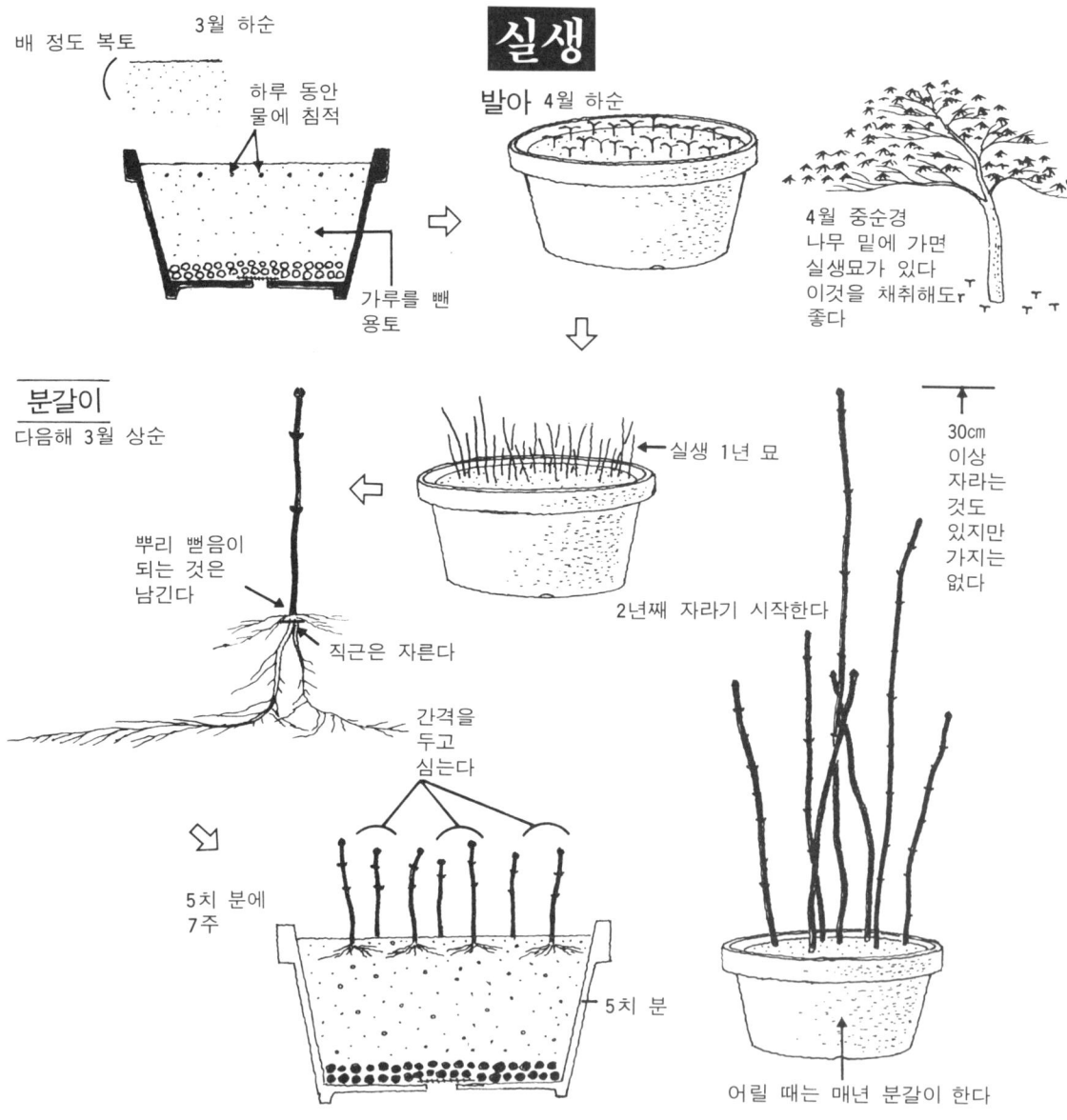

나무상자 또는 토분에 점파하는데, 순조로우면 4월 중순경에 발아한다. 1년 동안은 그다지 신장하지 않는데, 2년째에는 30cm 정도 자라도 가지는 거의 없고 막대기와 같다. 그 때문에 수형 만들기는 3년째에 들어가서 하게 된다.

단, 분갈이는 매년 하는데 직근을 잘라서 뿌리뻗음의 기초를 만들어 두는 것이 가장 중요하다. 분에 몇 주씩 심을 경우에는 간격을 띄워서 심도록 한다.

그런데 4월 중순에서 5월 상순 사이에 산단풍의 큰 나무 아래에 가보면 많은 자연 실생묘를 볼 수 있다. 산야를 산책할 때 채취하는 것도 또한 즐거움이 될 것이다.

순집기와 잎따기로 섬세한 가지를 만든다

파종한 지 3년째 되는 해, 봄에 눈이 나오기 전에 한 주씩 분에 심고, 장마 전에 철사걸이를 해서 줄기 모양을 만든다.

이 때의 철사걸이는 줄기가 굵어지면 곡이 약해지는 것을 감안해서 크게 곡을 넣는 것이

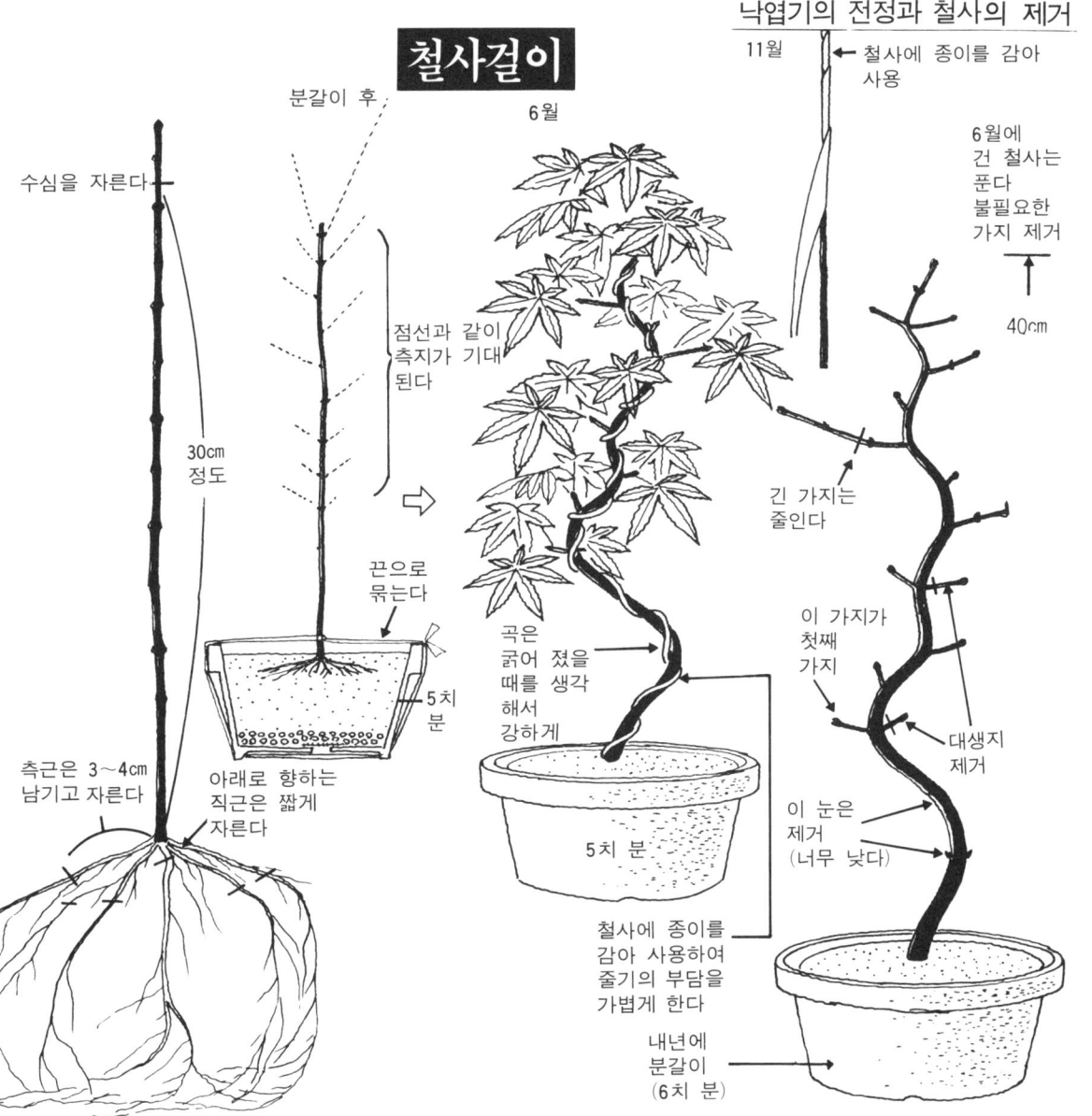

요령이다.

철사는 반드시 종이나 플라워테이프로 감은 동선이나 알루미늄선을 사용하고, 줄기에 파고 들지 않도록 1~3개월 후에는 풀어 준다.

잎이 진 후에는 나무 전체를 살펴 필요없는 가지의 전정을 한다. 대개 가지 순서를 생각해서 너무 낮은 가지와 대생지 등을 정리하며 아울러서 강하게 자랄 가지는 짧게 잘라 준다.

4년째 이후는 순집기와 잎따기가 주요한 가지 손질이 된다. 자라나오는 순은 순서대로 손 끝으로 따주어 절간이 길어지는 것을 막는다.

그리고 새잎이 성숙되는 5월 하순에서 6월 중순경에 전부 잎따기를 한다. 새잎을 엽병(잎자루)만 남기고 전부 가위로 자라낸다. 이 잎따기는 잔가지를 증가시키는 데 꼭 필요한 작업이다.

잎따기 후 1개월 정도 지나면 두 번째 순이 나오는데 이것도 손 끝으로 따준다. 가지의 기부에 부정아가 생기는 것이 있으므로 잘 살펴서 제거한다.

이러한 순따기와 잎따기를 정성들여 해주므로써 산단풍의 유연한 가지가 만들어지는 것이

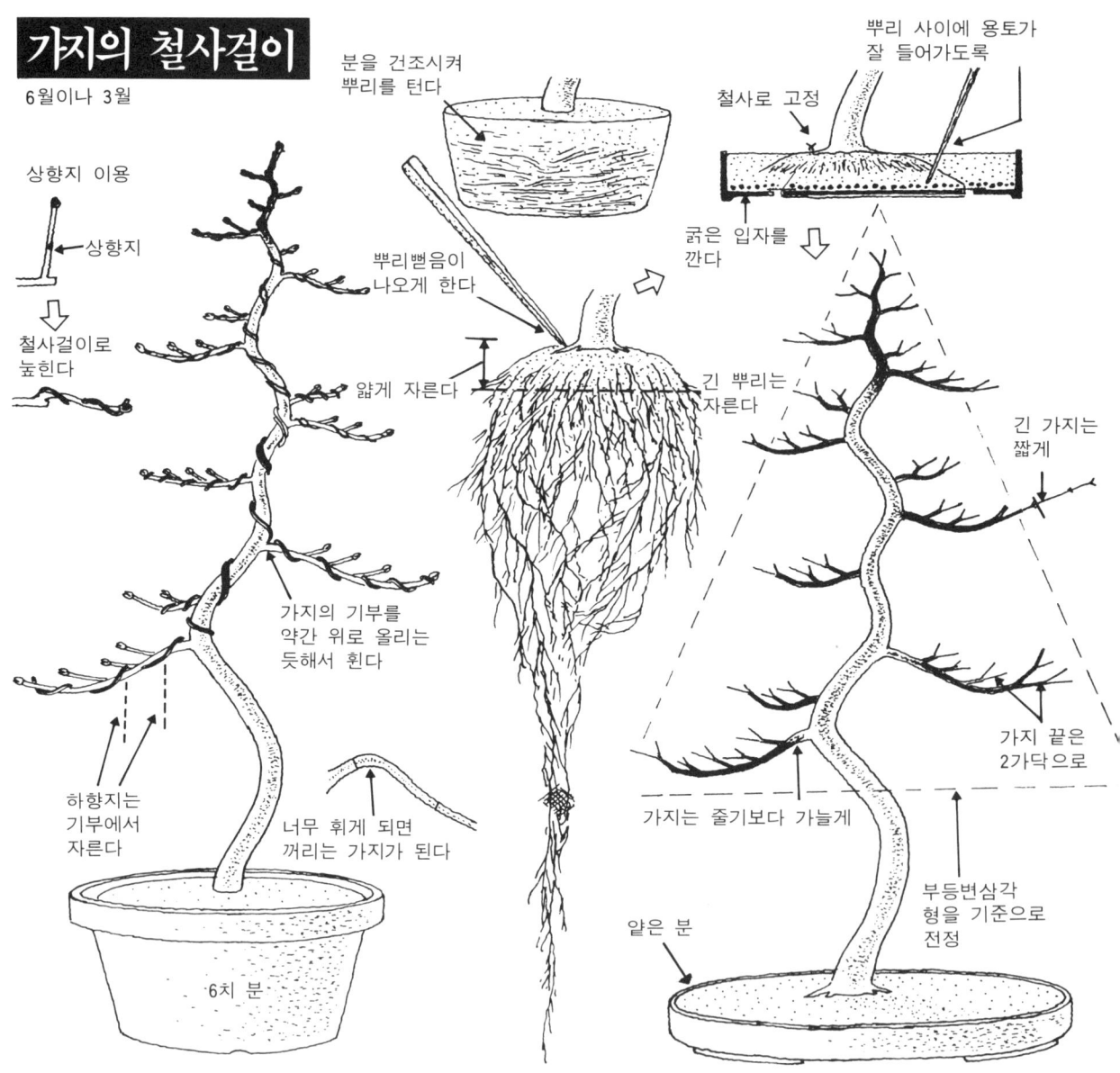

다.

전정과 철사걸이로 수자를 정리

5~6년째는 좋은 분에 올리는 시기이다. 산단 풍의 경우는 빨리 얕은 분에 심는 것이 뿌리뻗음이 발달되고 안정감 있게 된다. 또한, 뿌리가 얇게 잘리면 그로 인해 가지도 우아하게 되는 효과도 있다.

본분에 올릴 때는 필요없는 가지를 전정하고 수자를 정리한다. 잔가지를 포함한 어떤 가지라도 횡으로 횡으로 펼쳐지도록 전정하는 것이 포인트다. 원칙적으로 상향지와 하향지는 잘라낸다. 또 가지 끝은 반드시 두 가닥씩 분기하도록 한다.

필요없는 가지를 제거한 상처는 반드시 유합제를 발라 깨끗이 아물도록 한다.

그 밖에 가지(줄기에서 나온 가지)의 철사걸이는 송백 분재와 같이 가지의 기부에서 곧장 처지도록 해서는 안 되고 기부가 조금 위로 올라가는 듯하게 해서 처지도록 해야 유연함을 표현할 수 있다.

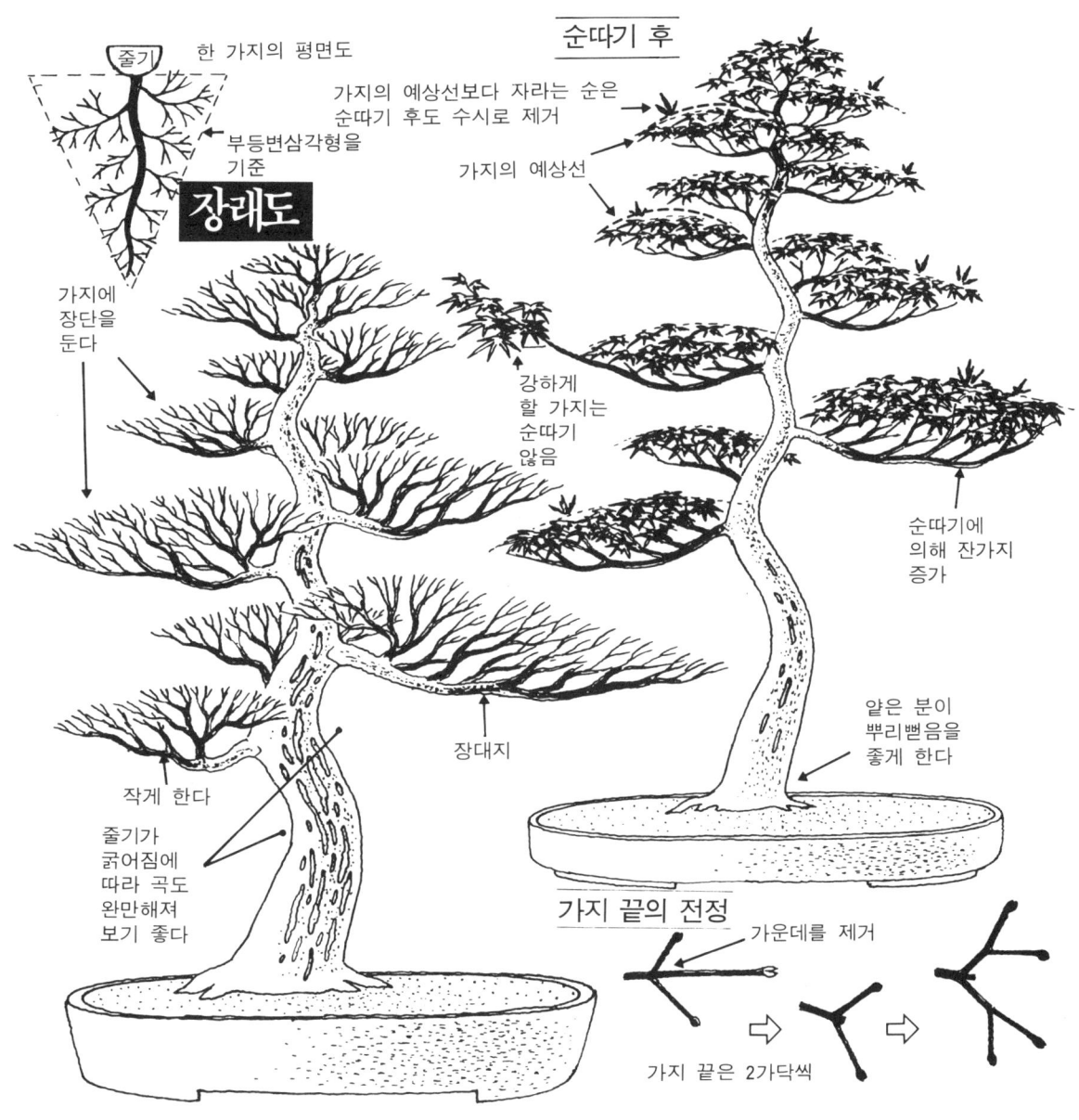

당단풍

송백 분재에 필적할 만한 풍격과 우아함

남성미에 그치지 않고 가지 표현의 가능성도

당단풍은 중국 원산의 자웅이주 낙엽교목이다. 수피는 회갈색으로 매끈하지만 수령이 많아지면 혹모양의 기복이 생기고 또 수피가 얇게 일어나 독특한 고색을 띤다.

산단풍과 함께 잎의 미관을 관상하는 수종으로서 1, 2 위를 다툴 정도로 인기가 있으며, 왕성한 수성을 이용해 수자도 만들기 쉽고 송백 분재와 견줄만한 명목도 만들어지고 있다.

수성이 무척 강건하고 맹아력도 왕성하기 때문에 초심자가 다루기 쉽다는 데에 매력이 있다.

그리고 산단풍의 여성미, 당단풍의 남성미라는 것에 대조적인 견해도 있는데, 그것은 당단풍의 뿌리가 현저하게 발달해서 반근을 나타내는 것과 석부 분재에 응용되어 인기를 얻는 것과는 무관한 것이 아니다.

당단풍의 반근과 석부 분재는, 상엽 분재로서는 매우 힘있는 느낌을 주며 당단풍의 풍부한

連根 樹高29cm

石附 樹高70cm

曲幹 樹高75cm

표현력을 말해 준다.

 단지 이러한 것으로 미루어 당단풍을 남성적이라고만 단정해서는 안 되며, 분에서 배양된 가는 줄기의 작품은 잔가지의 발달이 산단풍에 필적할 만한 섬세함과 우아함이 있다.

 그러나 당단풍은 무엇보다도 당단풍다운 특성을 잘 나타내는 수형 표현의 가지 가꾸기가 추구되어야 할 것이다.

배양상의 특성

■ 분갈이

 단풍나무보다 강건하므로 기르기 쉬운 수종이다. 분갈이 적기는 3월 중·하순경으로 새순이 나오기 직전이다.

 어린나무는 매년 분갈이하는데, 직근은 바싹 자르고 곁뿌리는 신장시켜 주며 당단풍 특유의 반근을 만들어 준다.

 묵은 분토, 묵은 뿌리는 반 정도 처리한다.

 완성목은 2~3년에 1회씩 해주는 것이 표준이다.

■ 분토

 산모래에 적옥토나 가누마쯔찌를 2할 가량 섞어서 사용한다. 산모래 단용으로 심어도 무방하다. 단지 잔가지를 잘 만들기 위해서는 되도록 입자가 작은 분토를 사용하는 것이 효과적이다.

■ 배양장소

 가을에 황·홍엽을 즐기기 위해 가장 주의해야 할 것은 여름의 관리이다. 잎이 타지 않도록 한냉사 아래서 관리를 하고 오후의 햇빛은 가려 준다.

 겨울은 서리를 2~3번 맞힌 후 보호실에서 관리한다. 건조한 북서풍은 눈과 잔가지를 상하게 하므로 주의를 요한다.

■ 물주기

 매우 물을 좋아하는 수종이다. 봄·가을은 1일 1회, 여름은 1일 2~3회와 저녁엔 엽수를, 겨울은 4~5일에 1회 정도 충분히 관수한다.

■ 시비

 4월에서 9월경까지 덩이거름을 주로 준다.

장마철이라도 덩이거름이 붕괴되어 분토 속으로 들어가지 않도록 주의하면 상관없다.

분갈이 한 후 1개월은 시비하지 않으며, 수세가 떨어진 나무도 거름을 주지 않는다.

■ 병충해

통풍이 좋은 장소에서 배양하면 거의 병충해의 피해를 받지 않는다. 간혹 심식충이 발생하는데 분 위를 주의해서 살펴 보아야 한다. 톱밥 같은 가루가 떨어져 있으면 침입 구멍을 찾아내어 주사기로 살충제를 주입시켜 구제한다.

순치기, 잎따기, 전정

어린나무는 일단 신장을 시켜 세력을 붙인 다음 자르는 작업을 계속해서 가지를 만들어 간다. 가지의 골격이 만들어진 후에는 전정과 함께 잎따기가 보다 중요해 진다.

■ 순치기

가지를 우아하게 만드는 아주 중요한 작업이며 강하게 자라는 새순부터 순차적으로 한다.

강한 곳은 한 마디 남기고 약한 곳은 두 마디

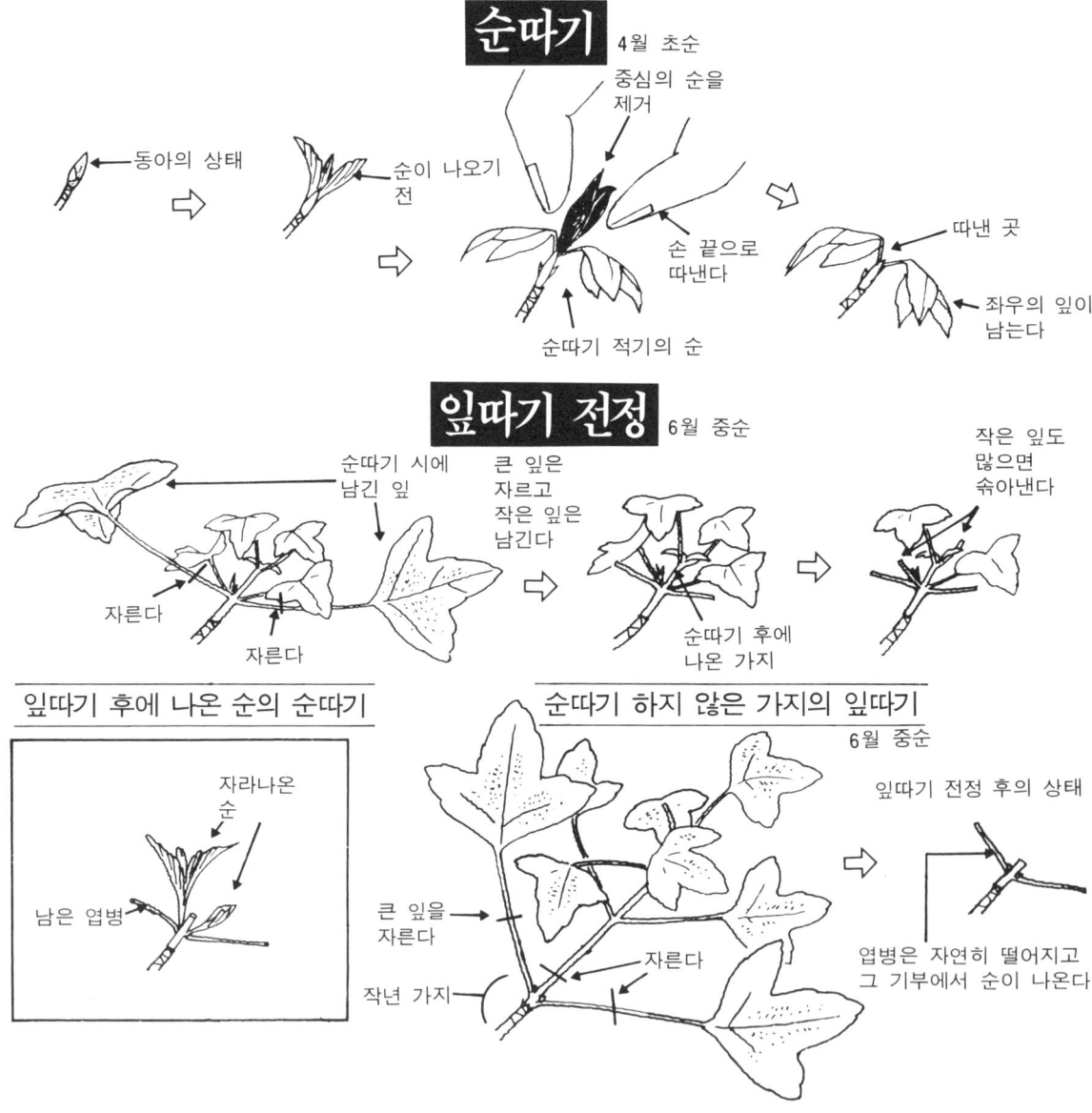

를 남기는 것이 기본이다.

또 당단풍은 순이 왕성하게 잘 나오는 수종이므로 특히 강한 곳은 적심과 동시에 잎을 잘라주는 것도 효과가 있다.

신장시켜야 할 순에 대해서는 순치기를 하지 않고 잎따기에 의해 조절하기도 한다.

■ 잎따기

어린나무는 가지를 만들기 위해 1년에 2~3번의 순치기를 하므로 나무 전체에 잎따기를 하지만 어느 정도 만들어진 단계에서는 강한 부분만 억제해서 가지 끝을 섬세하게 유지하고 그 외에 전체 수세의 평균화를 도모하는 것이 주 목적이다.

그러나 언제까지고 나무 전체의 잎따기를 반복해서는, 강약의 조화가 없이 강한 곳은 큰 잎이 나오기 쉽다. 해가 잘 비치는 바깥쪽의 잎은 크게 자라는데 비해 가지 내부의 잎은 일조가 나쁘므로 작다.

그래서 새잎이 굳어지는 6월 중순경 바깥쪽의 큰 잎을 잘라 내부의 잎에도 일조와 통풍을 좋게 해주는 것이 기본적인 잎따기이다.

■ 전정

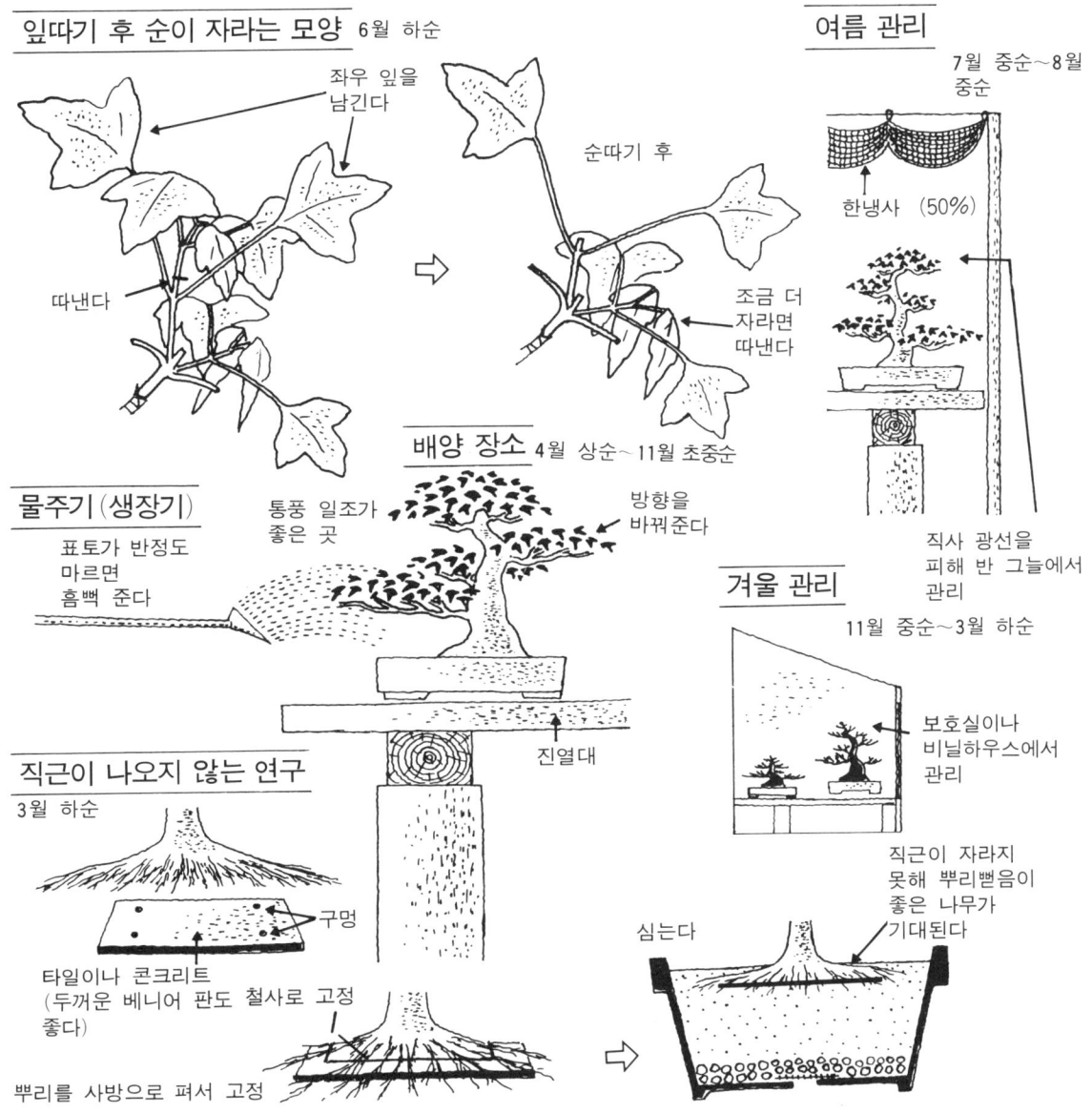

가지 끝은 두 가닥씩 만드는 것이 기본이다. 또 도장한 곳과 혹처럼 된 곳은 보기 흉하므로 가지가 제대로 된 곳에서 잘라 준다.

굵은 가지를 자른 상처에는 반드시 유합제를 바르고 당분간은 비료를 주지 않고 깨끗하게 아물도록 한다.

취목해서 석부 만들기

석부하는 소재는 취목한 묘가 가장 효과적이다. 취목묘의 장점은 ① 뿌리가 평균적으로 발달하며, 돌에 붙일 때에 박력있는 뿌리의 흐름을 표현하기 쉽다. ② 아랫가지의 위치(첫째 가지)가 낮으므로 돌에 붙이면 균형이 좋다.

취목의 방법은 환상박피이다. 시기는 봄의 새순이 나오기 직전이 좋고 목질부까지 수피를 잘 제거하는 것이 요점이다. 형성층이 조금만 남아 있어도 아래 위가 붙어 발근이 안 되거나 나쁘다. 박피하는 폭은 줄기 직경의 1.5배~2배정도가 적당하다.

박피 후에는 비닐로 줄기를 둘러싸고 아래를 묶는다. 비닐 속에는 버미큘라이트를 넣고 상부

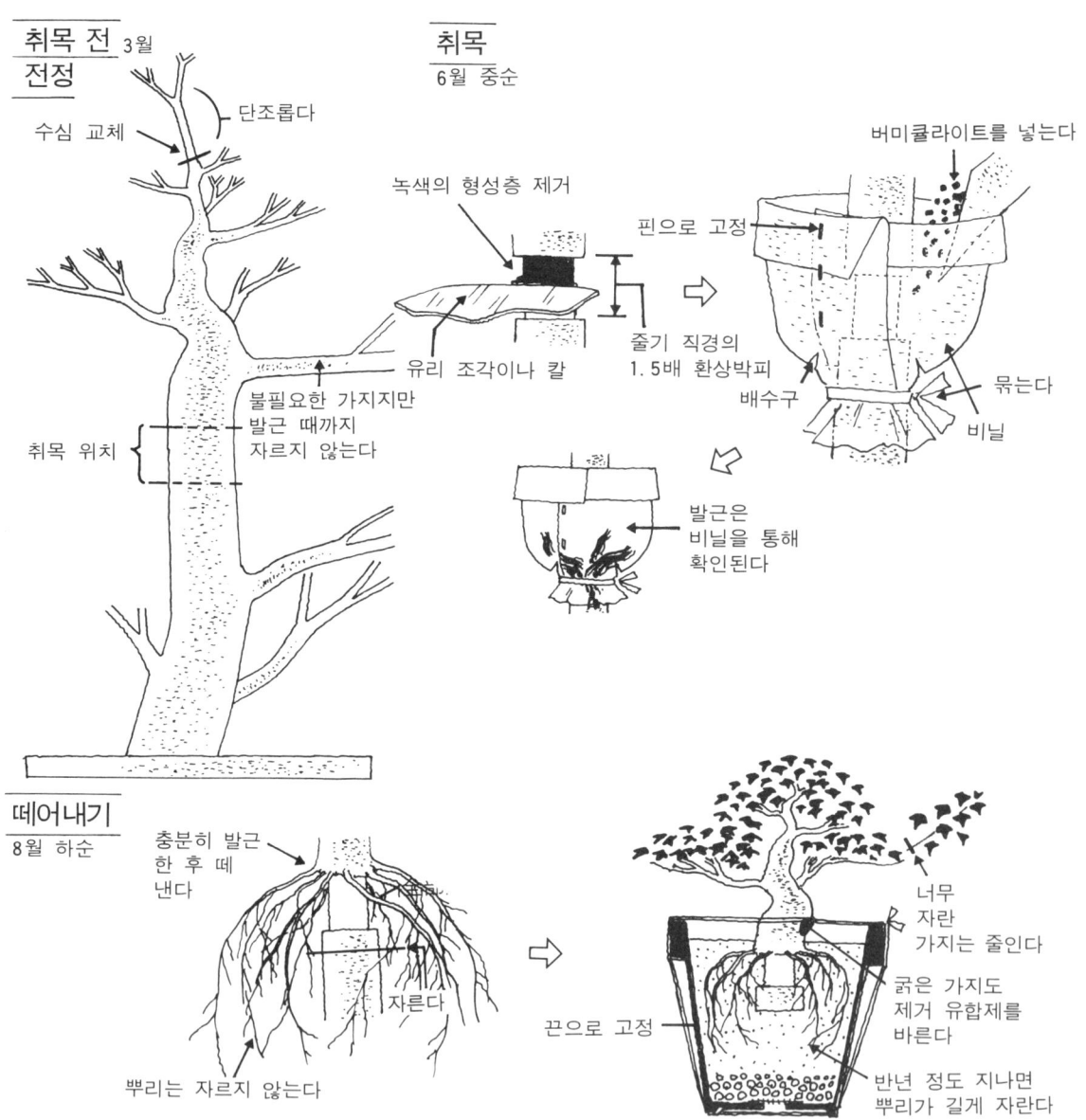

는 느슨하게 묶어서 물이 들어가도록 한다.
 1개월 정도 지나면 발근이 되는데, 8월 하순에서 9월 상순에 잘라내어 재배분에 심어서 월동시킨다.
 심을 때는 아직 뿌리가 충분하지 못하므로 끈으로 줄기를 묶어서 잘 고정 시킨다. 당분간은 그늘에서 관리하는데 연내에 뿌리가 꽤 발달한다.
 그리고 버미큘라이트 대신에 수태를 사용하는 경우는 이듬해에 제거하면 상관없다.

나무와 돌과 뿌리의 조화미

 떼어 낸 취목 소재는 이듬해 봄, 눈이 나오기 전에 돌에 붙인다. 당단풍은 매우 수세가 강하고 특히 뿌리의 신장, 비대가 현저하므로 석부분재를 만드는 데는 아주 좋은 소재가 된다.
 잘 부서지는 경석은 좋지 못하며 단단하면서 검은 돌이 좋다. 여하튼 나무와 돌의 조화가 잘 이루어져야 하는데 곡이 든 나무는 변화가 많은 돌을, 곡이 거의 없는 나무에는 기복이

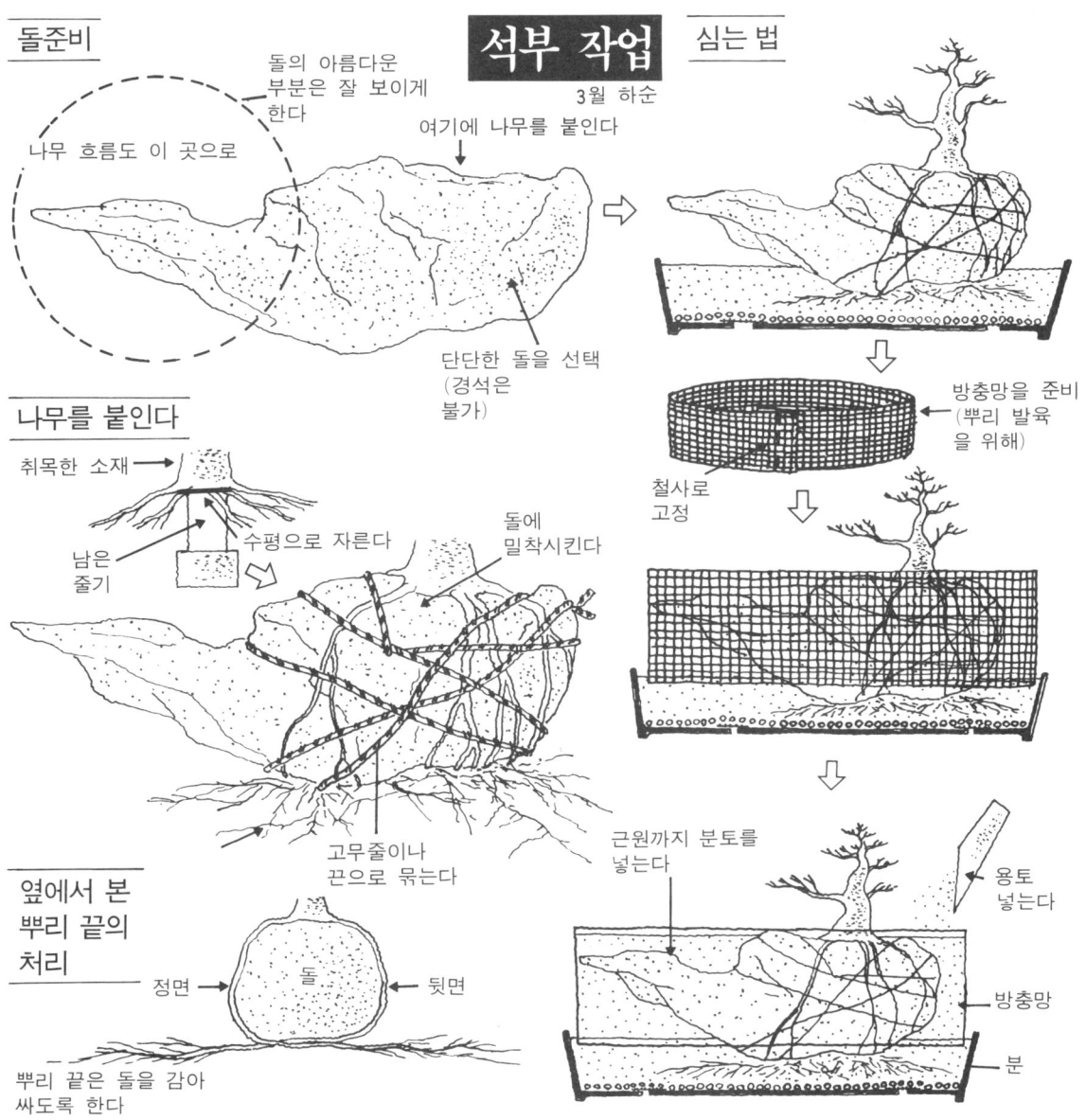

적은 돌을 선택한다.

문제는 돌에 붙일 때 어떻게 하면 그루솟음새를 잘 보이게 하고 안정감있게 하는가 이다.

뿌리를 사방으로 잘 펴서 고무줄이나 비닐끈으로 돌에 꽉 밀착시킨다

뿌리를 조금씩 노출시켜 뿌리모양 만들기

먼저, 돌보다 큰 분을 선택하는데 분이 없으면 나무상자라도 상관없다. 심은 후 뿌리가 보이지 않도록 방충망 등으로 감싼 다음 분토를 넣는다.

비배 관리에 전념하고 우선적으로 뿌리 만들기를 하는데 가지가 조금 도장하는 듯하게 해주는 것이 무엇보다 중요하다. 이듬해 봄, 근원부터 조금씩 표토를 긁어내어 뿌리의 굵기를 확인한 다음 방충망을 반 정도 잘라내어 분토를 제거하고 뿌리의 상반부 반만 노출시킨다. 이 작업은 뿌리의 고색을 나오게 하기 위한 꼭 필요한 것이다.

이 때에 필요없는 뿌리를 자르거나 뿌리가

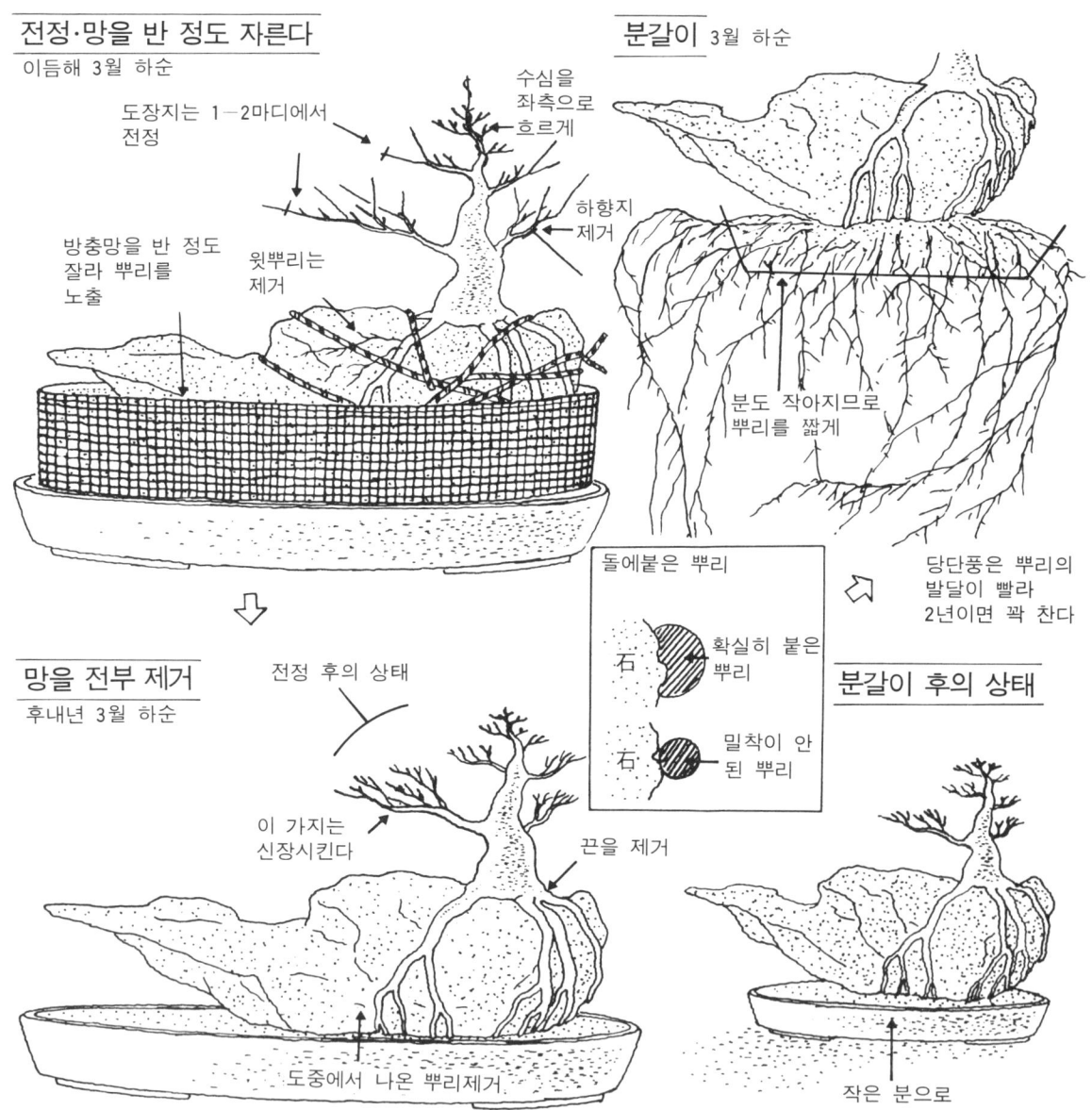

돌에 밀착 안 된 곳을 교정하는 작업을 잊어서는 안 된다.

다음, 이듬해에는 방충망을 완전히 제거하고 분갈이에 의해 뿌리뻗음을 최종적으로 점검한다.

먼저와 같은 교정과 뿌리의 유인을 해주고 도중에 나온 굵은 뿌리와 직선인 뿌리는 정리한다.

또 이 분갈이는 분 속에 가득 자란 뿌리를 될 수 있으면 짧게 자르고 지금까지의 분보다 얕은 분에 심는다. 그리고 본격적인 가지 만들기에 들어간다.

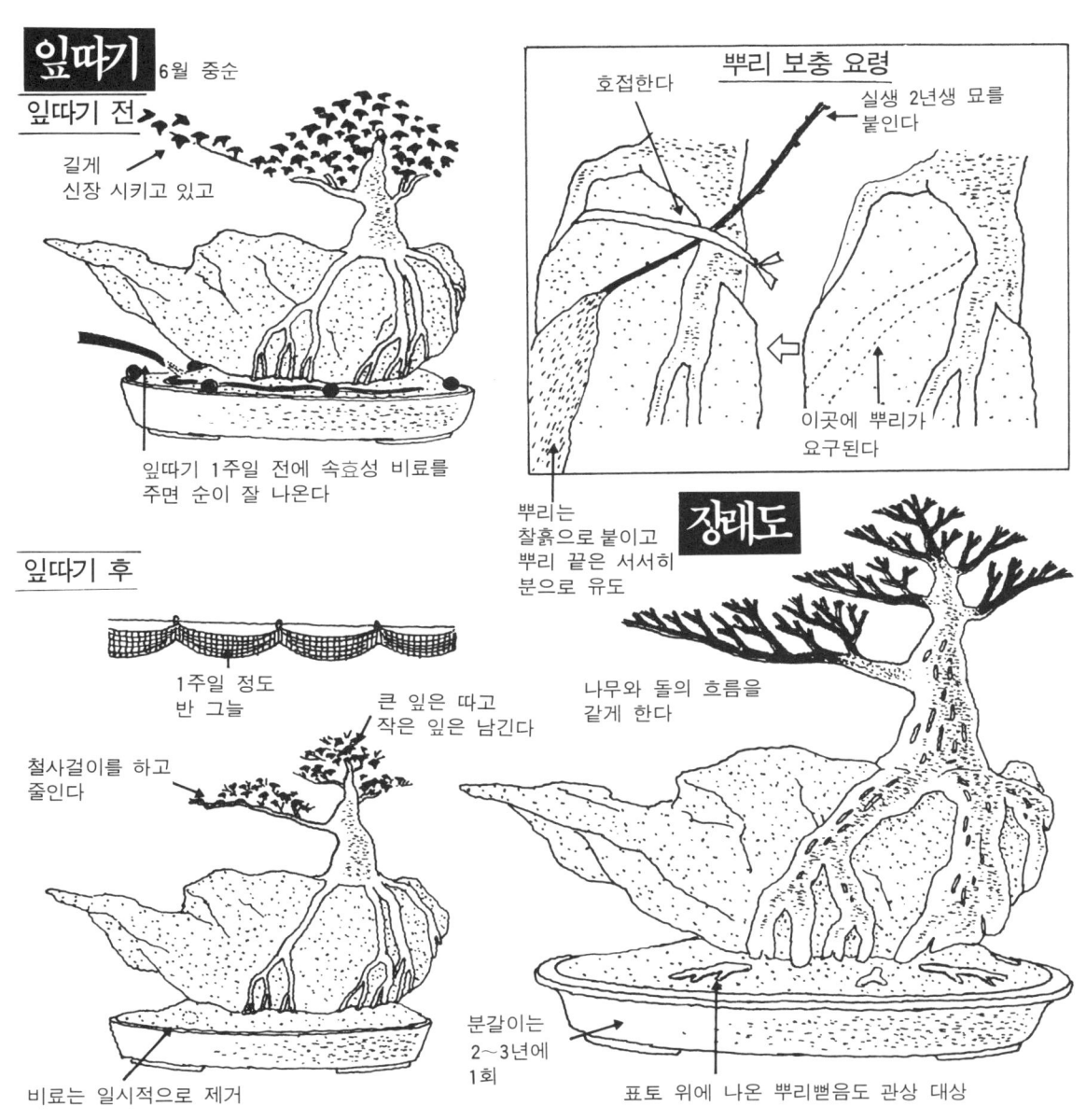

느티나무
향수를 불러 일으키는 정자나무

부채꼴 모양의 수형

느티나무는 우리나라 어디서나 볼 수 있는 느릅나무과의 낙엽교목이다. 특히 마을 어귀에 서있는 정자나무의 모습은 장관이며 우리와 가장 친숙한 나무 중의 하나이다.

느티나무는 1속 1종이지만 분재계에서는 일반적으로 가지가 분기하는 모습과 눈의 색, 엽형 등에 따라 제각기의 성질이 있다.

■ 赤芽性 : 눈이 나올 때 약간 붉은 기운이 보인다.

■ 靑芽性 : 눈이 나올 때 약간 푸른 기운이 보인다.

가지의 손질 요령

순치기와 잎따기는 결코 서로 무관한 작업은 아니다. 목적에 따라 시기가 다소 다르지만 먼저 새로 자라나온 새순의 끝을(부드러울 때 손으로 따든지 가위로 자른다) 자르고 다음에 잎따기를 하게 된다.

부채꼴 수형 樹高 56㎝

부채꼴 수형 樹高 56㎝

群植 樹高 79㎝

■ 순치기

 순치기는, 나무 전체의 형태를 아름다운 부채꼴로 만드는 데, 수관선을 정해서 그 곳으로부터 나오는 순을 전부 잘라준다. 순치기 한 후 1주일에서 10일이면 차츰 새순이 나온다. 그 중에는 자르지 않으면 안 될 정도로 길게 자라는 것도 있으므로 이러한 부분은 순치기를 반복해 준다.

■ 잎따기

 손으로 잎을 만져서 거슬거슬하고 빳빳한 촉감이 있으면 잎따기의 적기이다. 잎따기에는 여러 가지 방법이 있으며 목적에 따라 전부 따는 것과 큰 잎만 따는 것, 약한 부분과 힘을 올리고 싶은 가지만 남기는 부분 잎따기 등이 있다.

 그러나 공통의 목적은, 여름철 느티나무는 내부가 열에 의해서 찌기 쉬우므로, 내부의 통풍과 채광 조건을 좋게하기 위한 데에 있다. 이 목적에 수반해서 수세의 조절을 꾀하는 것도 가능하다.

 잎따기를 하면 잎자루의 기부에 있는 눈이 잎을 제거함에 따라 자라나오는데 1년에 2년분

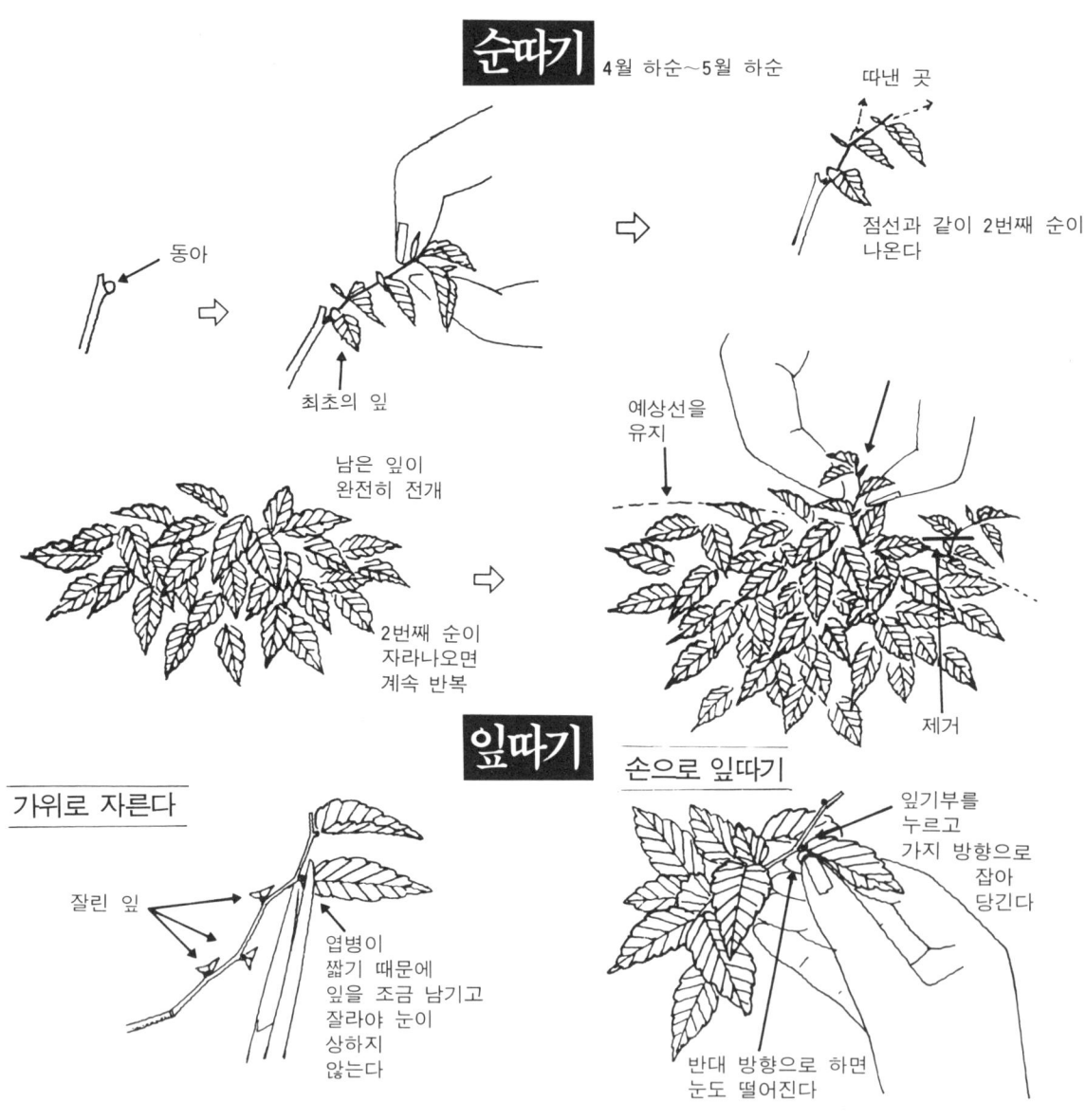

의 잔가지를 만들 수 있다.

그런데 잎따기를 하면 반드시 눈의 정리가 필요하다. 느티나무는 가지가 두 가닥씩 분기된 부분에 눈을 갖고 있기 쉬우므로 잎따기를 하면 반드시라고 해도 좋을 정도로 가지가 세 가닥으로 된다.

이것을 눈의 상태 때 제거하든지 겨울에 제거하지 않으면 세 가닥으로 분기된 곳이 혹 모양으로 된다. 잎따기 후는 가지를 잘 볼 수 있으므로 세 가닥의 가지를 정리하는 기회도 된다.

■ 전정

느티나무는 산단풍 등과 같이 방심하면 가지 끝이 투박해지는 것은 없지만 강한 가지가 다음에도 강하게 되므로 이와 같은 가지에는 세심한 주의를 해야 하고 깊이 자르는 등의 억제장치가 필요하다.

실생의 최초 포인트는 종자 파종에 있다

느티나무의 종자는 종묘상에서 쉽게 구입할 수 있지만 자연수에서 채집하는 것도 즐거움이

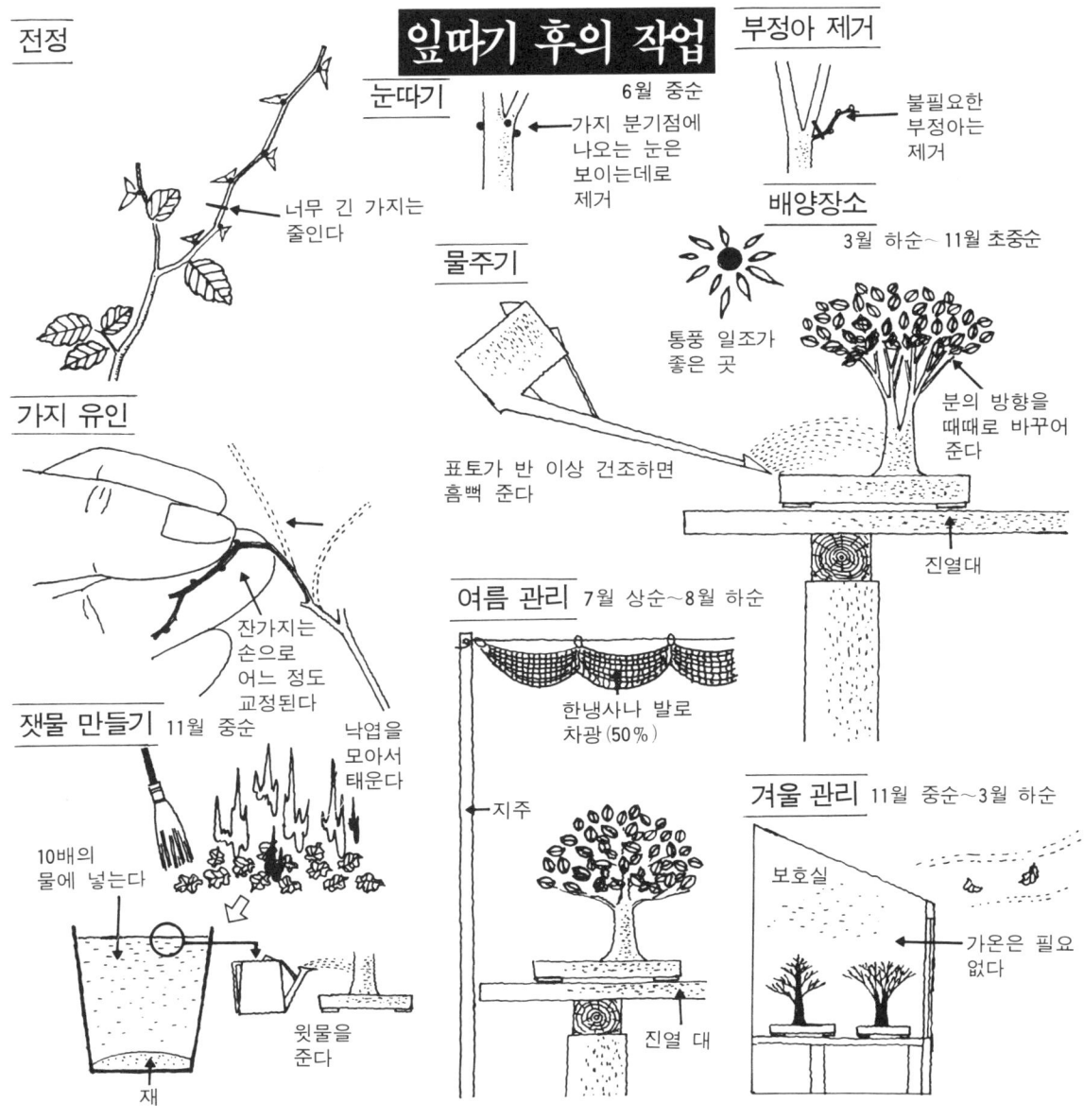

있다. 부채꼴 형태로 가지가 밀생해 있으며 잎이 가늘고 수피에 붉은 기가 도는 나무에서 채집하는 것이 좋다. 그리고 한 나무만 있는 곳에서 채집한 종자는 발아율이 나쁘므로 군생하고 있는 느티나무 밑에서 떨어진 종자를 채집한다.

종자는 봄의 파종 적기(3월 하순~4월 중순경)까지 냉암소(냉장고)에 보관한다. 파종 전에는 종자를 하루 정도 물 속에 담근다. 이 때 물 위로 뜨는 것은 발아가 안 되므로 선별된 것은 육묘상이나 분에 파종한다.

여기서 가장 중요한 것은 종자의 뾰족한 쪽을 반드시 아래로 향하게 하는 것이다. 뾰족한 곳에서 발근하므로 부채꼴 수형에 필수불가결한 그루숏음새를 얻을 수 있기 때문이다.

파종 후에는 해가 잘 드는 곳에 두고 표토가 건조하면 충분히 관수해 준다.

발아해서 이식 직전 후의 관리가 제2의 포인트

파종 후 1개월 정도면 발아하는데 이 때부터

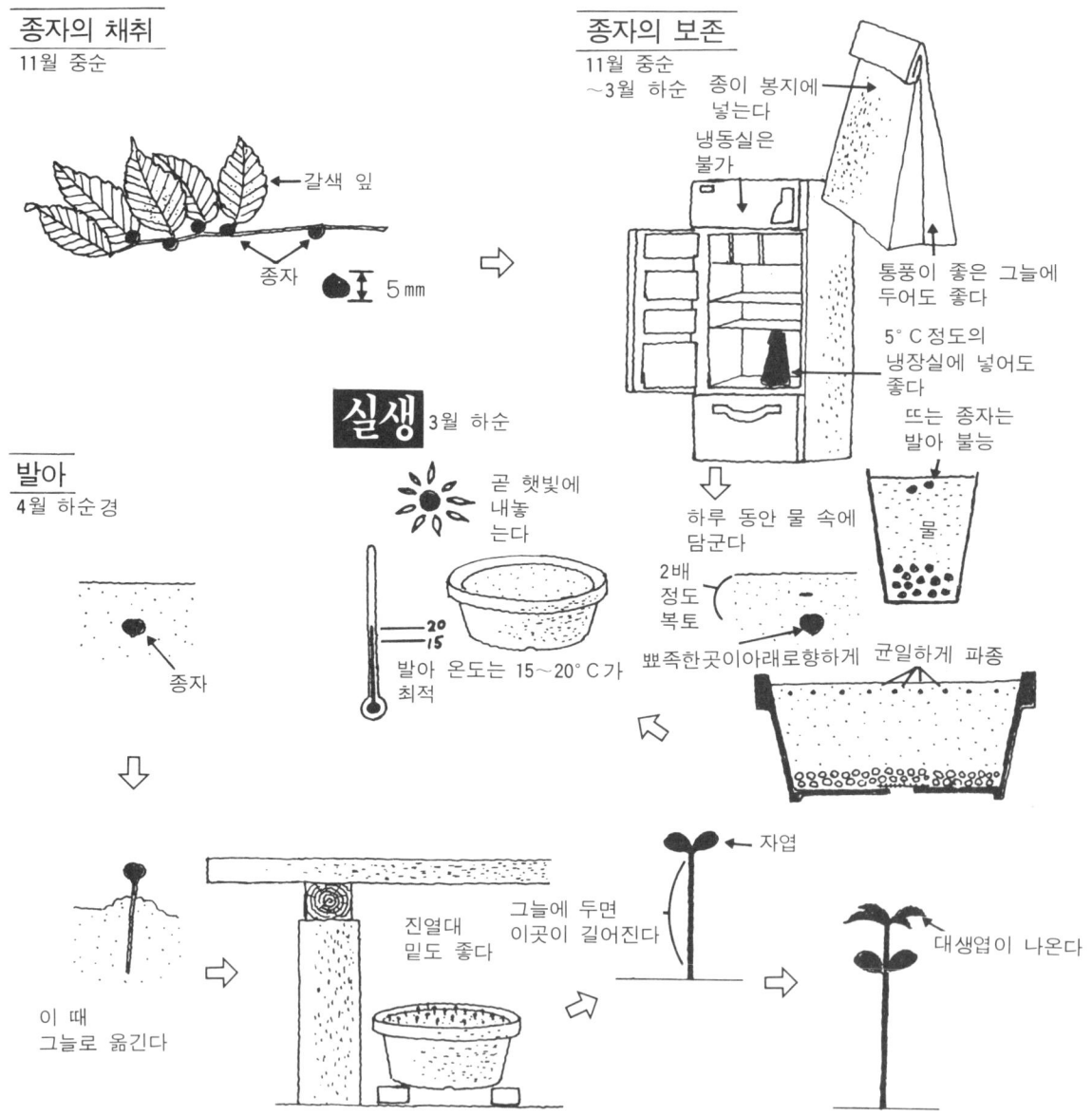

부채꼴형으로 만드는 데 전념해야 한다.

먼저 조금씩 발아가 확인되면 진열대 등의 그늘에 옮긴다. 소품 분재라면 햇빛에 두어도 좋지만 중분재 이상의 수고를 만들고 싶은 경우에는 좋지 않다. 즉, 부채꼴형은 수고의 ⅓ 지점에 최초의 가지가 분기되게 만드는 것이 이상적이며 가장 보기 좋은 모습으로 된다.

수고 30cm이면 10cm, 수고 45cm이면 15cm 정도 되게 조금 키를 크게 할 필요가 있다. 햇빛에 두면 짧고 충실해지므로 그것만 목표로 하면 수고도 제한되게 된다. 중분재 이상으로 만들 경우에는 일단 그늘로 옮기는 것이 요점이다. 대생엽(십자로 나온 잎)이 나오면 이 때가 이식 적기이다(대생엽의 위치가 최초로 가지가 분기하는 위치로 된다). 발아묘를 파종상에서 꺼내어 백근(직근)을 2mm 정도 남기고 면도칼로 잘라준다. 자른 자리가 건조하지 않도록 자른 후 바로 물에 담그고 핀셋으로 하나씩 조심스럽게 삽목한다. 이식한 후 1주일 정도 직사 광선과 바람이 닿지 않도록 관리한다.

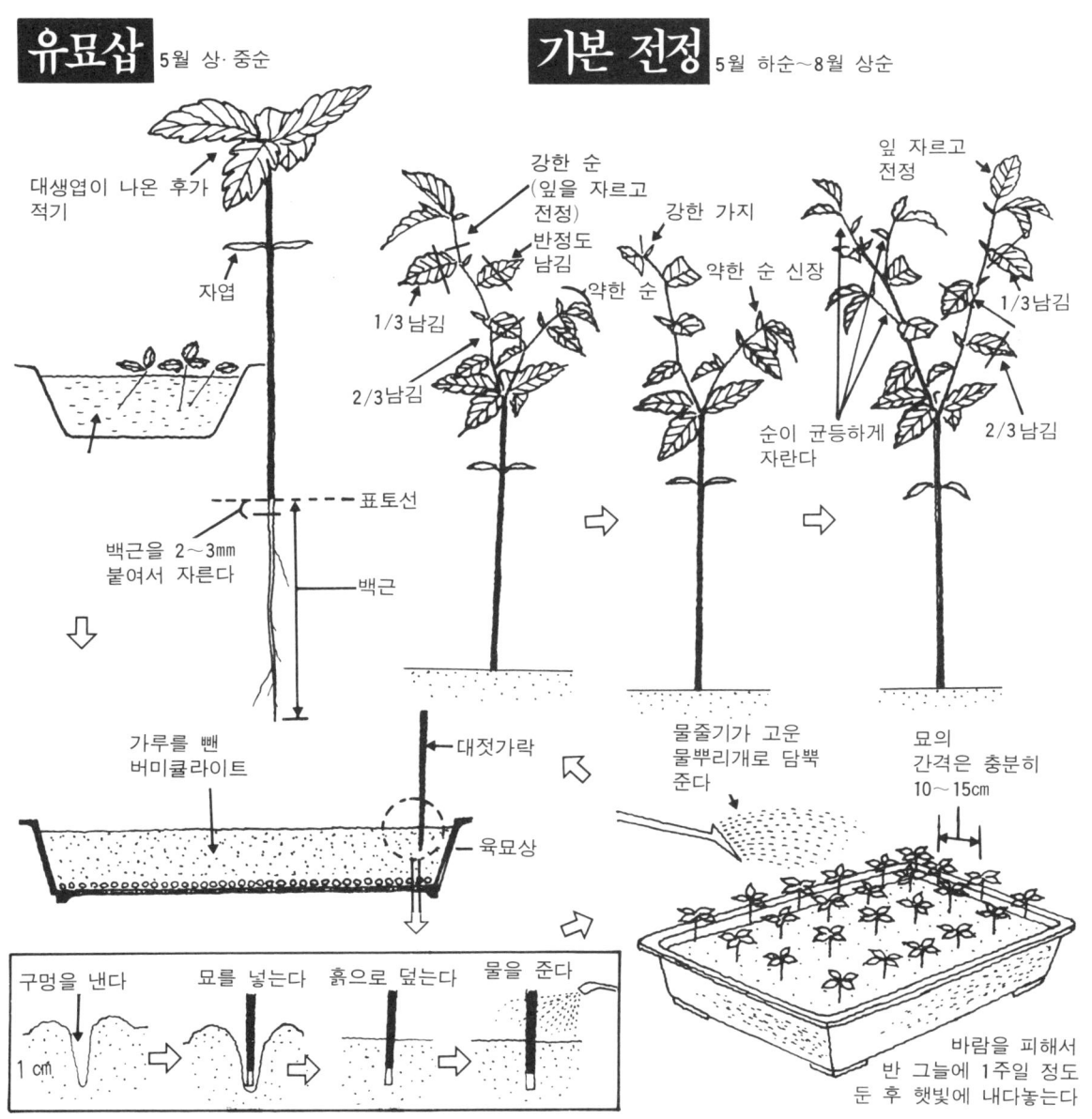

눈이 나오는 데에 따른 조치

부채꼴로 만드는 데는 대생엽에서 자라나온 순이 V자형으로 두 가닥이 좌우 균등하게 자라면 좋지만 반드시 그와 같이 이상적으로 자라는 것은 얼마되지 않는다.

오히려 어느 한 쪽이 강하게 되는 것이 많으므로 이 점이 바로 부채꼴로 만드는 데 어려움이 된다.

좌우 가지의 세력이 다른 묘에는 강한 쪽의 순이 6~7잎 되었을 때 4~5잎 남기고 적심을 한 후, 남은 잎도 각각 ⅓~⅔ 정도 잎을 잘라서 수세를 억제하는 동시에 2번째 순을 균등하게 나오게 한다.

한편 약한 순은 그대로 두었다가 6~7잎이 되면 강한 순에 했던 것과 같은 손질을 해준다.

이렇게 항상 좌우의 순의 신장을 보아 균등화를 꾀하는 것이 가장 중요하다.

전정과 가지의 교정

그 외 생장기의 손질로는 가을에 하는 전정이 있다. 정아의 세력을 억제하기 위해 묘의 상부 전체를 손으로 가볍게 감아 쥐고 끝을 수평으로 잘라 준다. 생장이 왕성한 나무이므로 이 작업을 잊고 하지 않으면 안 된다.

또 느티나무의 경우 생장기의 손질이상으로 중요한 것은 겨울철 관리, 즉 낙엽시의 가지의 교정이다.

가지 전체를 비닐끈 등으로 단단히 묶고 이듬해 봄 눈이 나오기 전까지 이 상태대로 보호실에서 관리한다.

느티나무는 손으로 휘더라도 가지가 유인될 정도로 유연하므로 이러한 작업에 의해 가지의 분기하는 각도가 좁아지고 우아한 모습으로 된다.

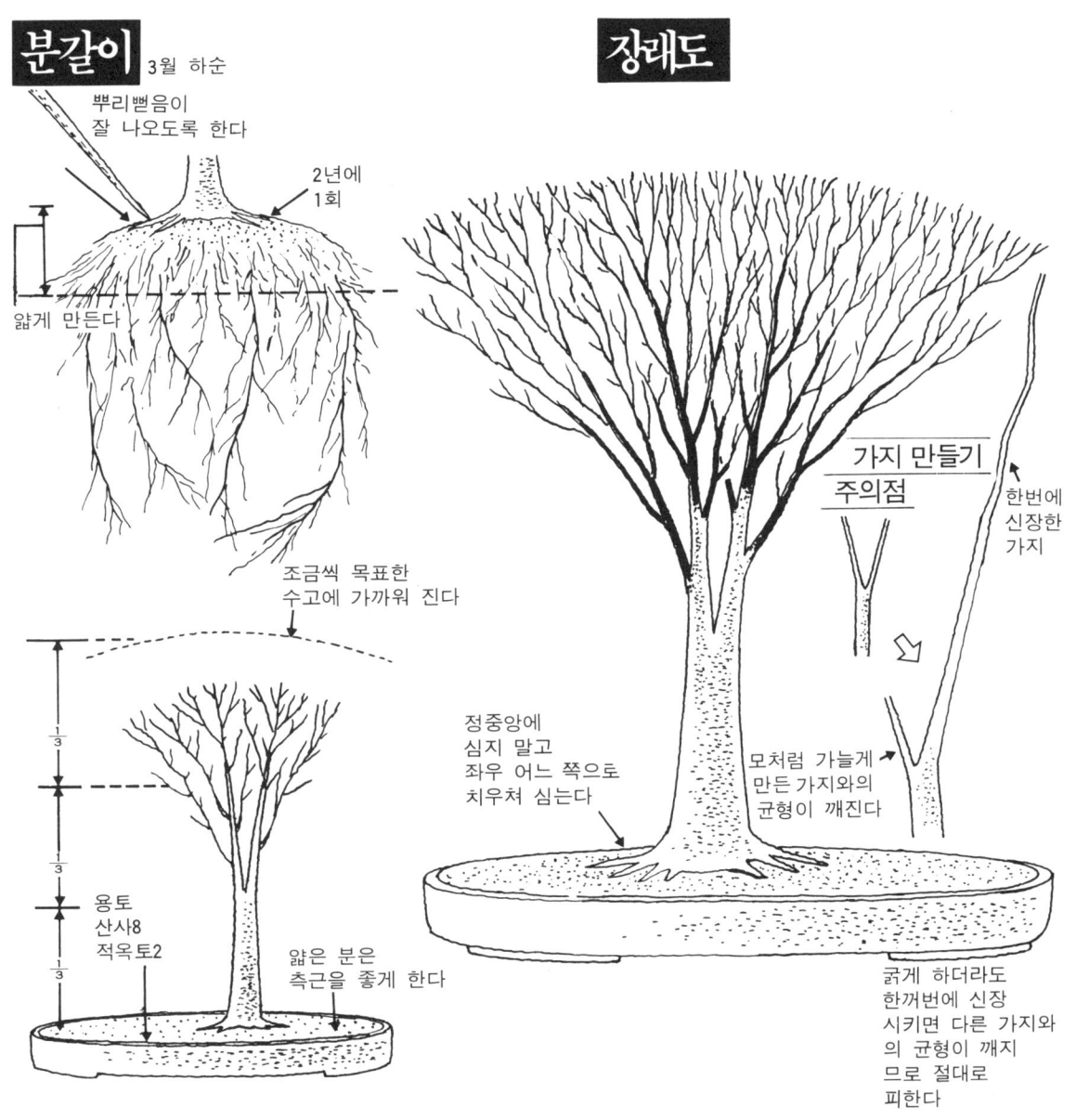

너도밤나무
고산의 시적 풍취가 뛰어나다

너도밤나무는 일본의 홋가이도(北海道), 혼슈(本州), 시고꾸(四國), 규슈(九州)의 산지에 자생하는 자웅동주의 낙엽교목으로 수피는 매끄럽고 회백색을 띠고 있다.

자생지의 환경이 달라짐에 따라 다소의 차이가 있으며 분재로서는 잎이 작고 줄기가 흰 계통이 좋다. 너도밤나무는 때때로 소사나무와 대비되지만 소사나무는 평야 또는 낮은 구릉의 풍정을 나타내는 데 비해 너도밤나무는 고산의 풍취를 나타낸다.

새 잎이 나옴과 동시에 묵은 잎이 떨어지므로 갈색의 잎이 겨울에도 달려 있는 모습, 해를 거듭할수록 수피가 회백색을 더해가는 멋, 신록의 아름다움 등은 너도밤나무다운 청량감이 있다. 그리고 너도밤나무는 공중 습도가 높은 고지에 자생하므로 햇살이 강한 한여름에는 반드시 차광망 아래 두어 잎과 줄기가 타는 것을 막아주어야 한다. 번식은 실생, 삽목, 취목으로 한다.

다양한 수형표현에서 섬세한 가지의 연출

標準曲幹 樹高67cm

直幹 樹高74cm

叢生幹 樹高70cm

　상엽 분재로서의 너도밤나무는 가지의 섬세함 보다 흰수피의 아름다움 쪽이 선행되는 경향이 있지만 정성들여 만든 작품에는 느티나무에 비해도 떨어지지 않는 우아함이 있다.
　줄기의 정부의 수세가 강하기 때문에 가지가 투박하기 쉽다고 하는 선입관념이 있지만 빨리 순집기를 하면 너도밤나무의 매력을 더욱 발휘시킬 수 있다.

　수형으로서는 직간, 사간, 표준곡간, 총생간 등이 많이 만들어지고 그 중에는 송백 분재를 압도할 만한 풍격과 기품이 있는 명목도 있다.
　또 직간형의 쌍간도 너도밤나무의 대표적인 수형의 하나이며, 군식이나 연근도 만들어지고 있다.

정부에 집중되기 쉬운 수세를 억제 관리

줄기의 정부에 수세가 집중되기 쉬운 수종이므로 조심스럽게 순치기, 잎자르기, 전정을 정성들여 반복해서 수세를 평균화 시키는 것이 무엇보다 중요하다.

■ **순따기**

새순이 자라나와 엽형이 확인될 때에 행한다. 가위로 잘라야 하면 시기가 늦고 수세가 올라 가지가 투박하게 되므로 반드시 손으로 제거한다.

선단의 순은 잎을 한 장만 남기는 순따기를 해서 수세를 억제하고 약한 순은 두 장씩 남긴다.

■ **잎자르기**

새잎이 굳어질 때에 제2단계의 억제 방법으로 하는 것이 잎자르기이다. 당단풍이나 산단풍은 잎을 따서 수세를 평균화하지만 너도밤나무는 잎따기를 하면 두 번째 순이 잘 나오지 않는다. 그래서 수세의 강약(잎의 크기)에 따라

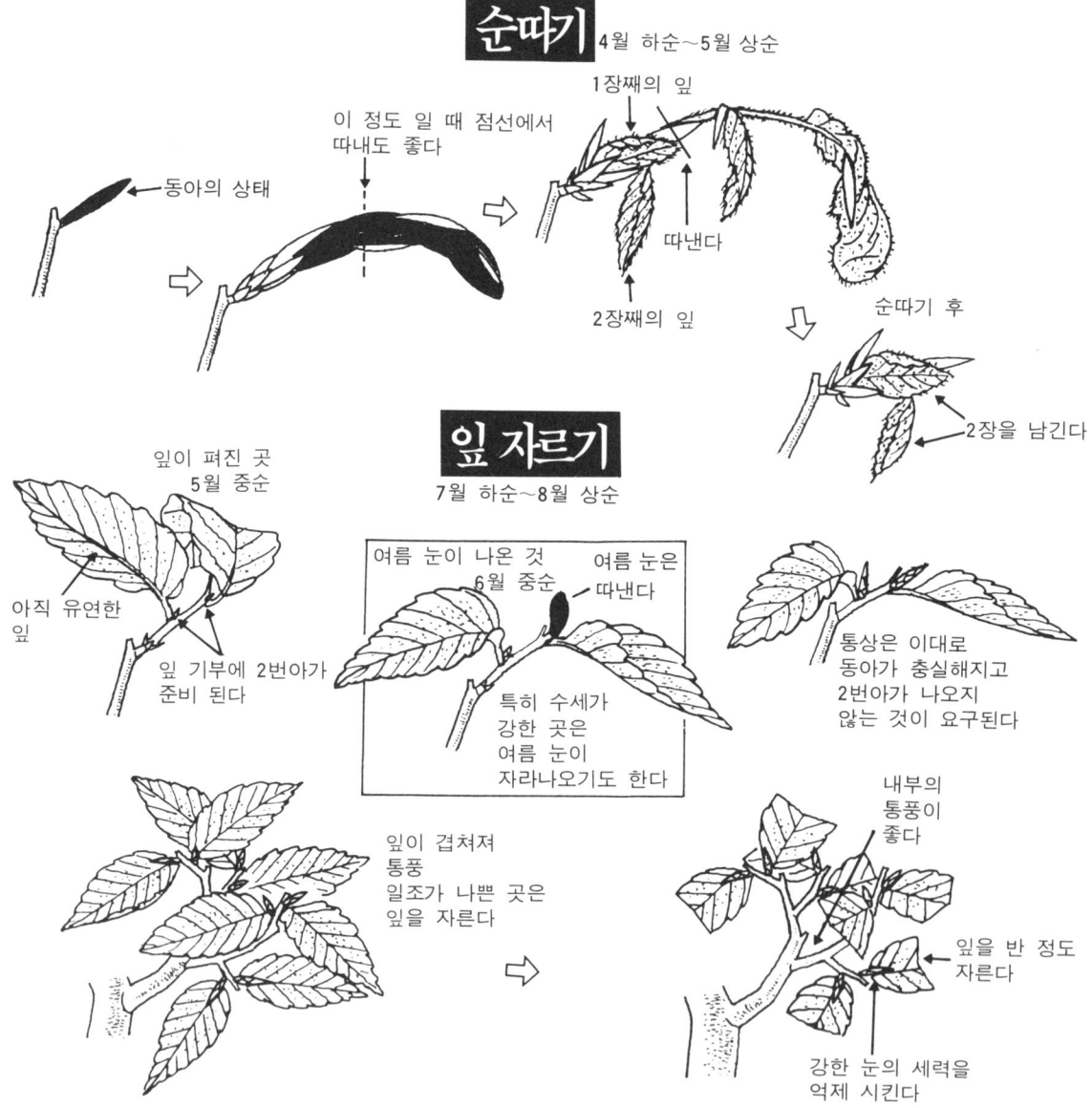

잎을 ½~⅓ 정도 잘라주는 잎자르기를 한다. 강한 것일수록 많이 잘라 억제한다. 손이 많이 가더라도 잎의 형태에 맞추어 자르면 보기도 좋다.

또 비료가 많으면 여름에 도장지가 나오는데, 이것은 절간이 긴 순이 되므로 제거한다.

■ 휴면기의 전정

제3단계의 억제는 휴면기의 전정이다. 너도밤나무는 묵은 잎이 달린 그대로 월동하므로 잎을 따내어 나무 전체가 잘 보이게 한 후 불필요한 가지와 도장지를 정리한다.

특히, 수세가 강한 정부는 작은 가지가 밀생하고 투박해지기 쉬우므로 잔가지로 대체시켜 우아함이 나오도록 신경을 써야 한다.

그런데 너도밤나무는 강한 전정을 하면 부정아가 생긴다. 이것은 가지가 잘린 자격에 의해 잠복아가 자라나오므로, 가지가 필요한 곳에 나온 눈 이외에는 빨리 제거한다. 이것을 게을리 하면 좋은 가지 모양을 만들지 못한다.

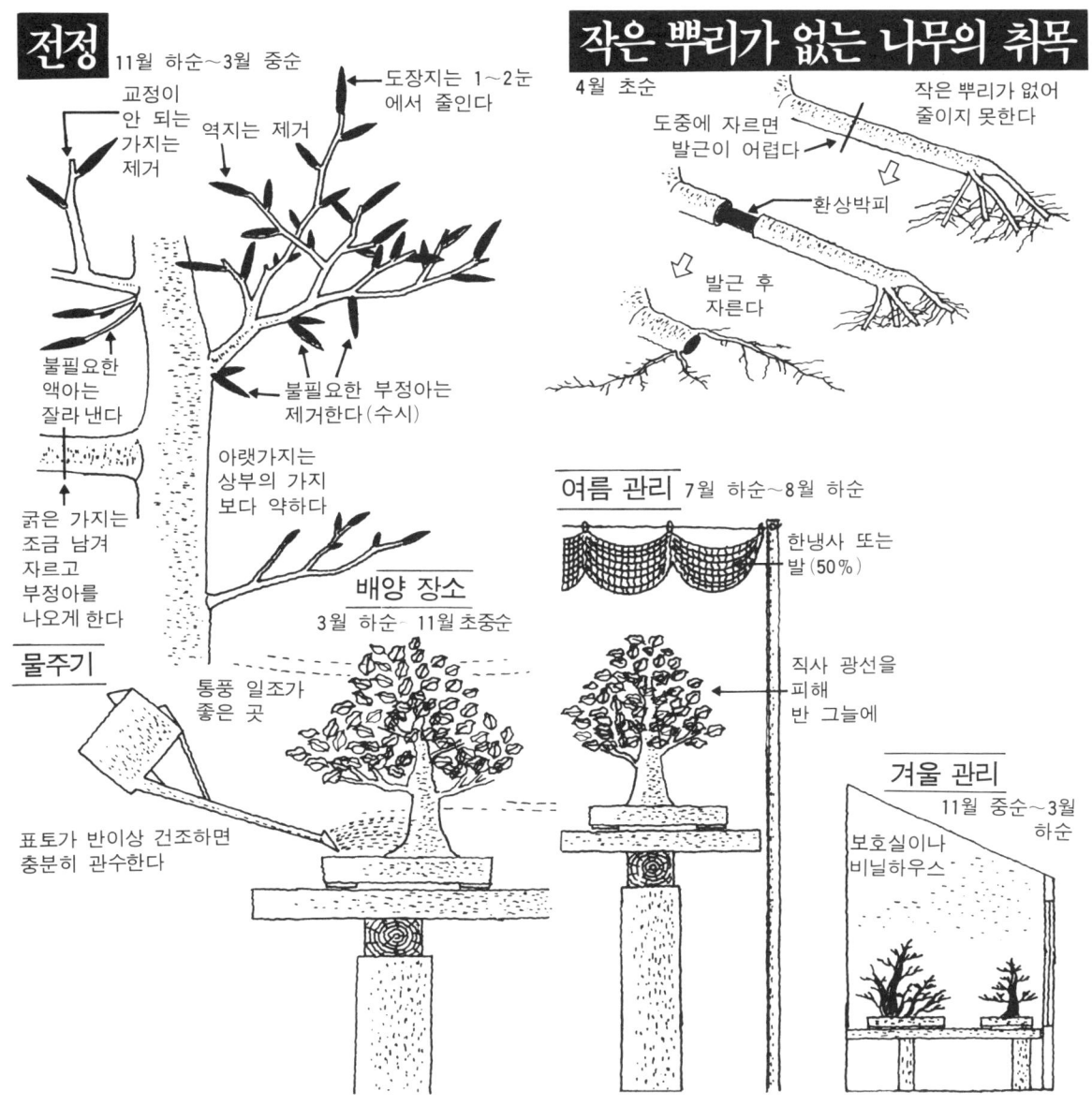

취목에 의한 개작

너도밤나무는 주로 실생과 삽목으로 번식되고 있지만 어느 정도 줄기가 굵은 소재는 쉽게 구하기 어렵다. 또, 너도밤나무는 취목에 의해 개작이 쉬우므로 뿌리뻗음이 좋고 나쁨을 고려할 필요가 없다.

그러므로 구입할 소재가 다소 뿌리뻗음이 나빠 안정감이 없어도 지상부가 볼만하면 상관 없다.

여기서 개작할 나무는 줄기의 중간에 차륜지가 발생해 있어 그 부분이 아주 굵고 갑자기 가늘어져 보기가 흉하다. 그래서 취목의 위치를 근원이 아닌 차륜지 바로 아래 설정하므로써 단간(單幹)을 총생간의 수형으로 바꾸어 보자.

취목은 결속에 의한 방법

취목의 적기는 원칙으로 새잎이 굳어지는 6월을 기준으로 한다. 특히, 수세가 약하지 않으면 대개 발근이 양호하다.

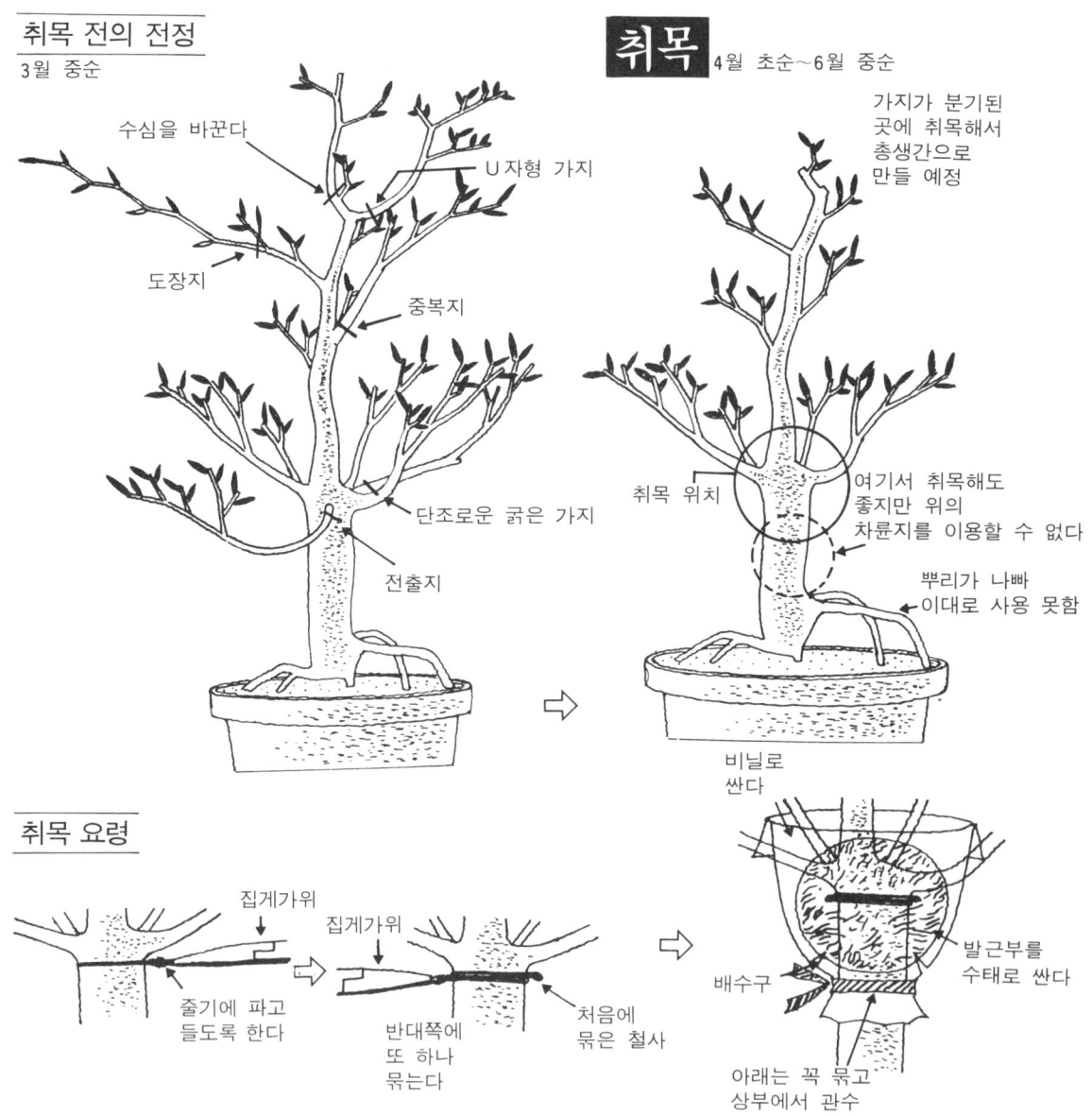

취목은 환상박피법과 결속에 의한 방법을 일반적으로 하고 있다. 그러나 너도밤나무는 환상박피법으로는 캘러스(Callus)만 발달하기 쉽고 편근(片根)이 되는 경향이 있으므로 결속법이 좋다. 취목할 위치에 철사를 두 가닥으로 해서 수피에 파고 들 정도로 묶어 준다. 그리고 물을 적신 수태를 주위에 덮고 비닐로 싸준 후 아래는 강하게 묶고 상부는 물을 보급하기 쉽게 열어 주도록 한다.

취목 후는 전과 같이 관리를 하면 충분하지만 뿌리는 햇빛이 닿는 곳의 반대쪽에 발생하는 성질이 있으므로 1주일에서 10일 간격으로 분의 방향을 돌려 사방에서 뿌리가 나오도록 해준다.

취목 후의 관리

어미나무로부터의 분리는 그 해의 8월 하순경에서 9월 중순경에 하는데, 이듬해 4월경에 해도 무리가 없다.

여기서 이듬해 봄에 분리할 경우는 뿌리가 길게 자라 있으므로 반드시 발근부의 가장자리

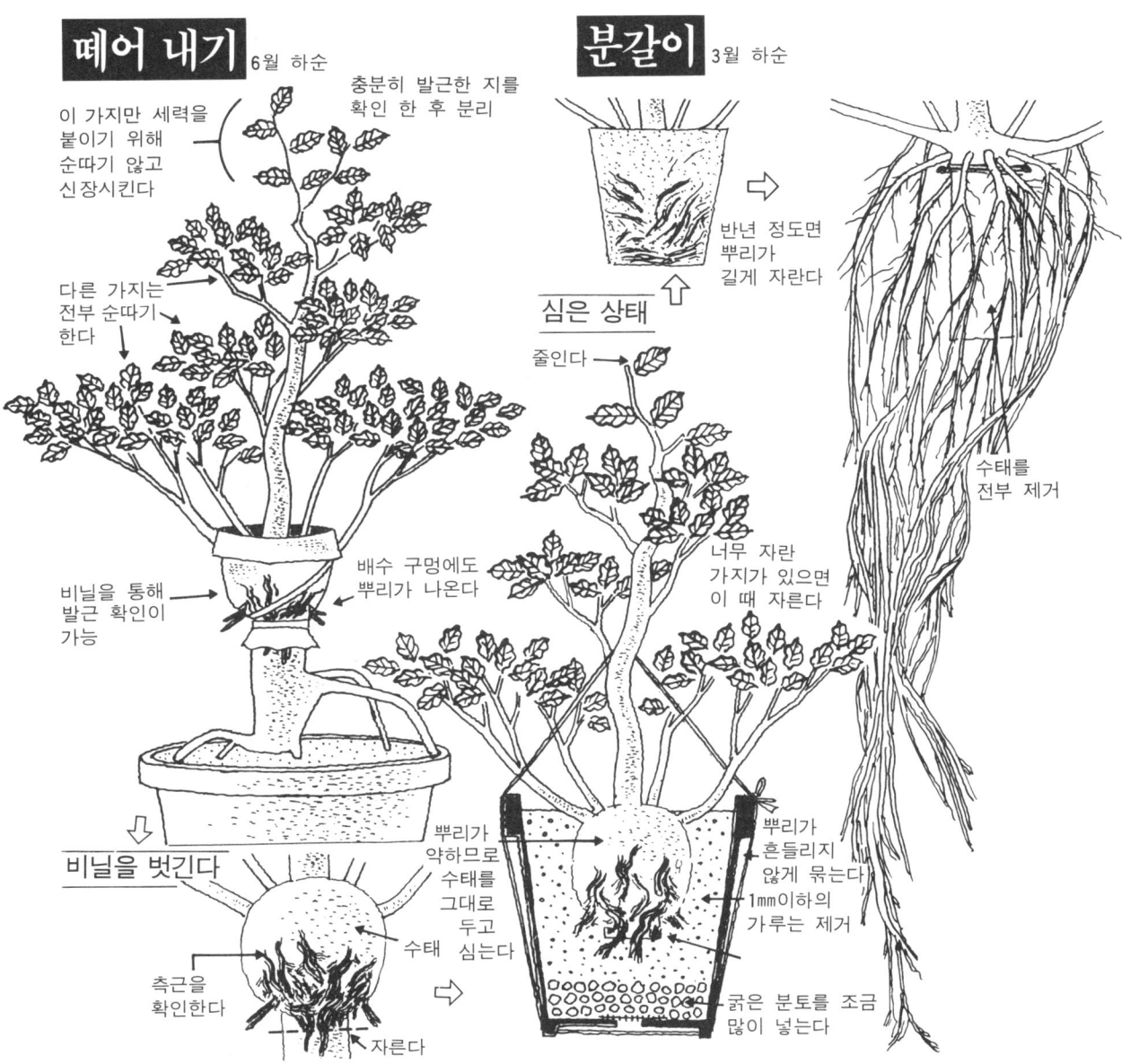

를 잘라주어야 한다.

어미나무의 줄기를 많이 붙여두면 그 상처가 늦게 아물어 취목 후의 생육에 지장을 주게 된다. 수태는 무리하지 않을 정도로 핀셋으로 조심스럽게 제거해 준다. 물에 담가 작업을 하면 제거하기가 쉽다.

그리고 분에 심을 때에는 반드시 뿌리를 잘 펴서 뿌리가 굽지 않도록 해야 하는데 너무 옆으로만 펼쳐 놓으면 분에 닿아서 소위 악어발처럼 되므로 뿌리 끝은 반드시 아래로 향하듯 펼쳐 놓는 것이 대단히 중요하다.

또 심고 난 후 나무가 흔들리지 않도록 끈으로 묶어서 고정시킨다. 뿌리의 양에 맞게 도장지를 잘라 지상부와 지하부의 균형을 유지한다.

수형 가꾸기

본격적인 수형 가꾸기는 분에 옮긴 지 2년 정도 경과하면 시작한다. 수세를 올리기 위해 신장시켜 둔 가지도 봄에 눈이 나오기 전에 잘라준다. 부등변삼각형이 되도록 잘라주는

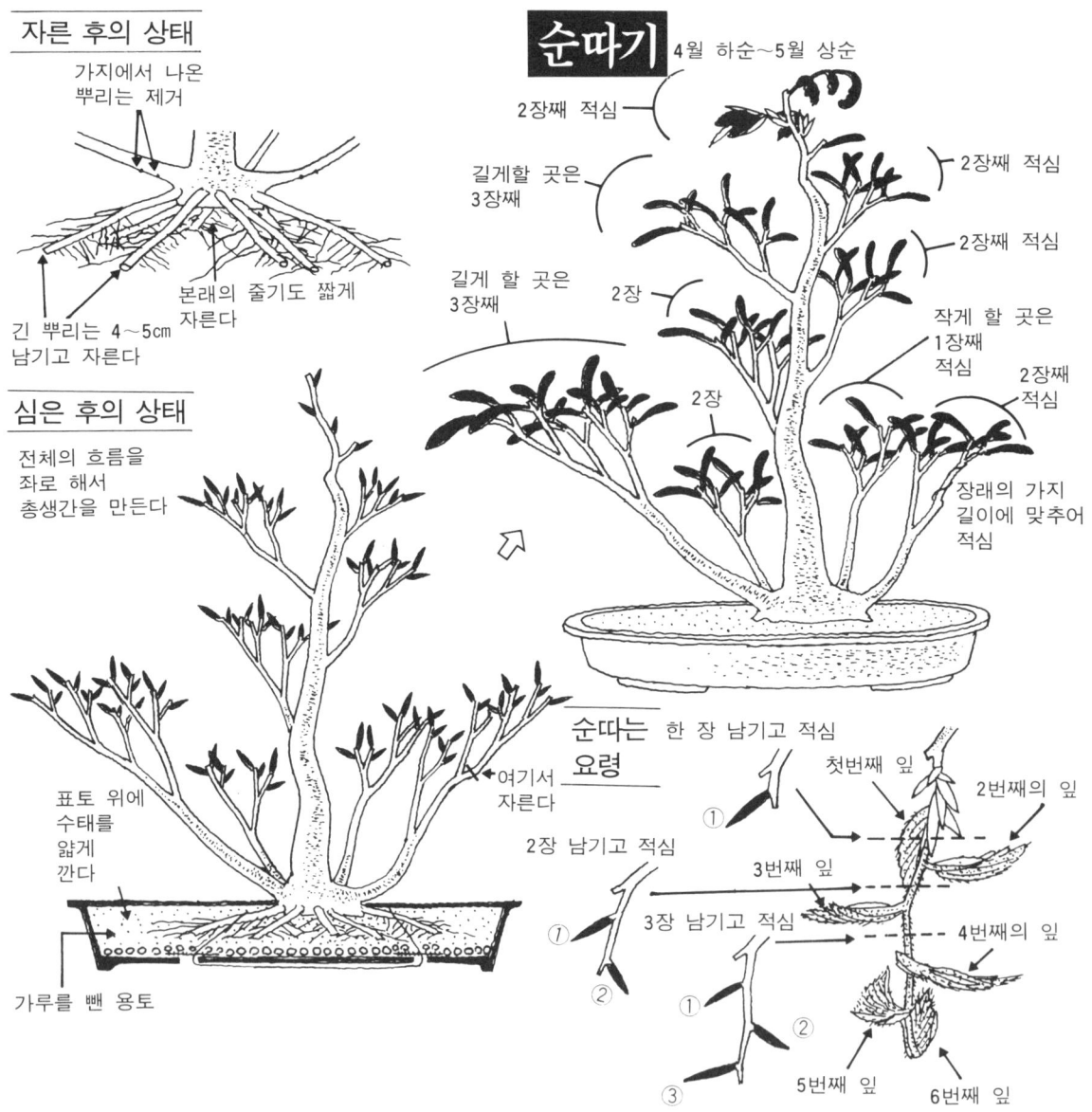

것은 총생간이나 단간도 마찬가지이다.

총생간의 경우는 전체를 하나의 줄기로 여기고 주간(主幹)과 자간(子幹)과의 공간에는 강한 가지를 만들지 않아 전체의 줄기가 잘 보이도록 한다. 굵은 가지를 자를 때는 반드시 평평하게 잘라주고 상처에는 유합제를 발라준다. 너도밤나무는 상처를 도려내면 아무는 것이 위로 부풀어 오르게 되므로 주의해야 한다.

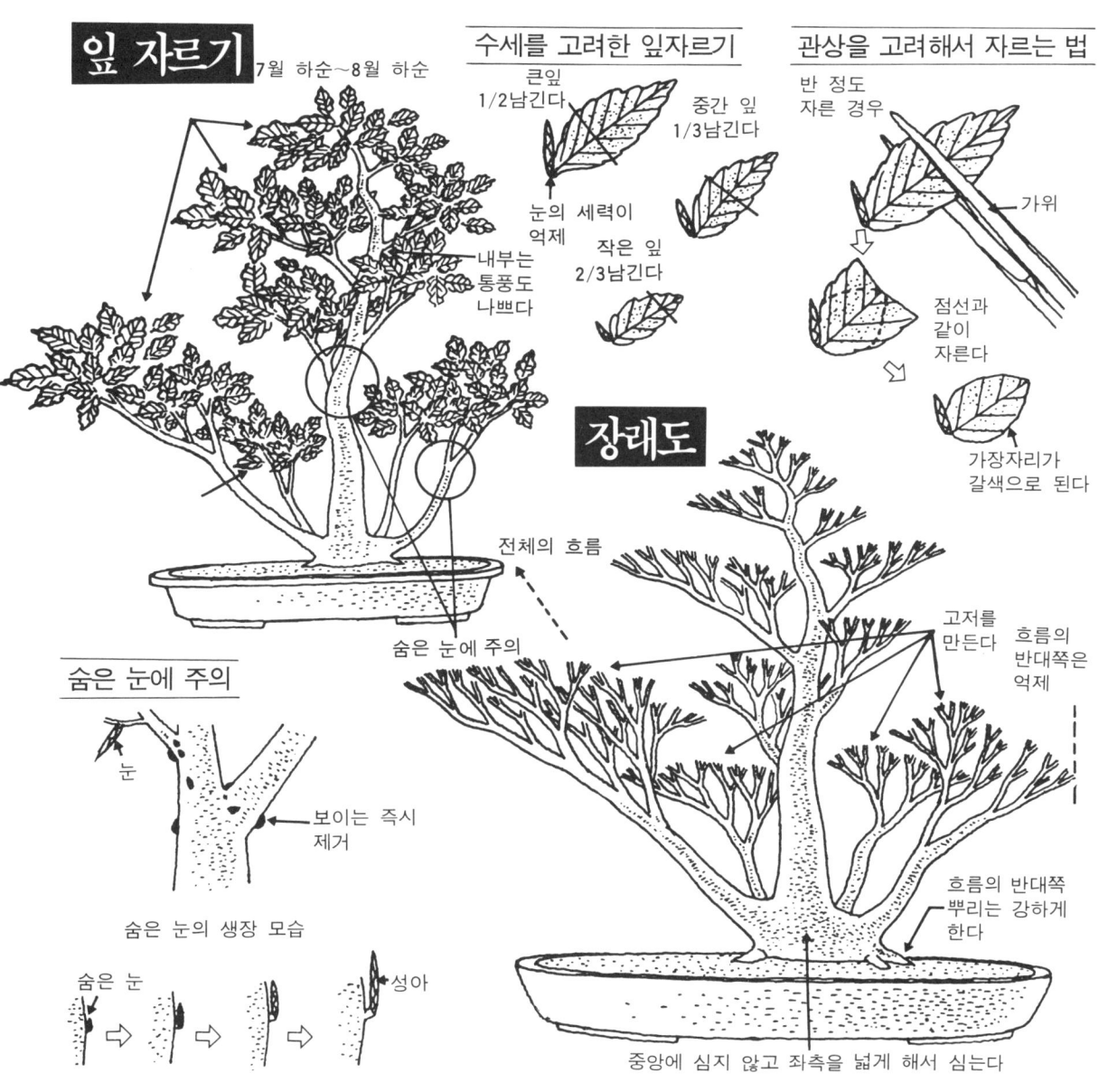

애기노각나무
광택있는 수피에 감추어진 기품

섬세한 가지, 광택있는 수피

 애기노각나무는 동백과에 속하는 낙엽교목으로 줄기가 높게 우뚝 솟고 가지는 섬세하게 잘 분기한다.
 매끄러운 줄기에 독특한 아름다움이 있으며, 특히 수령이 많아지면 표피가 떨어져나가 담적황색의 모양을 띠게 된다.
 6~7월경 짧은 화병에 순백색의 꽃이 피며 가을이 되면 다갈색의 열매가 된다.

 애기노각나무는 노각나무의 왜생종이며 동백나무과 중에서 낙엽수이다. 일본이 원산지이며 따뜻한 지역의 산림에 있으며 비교적 시원한 500~1000m의 아고산대에 산단풍, 너도밤나무, 소사나무 등의 낙엽수와 혼생하고 있다.
 분재로 배양할 때도 자생지의 환경이 중요하며 비교적 냉량한 기후를 좋아하므로, 특히 여름의 고온에 약한 수종임을 알아 두어야 한다.

叢生幹 樹高88㎝

斜幹 樹高62㎝

標準曲幹 樹高67㎝

群植 樹高78㎝

수형

분재 수종으로서 소개된 것은 최근이며, 특히 군식의 작품이 등장하므로써 각광을 받게 되었다. 군식 뿐만아니라 직간, 쌍간 등과 같은 본격적인 수형을 한 것도 많이 만들어지고 있다.

애기노각나무의 잔가지는 비스듬히 나오는 것이 특징이므로 수형은 주로 순치기와 전정으로 만들어 간다. 섬세한 가지 끝의 우아함이 뛰어나므로 이런 점을 고려해서 수형 가꾸기를 해야 할 것이다.

배양관리

■ 온도

특히, 여름의 고온에 주의해야 한다. 분토의 온도가 30℃ 이상으로 되면 활동이 멈추는데 거기에다 과습과 과건이 가해지면 고사하는 경우도 있다.

평지에서의 배양은 한여름을 중심으로 최고 온도가 30℃를 넘게 되면 갈대발이나 한냉사

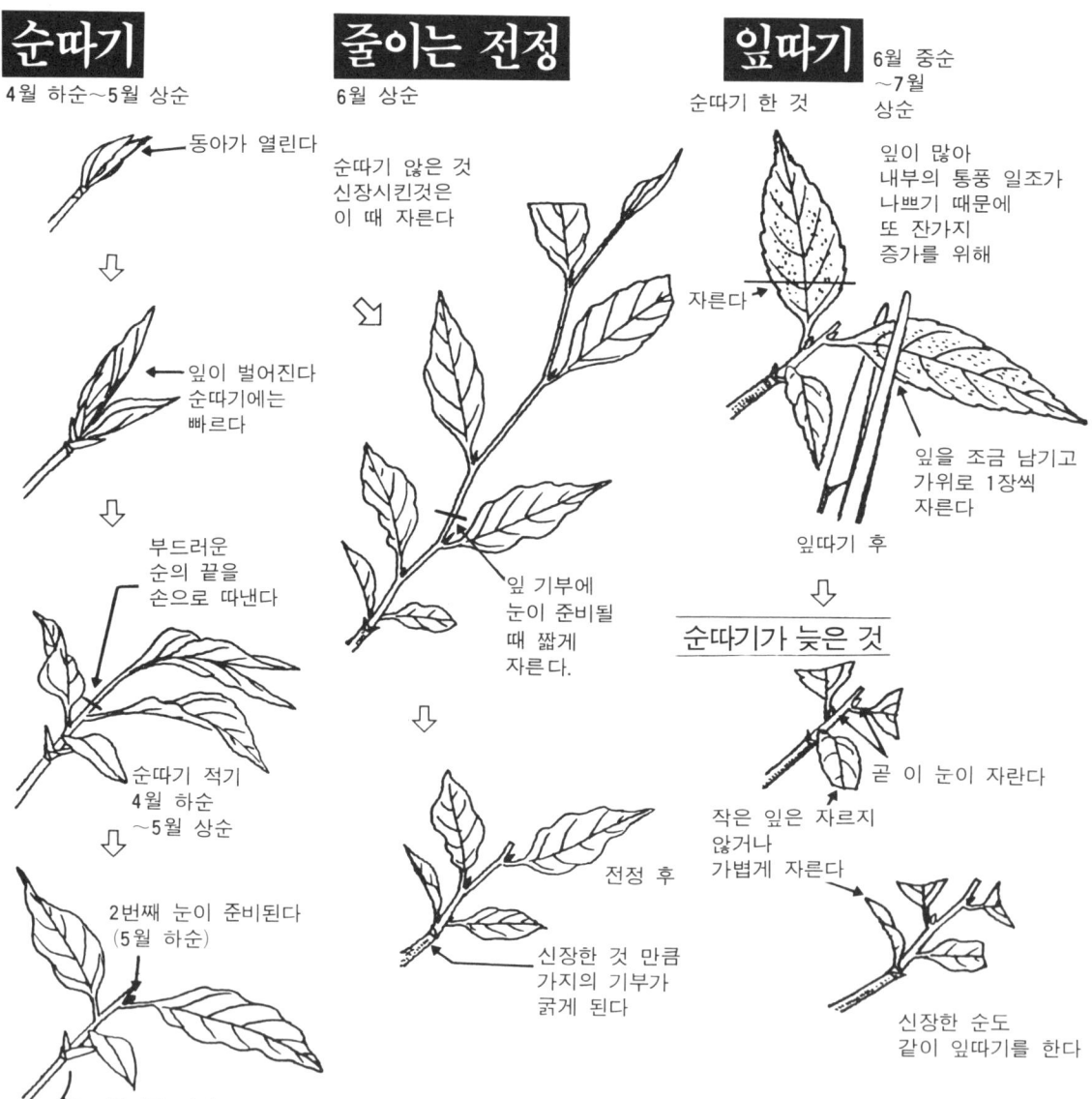

등으로 차광해 주든지 반그늘에 두어 보호한다. 차광은 잎이 타는 것만 방제하기 위한 것은 아니다.

■ 분갈이

뿌리가 매우 가늘기 때문에 때때로 뿌리를 군데군데 솎아 내야만 뿌리가 뭉쳐지거나 썩지 않는다. 어린나무는 1~2년에 1회, 완성목은 2~3년에 1회 분갈이를 하고 3~4회에 1번은 뿌리를 많이 솎아낸다.

■ 순따기

될 수 있으면 빨리 손이나 핀셋으로 순따기 한다. 빠르면 빠를수록 가지가 섬세해지게 되고 가지의 흐름도 부드러워 진다.

■ 전정

수심을 바꾸고, 가지 끝을 자르거나 불필요한 가지의 정리를 부지런히 한다. 계절은 관계없지만 잎따기 후와 낙엽이 진 시기는 가지를 보기 쉽고, 철사걸이나 분갈이도 맞추어서 하면 합리적일 것이다.

■ 철사걸이

낙엽이 진 시기가 적기이다. 아랫가지는 너무 처지지 않게 가지의 분기 각도를 예각으로하고

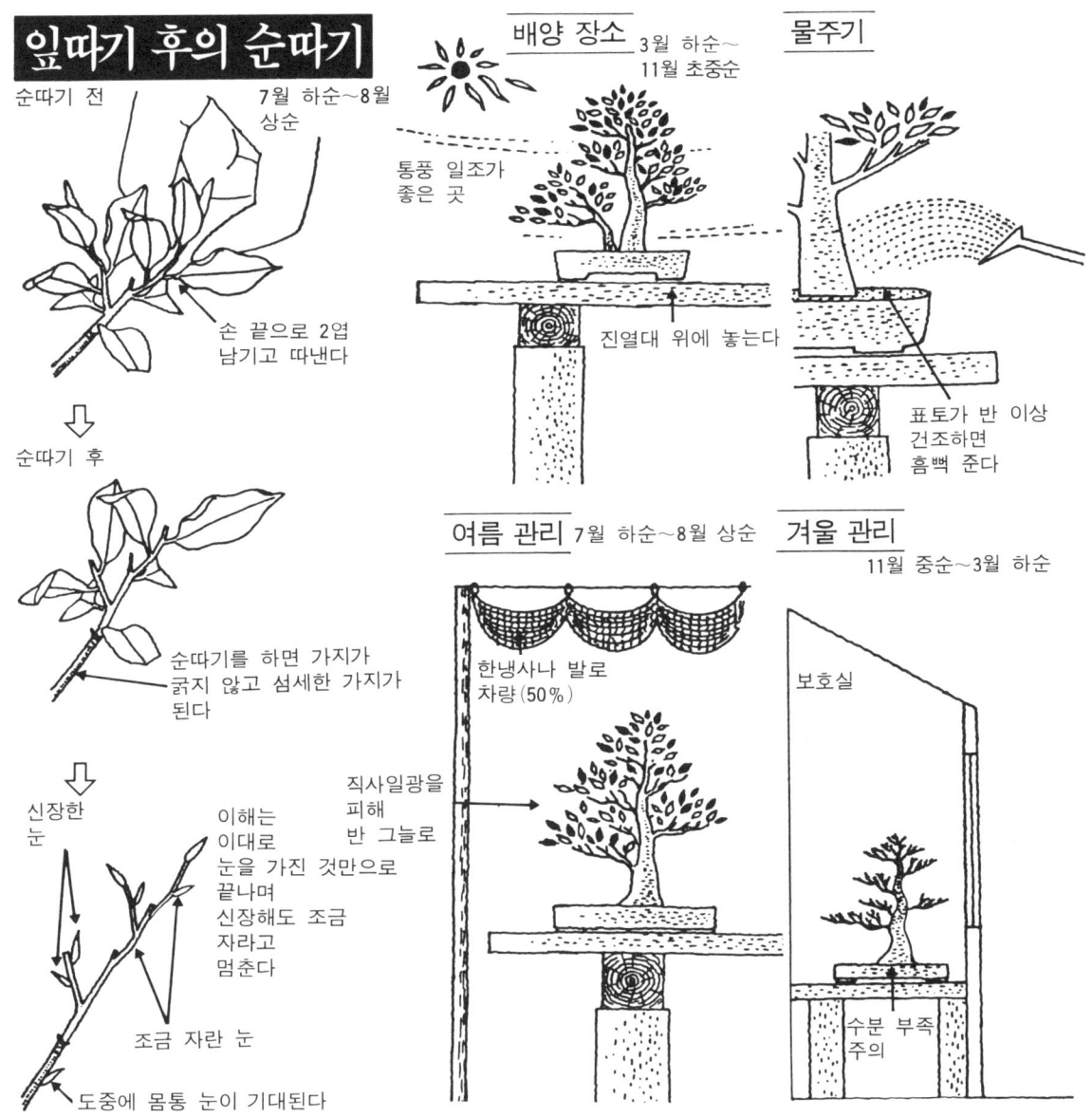

윗가지는 위로 향하게 수형을 정리하면 자연미가 잘 나온다.

단, 수피가 얇기 때문에 철사가 파고들기 쉬우므로 주의하며 상처가 나지 않도록 한다. 비닐 피복선이나 종이를 감은 알루미늄선이면 안전하다.

■ **병충해**

진딧물과 깍지벌레에 주의한다. 특히, 새순이 피해를 입기 쉬우므로 새순이 나오는 4월에서 6월에 매월 1회씩 정기적으로 소독을 해준다.

군식소재는 실생으로

군식은 애기노각나무의 대표적인 수형으로 광택있는 수피의 아름다움과 예각으로 나오는 가지의 성질이 가장 잘 표현된다.

특히, 군식에 있어서는 가지의 특성이 중요한 요소인데, 말하자면 산단풍과 같이 가지가 옆으로 길게 나오는 수종에서는 줄기와 줄기의 공간이 협소해지는 데 비해 애기노각나무는 염려할 필요가 없다.

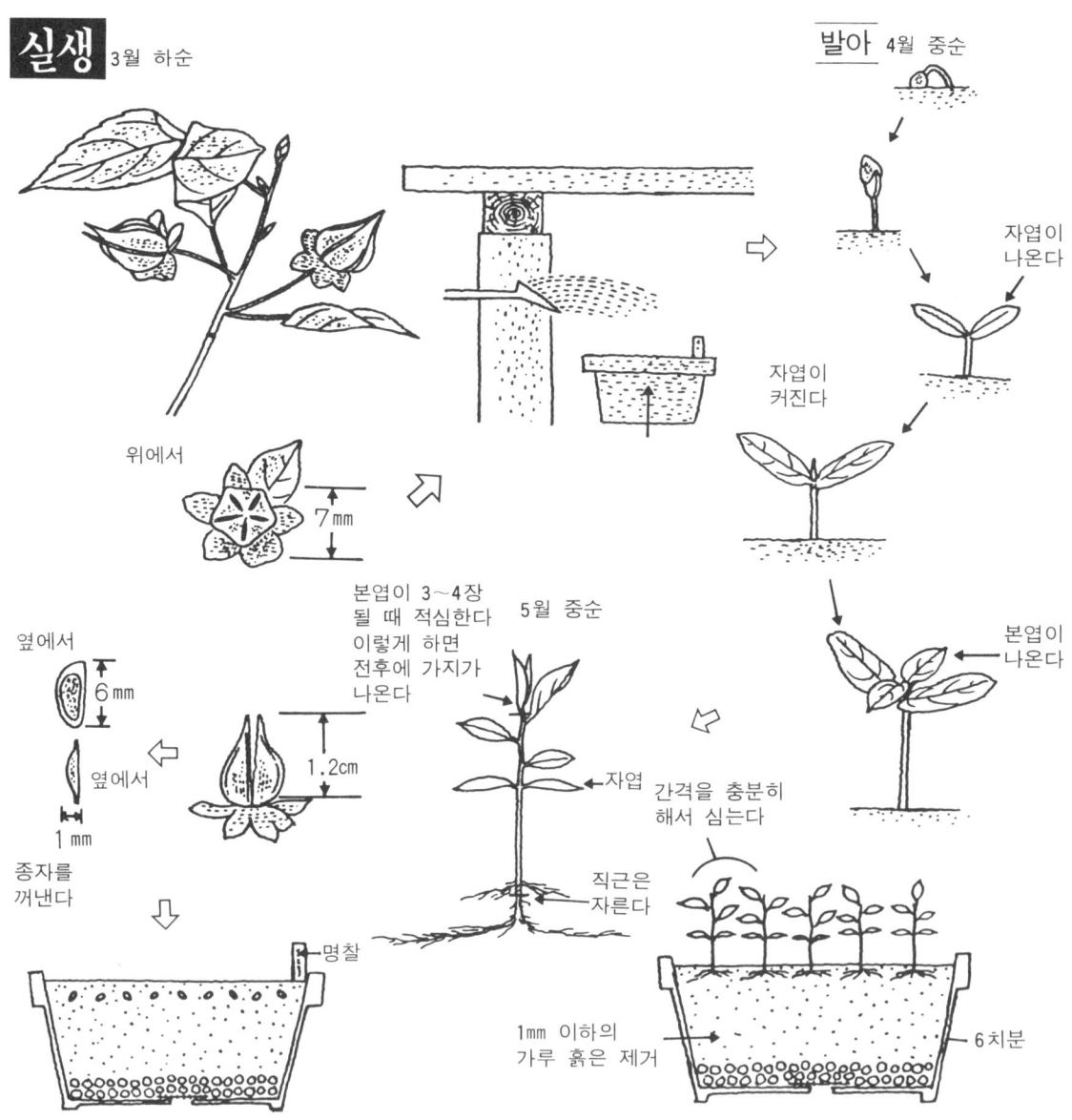

군식의 창작에 시판하는 실생묘를 구하는 방법도 있지만 자신이 종자를 뿌려서 소재를 만드는 것도 많은 즐거움을 얻는다.

한번에 많은 종자를 뿌리면 그 중에는 생육이 좋은 것, 거의 자라지 않는 것 등 여러 가지 묘가 생긴다. 여기서 생육의 정도에 따라 묘를 몇 개의 그룹으로 나누어서 분에 올린다.

주목(主木)으로 하는 묘는 꽤 굵은 것이 좋으므로 한 주씩 심어서 비배하고 다른 것들은 몇 주씩 모아서 한꺼번에 심는다.

2주, 3주, 5주와 같이 묘의 굵기와 크기에 변화를 주어서 심어 두는데, 또 군식할 경우에는 될 수 있는 한 근원을 가깝게 해두면 나중의 작업을 효율적으로 할 수 있다.

즉, 군식의 깊이를 표현하기 위해 사용하는 그룹(생육이 나쁜 묘)에 대해서는 부지런히 순치기를 하여 더욱 억제해야 한다.

군식요령

드디어 실제로 군식을 할 경우에는 몇 가지의 기초 지식을 기억해 두면 편리하다.

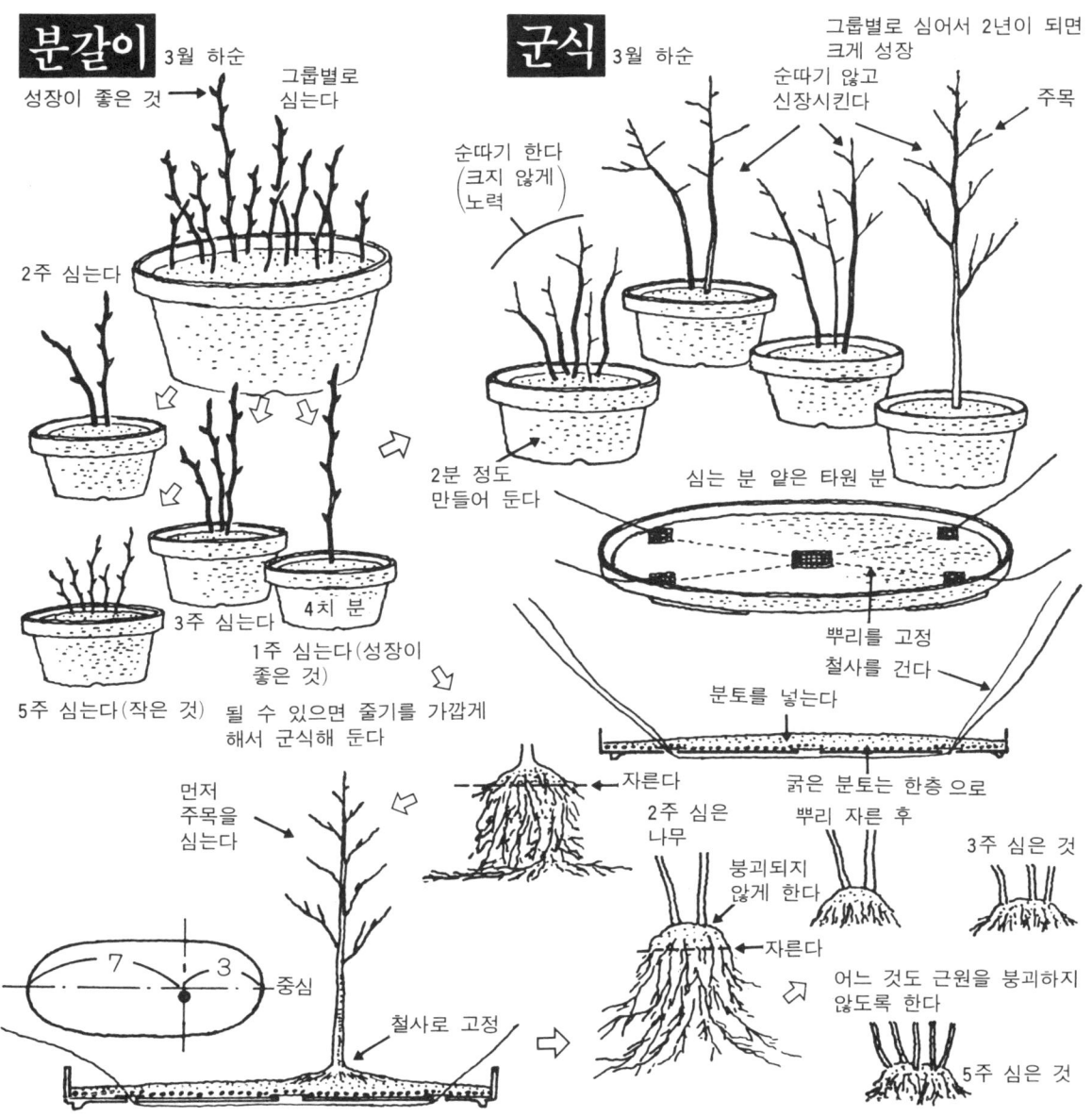

■ **분의 선정**

군식에 많이 이용되는 분은 타원형 또는 장방분이다. 넓은 경치를 표현하기 위해서는 분의 연이 없고 얕은 것을 사용하는 것이 좋다. 물론 평석에 심어도 재미있을 것이다.

■ **심는 나무의 수**

나무의 수가 10주 이상인 경우는 짝수, 홀수는 필요없지만 수가 적을 경우는 3, 5, 7과 같이 홀수로 심는 것이 구도를 잡기가 쉽다.

■ **소재 선택의 기본**

한주 한주의 소재에 변화가 있으면 이것이 모아져 전체의 조화가 표현되는 것이므로 줄기의 가늘고 굵은 장단을 확실히 하지 않으면 안 된다. 먼저 소재를 몇 개의 그룹으로 나누는 것도 이 때문이다.

■ **위치 결정의 기본**

일반적으로 군식은 ① 주목(主木)을 중심으로 한 그룹 ② 주목 주위의 그룹 ③ 주목의 흐름과 반대쪽의 그룹 ④ 뒷쪽의 키가 작은 그룹이 있다.

①은 군식 전체의 흐름을 결정하는 것으로 주목은 가장 굵고 큰 것을 선택하지만 거기에

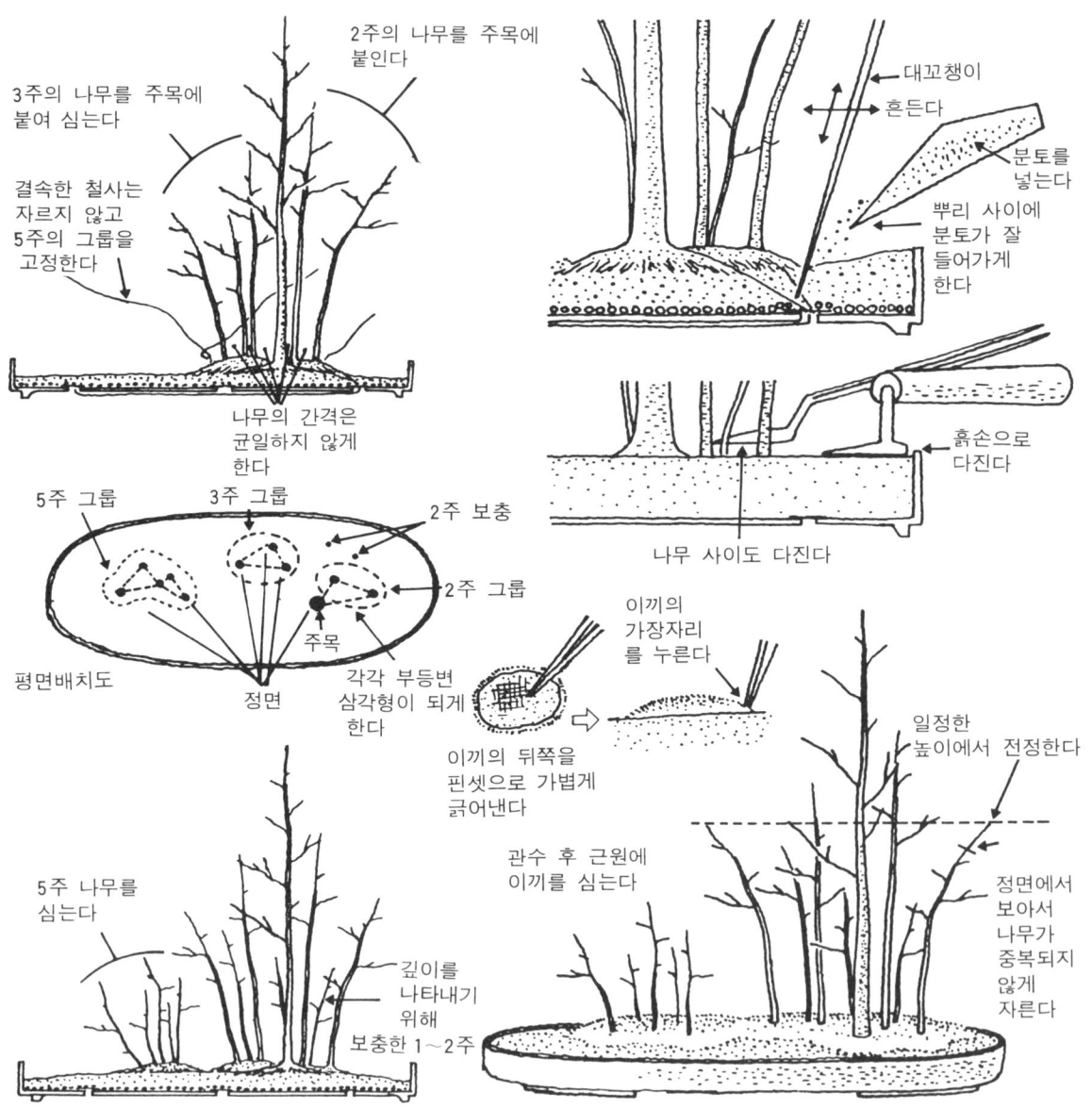

첨가하는 나무는 주목을 강조하는 것이 되어야 한다. 굵지 않고 너무 가늘지도 않는 소재를 2주 선택한다. 그래서 주목을 포함해서 3주를 심더라도 넓은 경관을 표현하는 것이 요령이다.

②는 주목의 흐름과 같은 방향이며 더구나 끝에 위치하는 그룹으로 경관의 넓이를 강조하는 중요한 역할을 담당하고 있다. 될 수 있으면 작은 소재를 선택하는 것이 중요하다.

③은 주목의 흐름과 반대쪽의 흐름을 나타내는 그룹이므로 그다지 강해서는 안 되지만 작은 소재만 선택하면 전체의 조화가 깨진다. 일반적으로 주목 다음의 굵기와 크기를 가진 소재(副木)는 이 그룹에 배치한다.

④는 구도 전체의 원근감을 표현하고 깊이를 나타내므로 소재를 가장 작은 것을 선택하는 것이 중요하다.

■ 심을 때의 주의사항

위치가 결정되면 줄기가 정면이나 측면 어느 쪽에서 보더라도 중복되지 않게 하는 것이 요점이다. 이것을 꼭 염두에 두고 심어야 할 것이다.

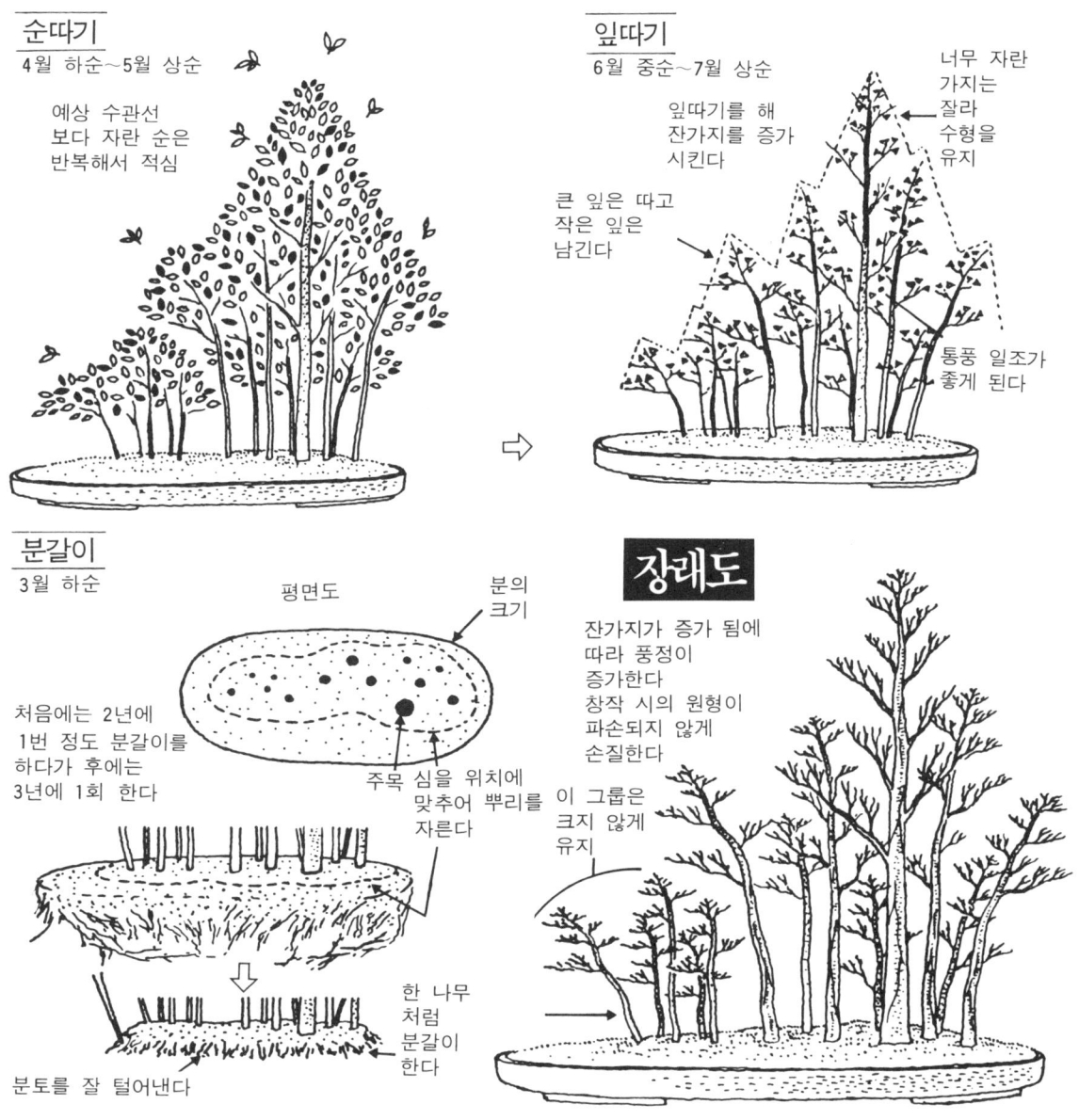

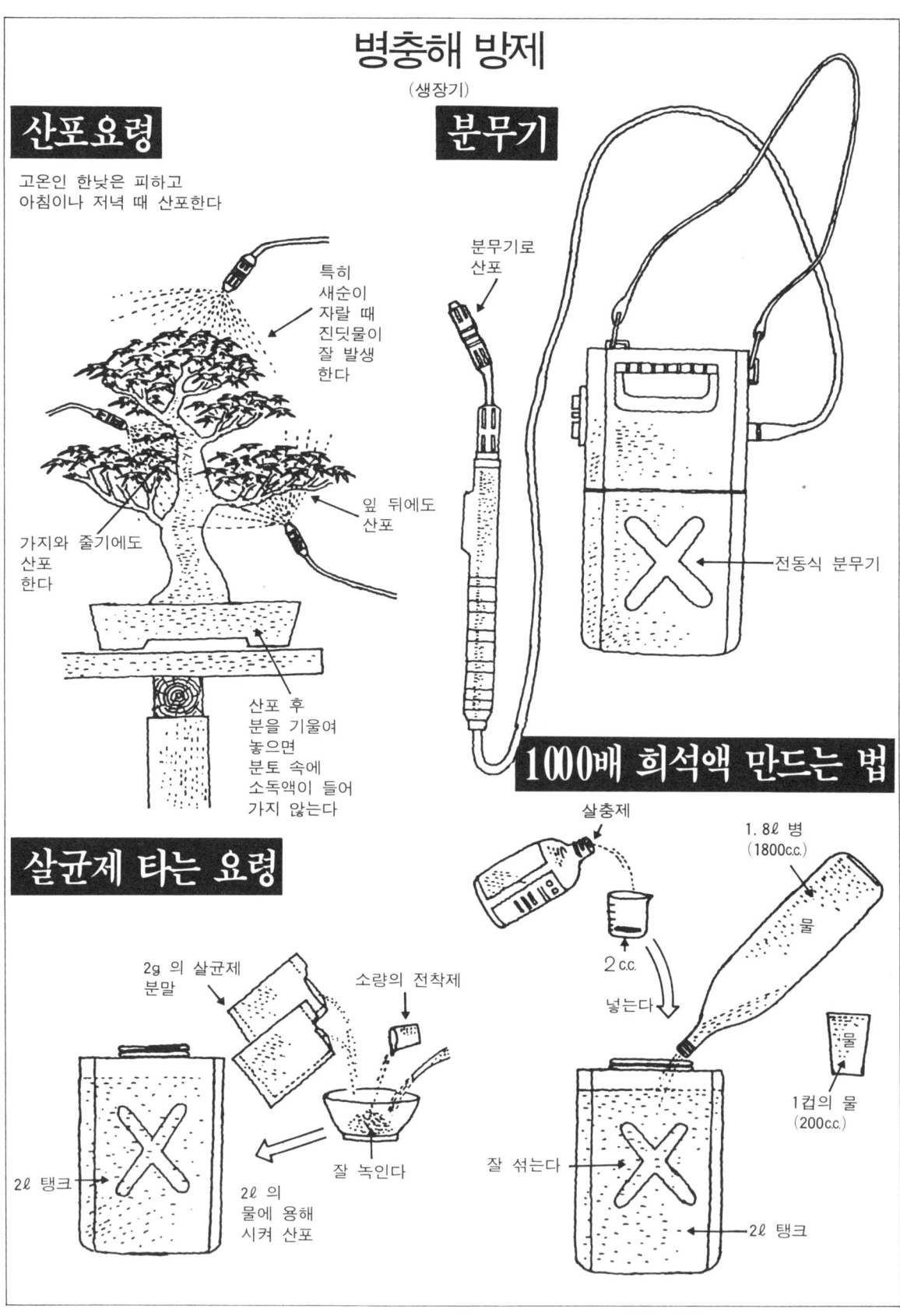

상화분재편

매화
사쯔기철쭉
장수매

매화
이른 봄에 꽃이 피는 풍아한 화목

매화의 계통

매화나무는 오랜 옛날부터 한국인의 마음속 깊이 자리해 온 대표적인 화목의 하나이다. 묵은 등걸에서 추운 날씨 가운데 피어나는 청초한 꽃의 지조, 없는 듯 풍기는 암향은 동양의 멋이 그대로 우러나오며 불현듯 옛 시귀가 전해 온다.

또 사리와 수피가 발달한 묵은 줄기의 고태감도 매화의 풍아한 모습을 잘 나타낸다.

이와 같은 매화는 분재계를 대표하는 화목의 여왕으로서 더욱 더 인기를 더해 갈 것은 틀림없다.

매화는 수백의 품종이 있다고 알려졌지만 꽃의 특징과 수성을 기초로 해서 몇 개의 품종군으로 나누어 진다. 여기서는 매화의 대표적인 두 계통에 대해 간단히 설명한다.

■ 야매계(野梅系)

종래의 야매성 외에 홍필성(紅筆性), 난파성(難波性) 및 청축성(靑軸性)이 포함된다. 수성이 강하고 가지가 밀생해 나오는 등 분재로서

標準曲幹 樹高 74cm

文人木 樹高 55cm

曲幹 樹高 103cm

111

가장 적합한 계통이다. 꽃은 중륜이 많고 홑꽃과 겹꽃이 있으며 향기도 강한 특징이 있다.

- 野梅性······冬至, 寒紅, 曙
- 紅筆性······紅筆
- 難波性······古鄕之錦, 難波紅
- 青軸性······月影, 綠萼

■ 홍매계(紅梅系)

가지는 야매계보다 더 밀생해 나오는 정도이지만 조금 수성이 약하다. 이 계통의 품종은 가지의 수(髓)의 부분이 홍색을 띠고 있는 것이 특징으로써 꽃이 흰 것도 드물게 있다.

주요한 품종은 佐橋紅, 緋之司, 紅天鳥 등이 있다.

개화 전에 1~2번 서리 맞히기

매화는 수성이 강한 튼튼한 화목으로 일조를 좋아 하고 온난한 기후 조건의 토지에 적합하다. 비료의 흡수도 왕성해 특히 4~6월 상순경의 생육 기간 중에는 흡수율이 매우 높다.

꽃은 잎보다 먼저 전년지의 엽액에 1~3개 핀다. 일찍 피는 것은 11월 하순부터 늦게 피는

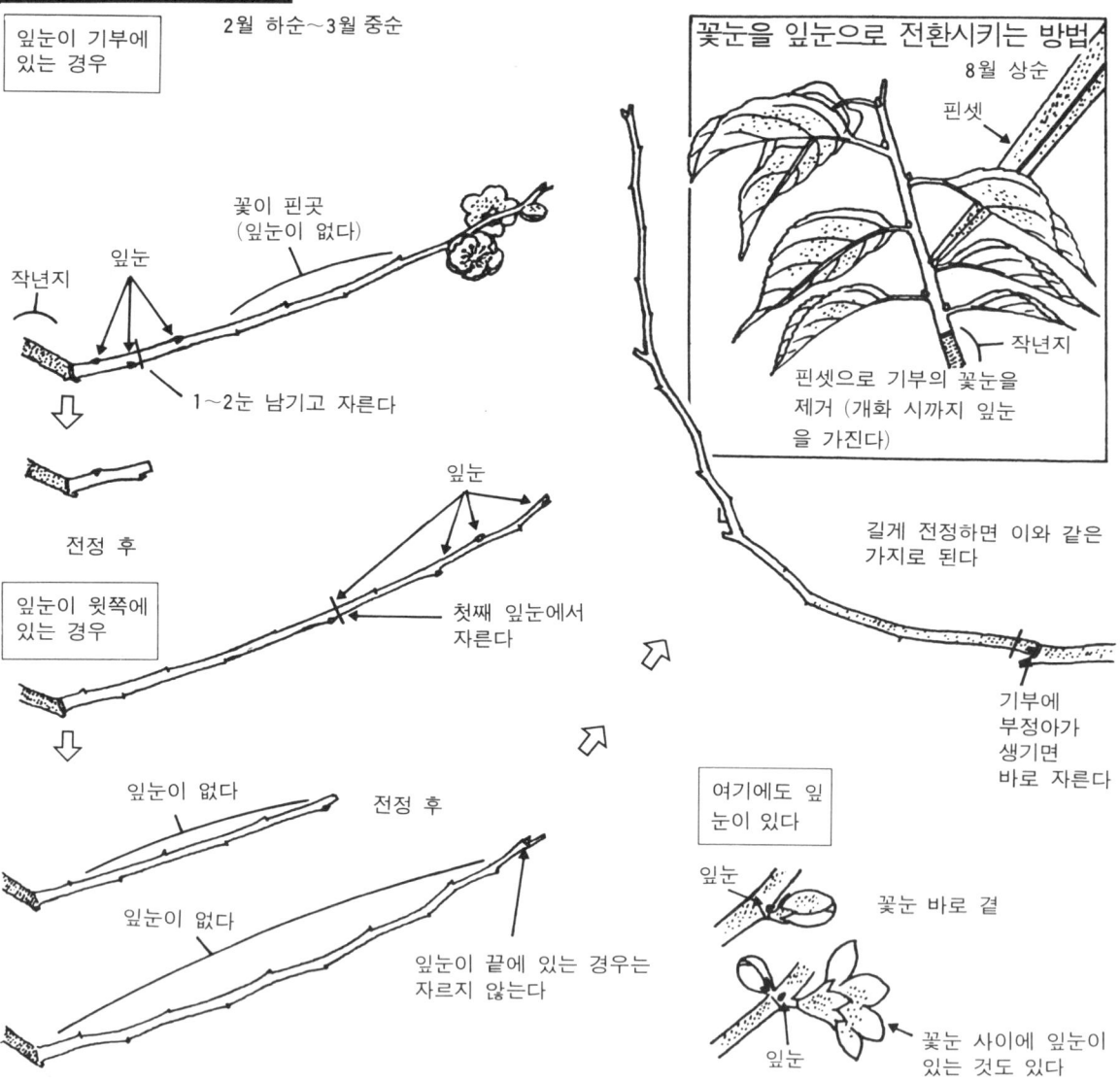

것은 4월 상순까지 핀다.

 낙엽 후 일정의 휴면 기간에 들어가며, 겨울의 저온에 의해 이 휴면기가 정지된다. 그 후 기온의 상승과 함께 개화가 시작한다. 저온 기간이 개화를 촉진하므로 따뜻한 방에 들여놓아 꽃을 즐기는 경우에는 1~2번 서리를 맞혀 둘 필요가 있다.

■ 꽃눈 분화

 7월경에는 슬슬 꽃눈이 붙기 시작한다. 꽃눈이 붙은 가지의 잎은 투박스럽게 뒤틀려진다. 꽃눈을 확인하여 이듬해 봄에 꽃필 때의 수자를 정리해 둔다.

 가지를 조금 도장시킬 경우 끝에 세력이 집중해서 가지의 기부에는 꽃눈이 붙기 어렵게 된다. 가위로 잘라 주면(5월초) 2번지에 꽃눈이 붙고 1번지는 엽아만 된다. 그런데 중간쯤 가지를 반 정도 부러뜨려 붙여두면 수세가 가지 기부로 가기 때문에 기부에 꽃눈이 형성된다.

 또한, 새순의 끝을 손 끝으로 집어 주어도 꽃눈을 형성시키는 데 효과적이다. 9월에서 10월에 걸쳐 일단 도장지를 전정하고 꽃눈이 너무 많아 내키지 않는 것은 얼마간 솎아 줄

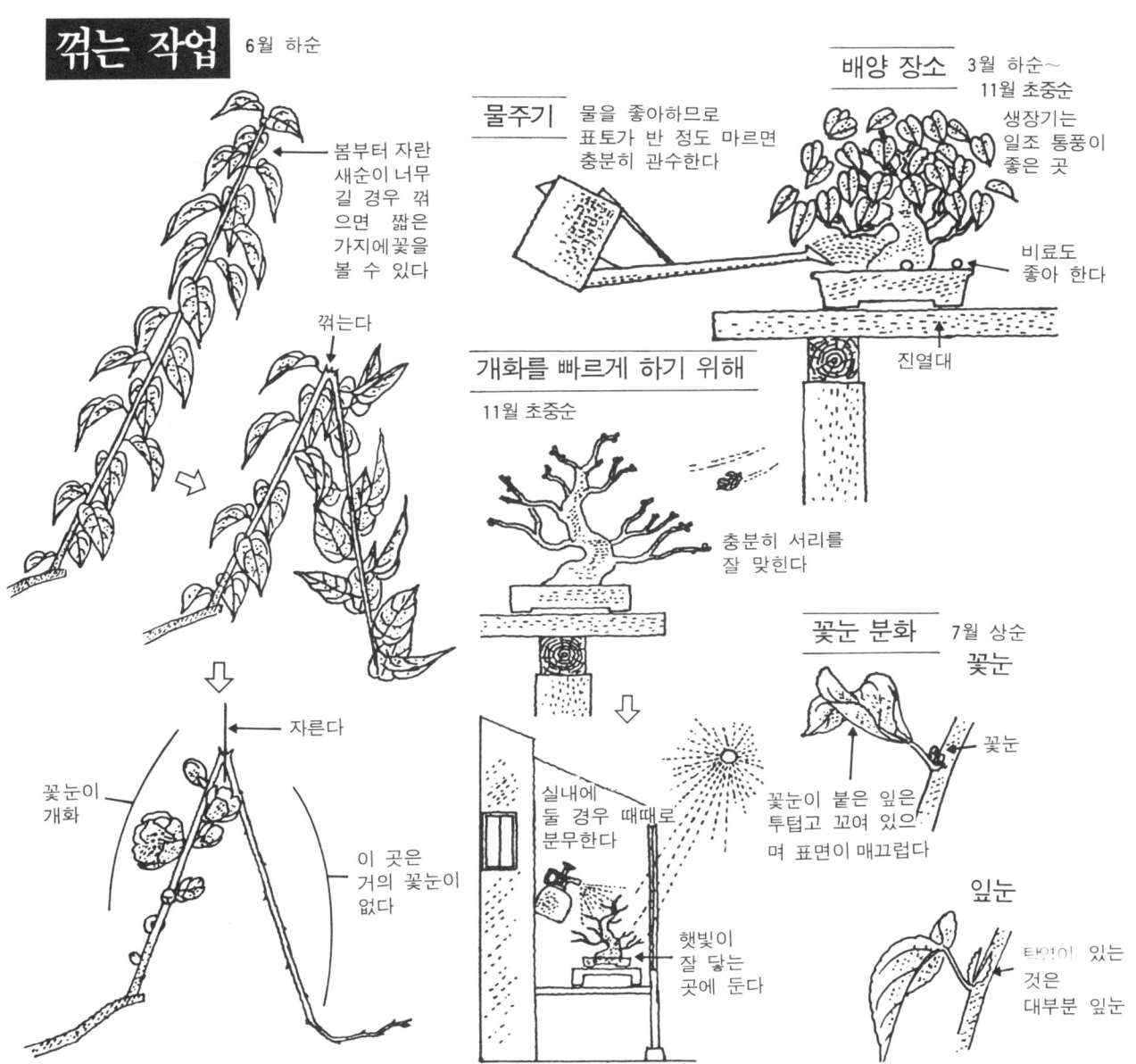

필요가 있다. 이렇게 해서 꽃눈을 잎눈으로 전화시킬 수 있으므로 꽃이 진 후의 전정시 미리 생각한 위치에서 잘라 줄 수 있게 된다.

또 매화에 물을 적게 주면 일시적으로 꽃눈이 많이 맺힌다고 하지만 결코 권할 수 없는 방법이다. 어디까지나 수세에 영향을 주는 것은 삼가해야 한다. 연중 수분이 부족되지 않도록 관리해 준다.

그 밖에 매화는 맹아력이 강하고 부정아가 나오기 쉬우므로 보이는대로 제거해 준다.

결점을 장점으로

꽃필 때에 구입한 소재는 꽃을 즐기고 난 다음 전정을 하거나 개작을 한다. 결점이 확실한 나무에 개작의 방향을 정하기에는 비교적 용이한 수종이다.

먼저, 현재의 수자에서 가장 눈에 거슬리는 단점은 위쪽의 줄기가 지극히 단조롭고 투박스럽다는 것이다. 가지도 굵고 볼만하게 뛰어난 것이 없다.

개화 후의 개작   3월 하순

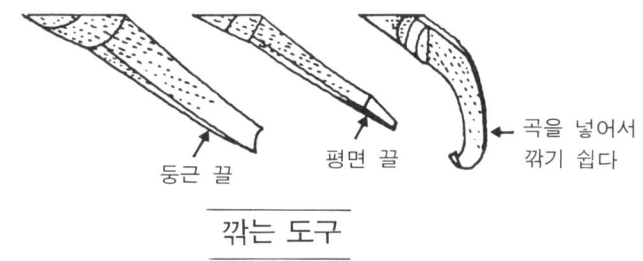

깎는 도구

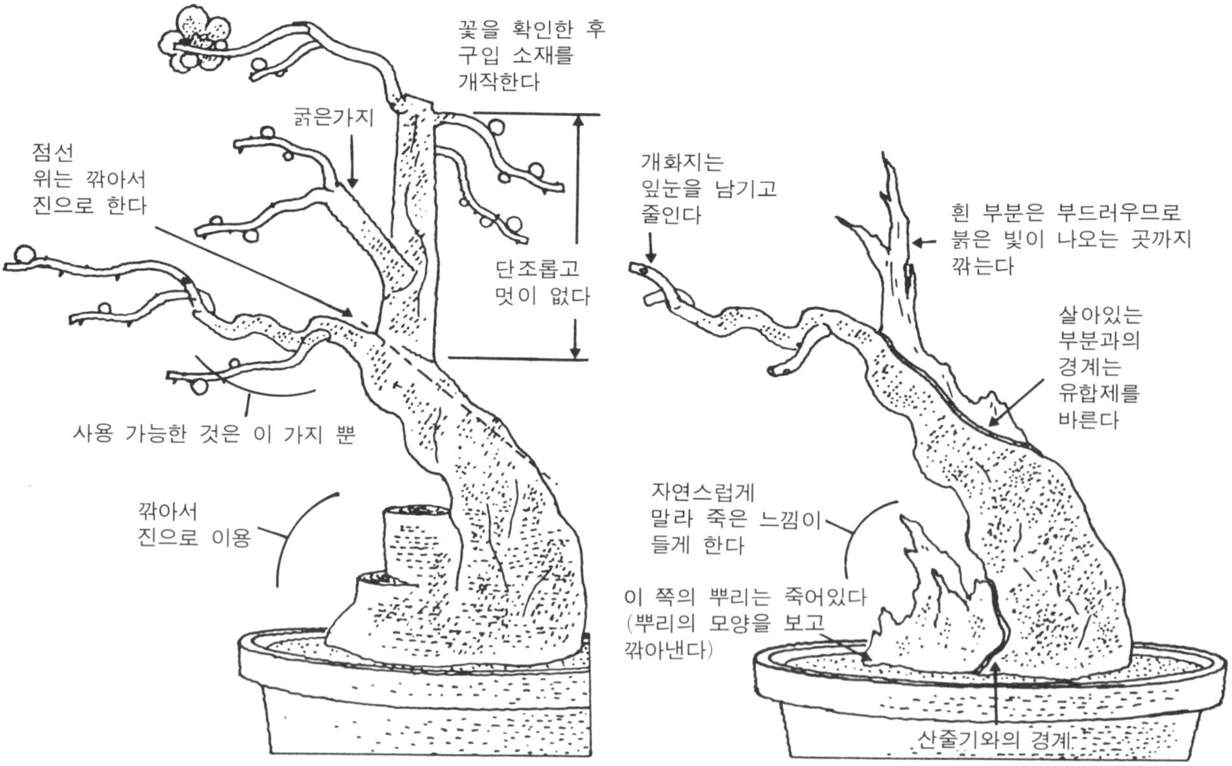

- 둥근 끌
- 평면 끌
- 곡을 넣어서 깎기 쉽다

꽃을 확인한 후 구입 소재를 개작한다

굵은가지

점선 위는 깎아서 진으로 한다

개화지는 잎눈을 남기고 줄인다

단조롭고 멋이 없다

흰 부분은 부드러우므로 붉은 빛이 나오는 곳까지 깎는다

살아있는 부분과의 경계는 유합제를 바른다

사용 가능한 것은 이 가지 뿐

깎아서 진으로 이용

자연스럽게 말라 죽은 느낌이 들게 한다

이 쪽의 뿌리는 죽어있다 (뿌리의 모양을 보고 깎아낸다)

산줄기와의 경계

매화 수형은 분재로서의 명목은 물론 정원 등의 고목을 보더라도 교과서적인 분재 수형을 한 것은 드물고 야취가 풍부한 모습을 하고 있다. 또 둥근 줄기보다 사리와 구멍이 난 줄기가 보다 노매다운 맛이 있다.

이러한 모습을 생각해서 나무를 보면 단조로운 줄기를 조각해서 사리를 만드는 등의 개작 구상이 떠오르게 된다. 그것은 단순히 단점을 해소하는 것만이 아니고 더욱 볼만한 거리로 전환이 가능한 수단이 되는 것이다.

다행히 아랫가지가 가지로서 잘 세련되어 있으므로 이것을 이용해서 사간 수형을 목표로 한다.

꽃 진 뒤의 전정, 조각, 분갈이

먼저, 가지의 엽아을 확인한 후 짧게 잘라준다.

매화나무는 가지의 끝에만 엽아를 갖고 있는 경우가 많으며, 꽃눈 옆에 있는 것도 있으므로 꽃진 뒤의 전정은 이 엽아의 유무를 잘 확인해서 실시한다.

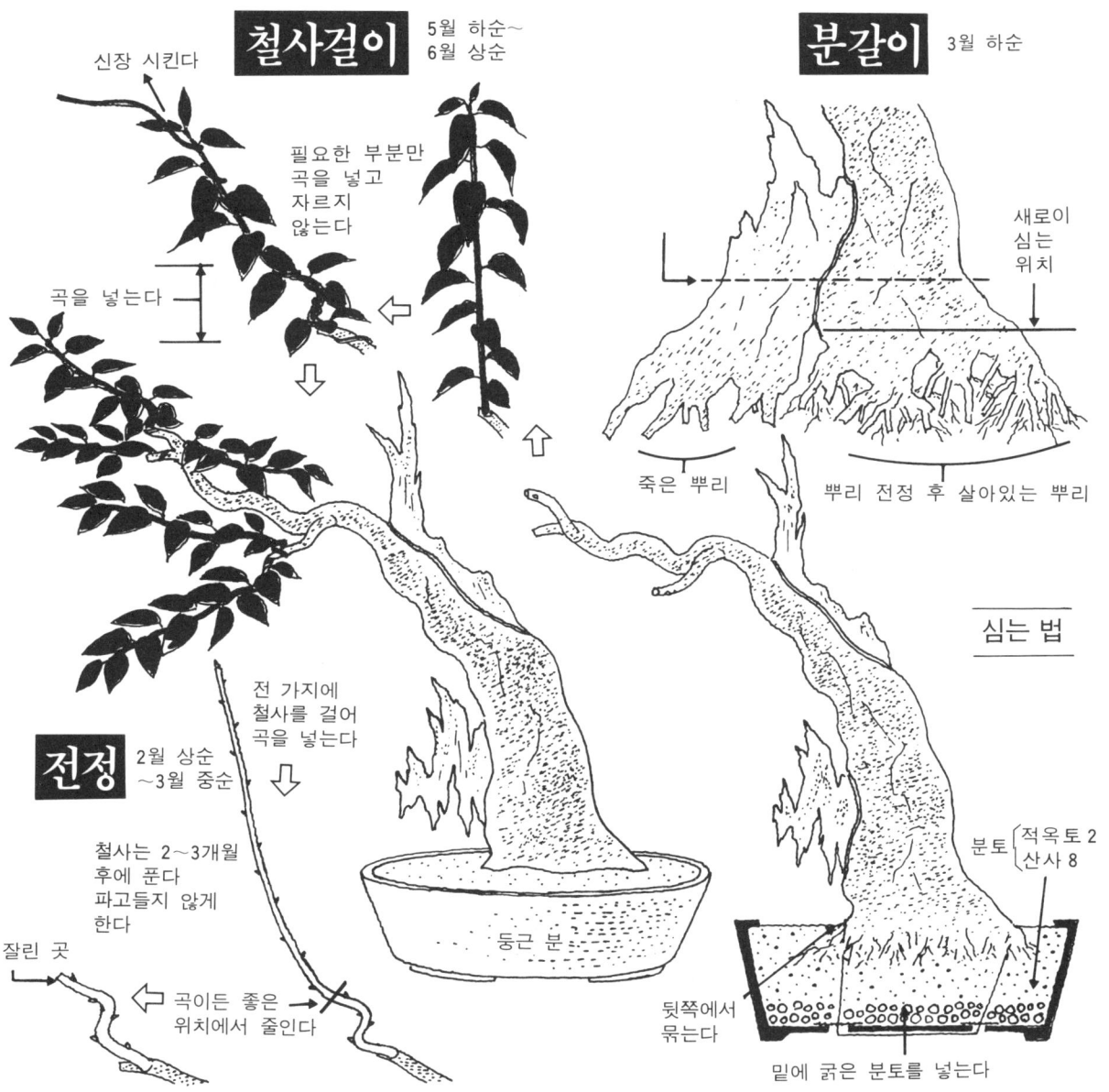

또 사리와 진을 조각할 때 목질부의 흰 부분은 연해서 썩기 쉬우므로 반드시 붉은 부분까지 깎아내고 자연적으로 고사한 느낌이 들도록 조각한다. 살아있는 줄기와의 경계에는 유합제를 바르는 것도 잊지 않도록 한다.

다음에 분갈이를 실시한다. 분토는 산모래 8에 적옥토 2의 비율로 섞어서 사용한다. 적옥토가 없는 경우는 부엽토를 2할 정도 섞는다.

심을 때에는 뿌리뻗음이 잘 나타나도록 주의해서 심는다. 분갈이 한 후 1개월 정도 경과하면 시비를 시작해서 가지에 수세를 올려준다. 강건한 수종이므로 시비는 많이 하고 절대로 수분이 부족되지 않게 한다.

가지 만들기

매화의 새순은 위로 향해 나오므로 봄부터 신장한 새순은 5월 하순에서 6월 상순에 철사걸이를 해서 가지를 눕혀 골격을 만든다.

가지를 눕힐 때는 새순이 유연할 때 하는 것이 요령이다. 시기가 늦어지면 가지가 딱딱해져 생각하는 것 만큼 휠 수 없으며 조금 무리를

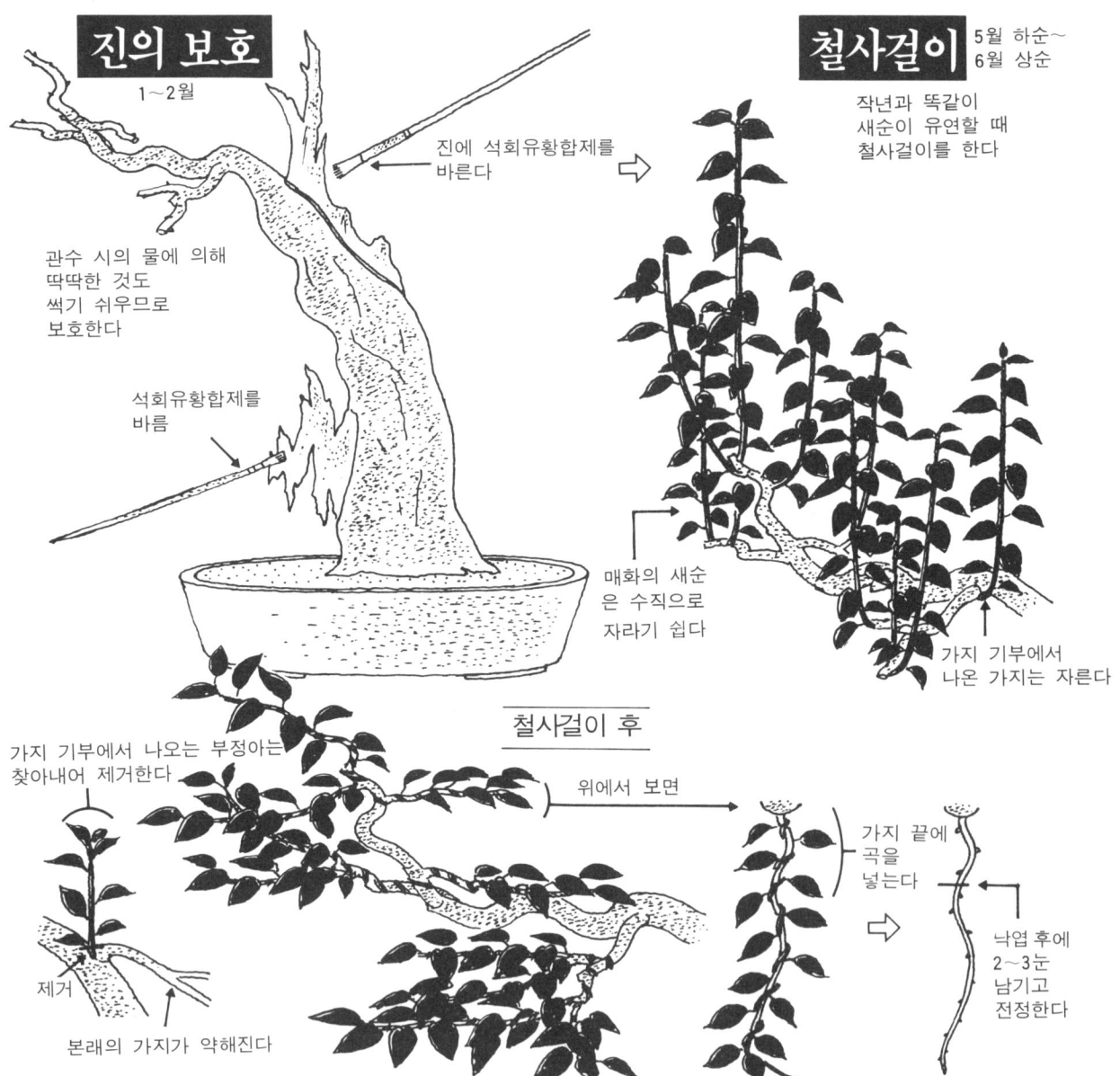

하면 부러지기 쉽다.

철사걸이를 한 가지는 철사가 파고 들지 않도록 2~3개월 후에 풀어준다.

신장시킨 새순은 낙엽 후에 잘라 주는데 곡이 든 좋은 위치에 눈의 방향을 확인해서 자른다. 이듬해에도 올해와 마찬가지로 새순이 굳기 전에 가지를 높혀 조금씩 골격을 만들어 간다. 이렇게 해서 가지의 골격이 어느 정도 만들어지면 가지를 높히는 작업은 끝낸다. 이번에는 자연적으로 위로 자라는 작은 가지를 이용해서 전정을 반복하여 매화다운 표현을 한다.

매화는 아랫가지가 약하기 쉬우므로 전정도 가볍게 해서 신장시키는 기분으로 유지시켜 준다.

또 가지의 기부에 부정아가 나오기 쉬우므로 주의 깊게 살펴서 제거해 주어야 가지를 좋게 유지시킬 수 있다.

사쯔기철쭉
화려한 꽃의 향연

대중화로서 부동의 지위를 갖고 있으며 많은 품종 보유

사쯔기는 실생 교배가 가능하기 때문에 현재 품종 수가 2000종 이라고 한다. 사쯔기에는 사쯔기철쭉과 둥근잎 사쯔기(마루바 사쯔기)의 두 계통이 있으며, 상록저목으로 가지는 잘 분기하지만 자연 상태에서는 1m 정도의 키를 가진 관목이다.

배양상 특히 유의해야 할 것은 원종이 물가에 자생하고 있으며 적습한 환경을 좋아하는 점이다. 그 때문에 배양 장소는 옥상과 같이 햇빛이 강한 곳은 피하고 여름은 반그늘진 곳이면 좋다.

용토는 가누마쯔찌(녹소토)가 가장 적합하다고 하지만 어린나무를 제외하고는 녹소토 단용은 피하고 수태를 2할 정도 혼합한다. 왜냐하면 수태의 보수성에 의해 관수가 편해지는 것 외에도 너무 건조하면 물의 흡수가 어려운 녹소토의 단점을 보강하는 효과가 있기 때문이다.

표토가 하얗게 건조하면 부지런히 즉시 관수

八咫之鏡 · 叢生幹 樹高 76cm

大盃 · 標準曲幹 樹高 64cm

松波 · 叢生幹 樹高 53cm

大盃 · 露根 樹高 55cm

해 주는 것이 사쯔기 배양의 급소이다.

비료는 유박에 골분을 1~2할 섞은 것을 사용한다. 시비의 시작은 3월, 끝내기는 4월이 좋다. 즉, 개화 직전과 개화 중 꽃눈이 형성되는 7월은 시비 하지 않는다.

그리고 사쯔기는 관목성이므로 다른 일반 수종에 비해 정부보다는 아랫가지 쪽이 세력이 강한 성질이 있다.

수형은 송백 분재를 표본으로

사쯔기는 원래 관목이라서 총생간 형태로 되어 옆으로 자라는 성질을 갖고 있다. 그 때문에 수형 만들기는 오직 송백 분재를 표본으로 할 수밖에 없다. 여기에 사쯔기의 한계가 있다.

물론, 사쯔기의 관상 요인은 수형에 그치지 않고 꽃에도 있어서, 품종의 특성인 꽃이 잘 나오지 않으면 가치가 떨어진다고 하는 견해가 뿌리 깊다. 그러나 역시 수형미의 표출 없이는 사쯔기의 미가 성립되지 않는다.

송백 분재는 다향한 수형 표현이 가능하더라도 소재의 작출이 어렵고 수형도 획일적으로 되는 현상이 있다.

그 점에서 사쯔기는 성장이 빠르고 수형 완성까지의 연수를 단축할 수 있는 이점이 있다. 수고가 높은 묘를 유효하게 이용하는 것은 좋은 예이다. 따라서 반간, 현애(반현애), 노근 분재, 연근 등의 수형을 비교적 쉽게 만들 수 있다. 그리고 수피, 줄기의 굵기, 잔가지의 형성, 품종의 특성을 확인하는 등 최대한으로 노력해야 한다는 것은 말할 필요도 없다.

배양관리의 기본

■ 꽃눈은 있지만 꽃이 피지 않는다

순조롭게 개화하리라고 여기던 꽃눈이 부풀어 오르는 도중에 변색해서 곧 그대로 떨어져 버리는 것을 경험한 사람이 많을 것이다. 그 원인으로는 겨울철 관리, 병충해 대책, 물주기 등이 철저하지 못한 것이라 생각된다.

먼저, 겨울철 관리에 대해서는 절대로 건조하지 않게 하는 것과 서리에 맞지 않게 하는 것이 중요하며, 그외에 일조의 조건이 좋으면 더할 나위없다. 병충해 대책은 월동 전후 또는 4~5월 중의 소독이 중요하다. 대개 5월에는 다이센과 메타시톡스를 1회씩 산포한다. 진딧물이 붙은 잎은 색이 바래고 오글어들어 있으므로 발견하기 쉽다. 6월엔 꽃에 약해가 생기므로 산포하지 않는 것이 무난할 것이다.

물주기는 겨울까지도 주의의 연장인데 절대로 수분이 부족되지 않게 한다.

꽃색이 좋지 않은 경우

개화 후의 전정　6월 중순~하순

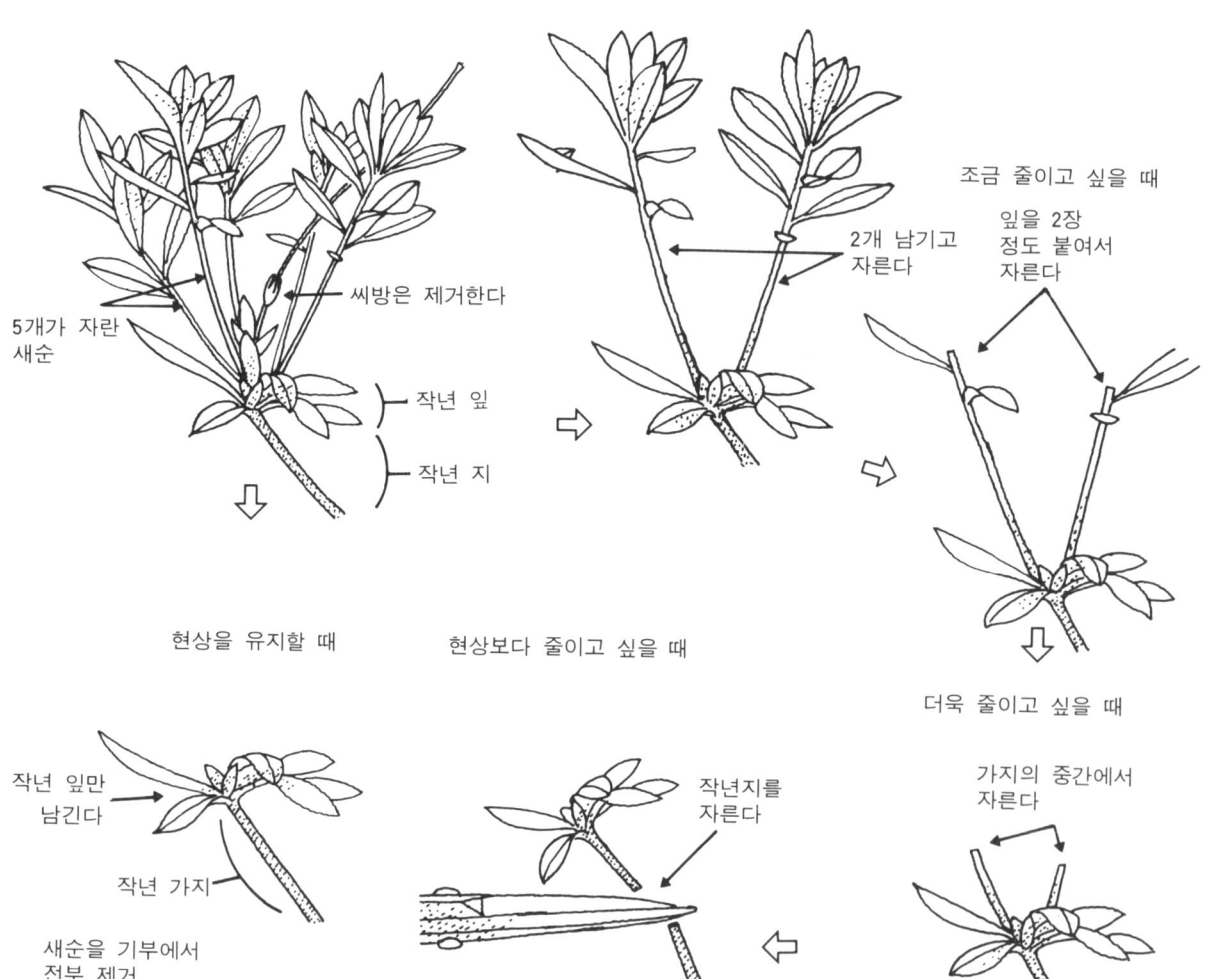

화목은 개화시의 풍정이 송백에도 결코 떨어지지 않을 정도이지만 그 꽃이 본래의 아름다움으로 관상되지 못하는 것은 큰 실망이다.

꽃색이 나쁜 원인으로는 병충해의 대책 외에 다음과 같은 요인이 있는 것으로 생각된다.

먼저, 비료인데 과비가 문제이다. 비료는 4월에 걷어 내는데, 만약 그대로 둔 경우는 반드시 제거해 준다. 즉, 나무 자신의 힘으로 꽃을 피우게 한다.

관상하는 해에는 봄에 분갈이를 하지 않는다.

그 밖에 개화 전의 손질로써, 관상하는데 흥한 필요없는 가지의 전정이 있다. 사쯔기는 근원과 아랫가지 부근에 부정아가 나오기 쉬우므로 보이는 즉시 제거한다.

또한, 관상 시기가 되어 꽃이 피기 시작해도 급히 실내에 들여놓지 말고 몇 개가 필 때까지 기다린다. 실내에 들여 놓은 후에는 야간에 반드시 바깥 공기와 닿게 해서 오래 꽃이 피도록 배려해 준다.

소재의 개작

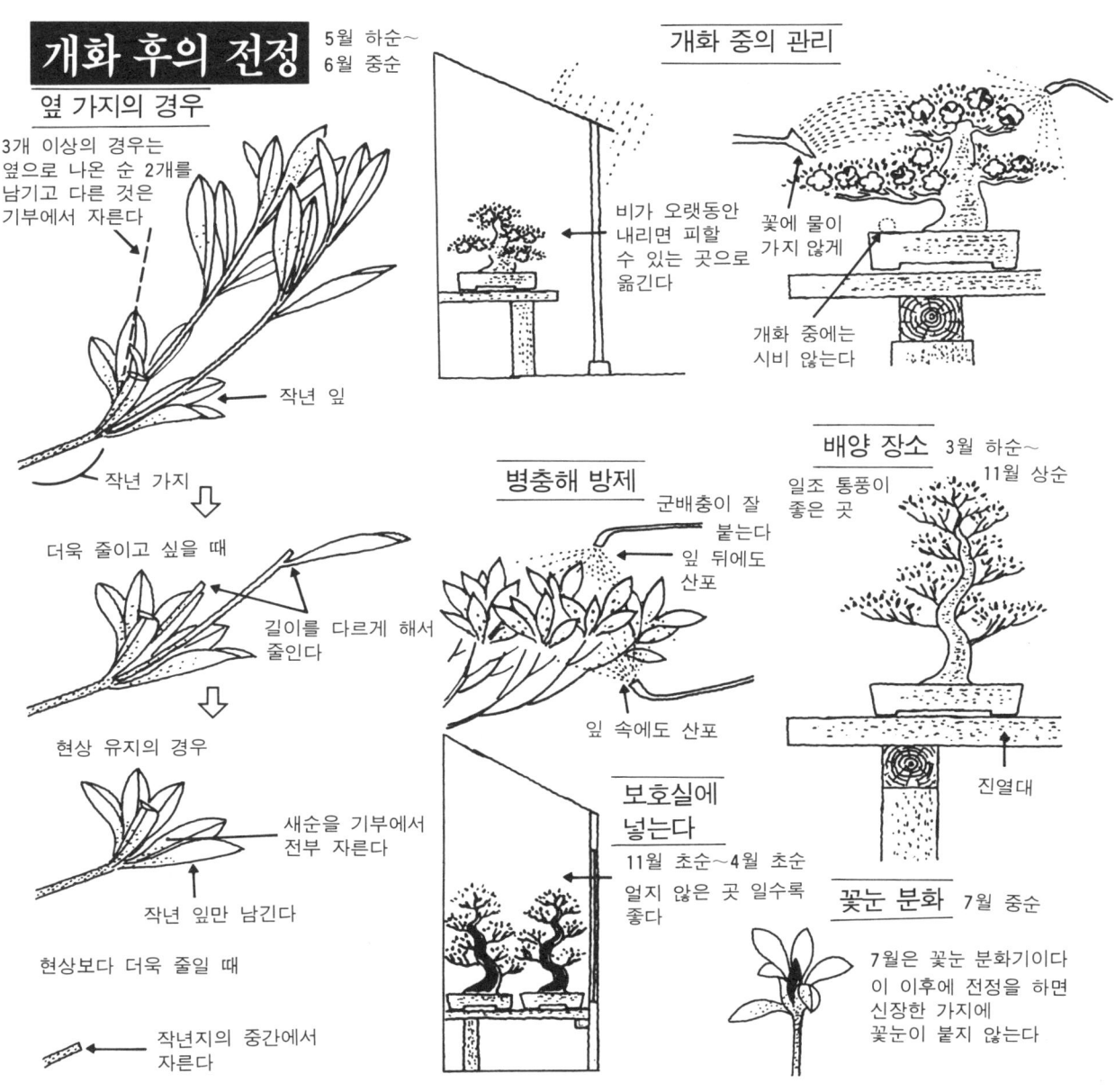

사쯔기는 부정아가 아주 잘 나오므로 삽목묘가 가늘 때 곡을 넣어 노지에 심고 줄기를 비대 육성시킨 것이 적지 않다. 가지가 어떻게 생겼는가에는 고려할 필요없이 오로지 줄기의 비대에만 노력해도 좋다.

단, 줄기가 굵어지면 곡(曲)도 그만큼 완만해지므로 곡(曲)을 넣을 때는 조금 강하게 넣어줄 필요가 있다.

목표로 하는 줄기의 굵기가 어느 정도까지 얻어진 단계가 되면 분에 올려 본격적인 수형 만들기가 시작된다. 이 때의 중요한 작업은 뿌리의 정리와 가지의 전정이다.

■ **뿌리의 정리**

노지에 심어진 나무를 굴취할 때에 멀리 뻗은 뿌리는 잘리지만 뿌리분은 완전히 단단해져 있으므로 먼저 이 밭흙부터 털어내고 뿌리의 정리와 뿌리뻗음의 확인을 시작한다.

밭흙을 완전히 제거하면 뿌리뻗음의 좋은 위치를 정해서 필요없는 윗뿌리를 잘라낸다. 또 솟은 뿌리와 얽힌 뿌리는 잊지 않고 잘라준다.

뿌리와 뿌리 사이를 막고 있는 섬모(纖毛)

노지 재배 3월 하순

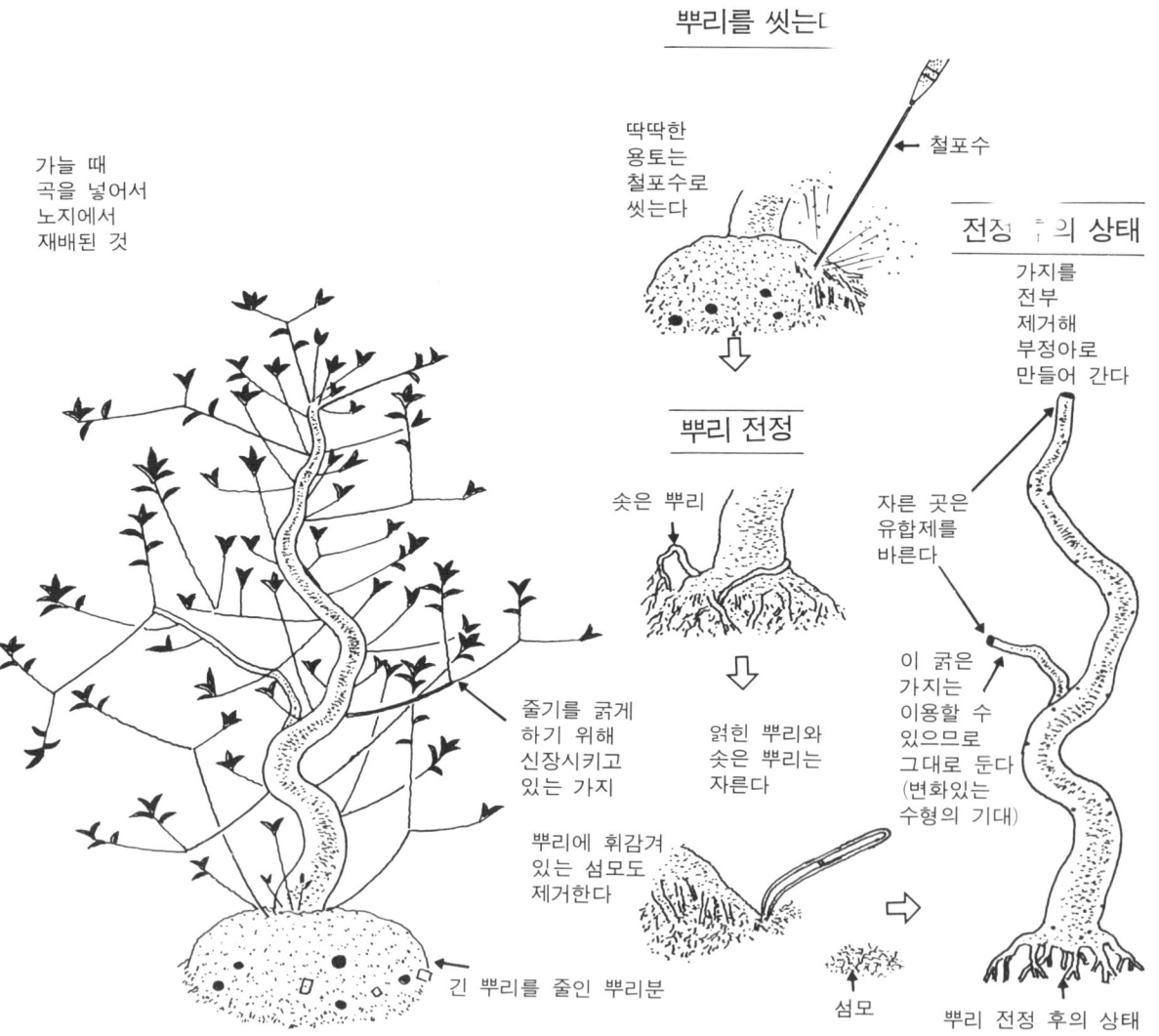

를 남겨두면 분토가 잘들어가지 않으므로 핀셋으로 반드시 제거해 준다.

■ 전정

원칙적으로는 지금까지 붙어 있는 가지는 전부 기부에서 자르고 부정아를 이용해 만들어 가는 것이 좋다.

수심도 목표의 위치에서 잘라주고 근원에서 나오는 땅가지는 남기지 않고 제거해 준다.

그런데 이 나무의 경우는 재미있는 가지가 하나 있다. 줄기의 중간에서 좌측 위로 나온 조금 굵은 가지이다. 도저히 보통의 가지로는 사용할 수 없지만 줄기의 모양에 달라 붙은 것과 같이 나와있는 것에 묘미가 느껴진다. 무언가 정형(定型)에서 벗어난 변화있는 수형으로 기대가 되므로 모양이 좋은 위치에서 잘라 준다.

또 사쯔기는 줄기가 타기 쉬운 나무이므로 작은 가지를 자른 자리에도 정성껏 유합제를 발라준다.

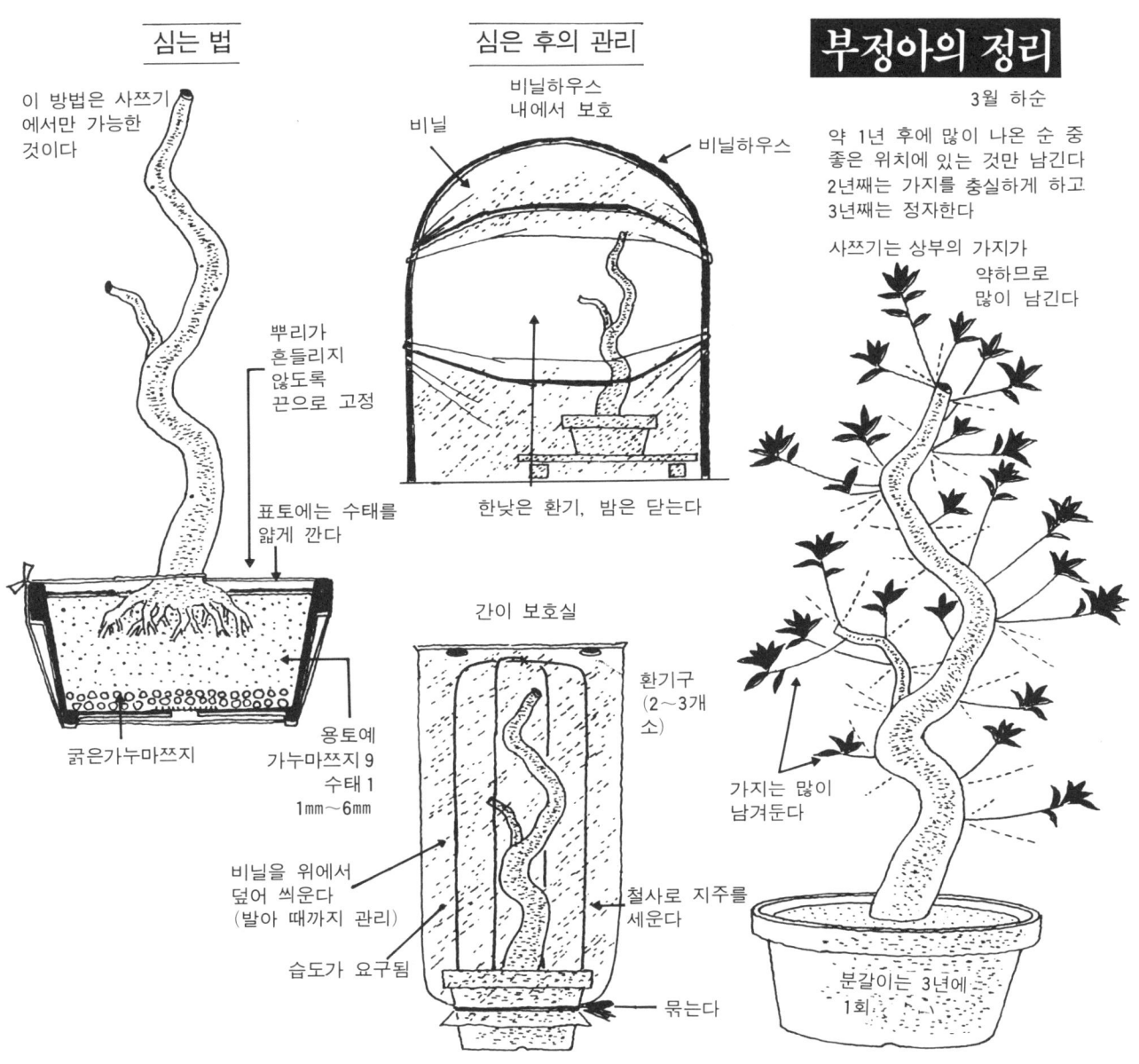

수세의 회복

뿌리와 가지의 전정이 행해지면 줄기만 남는 상태가 되지만 이것은 사쯔기에서만 통용되는 수단이다. 단 이러한 큰 시술은 나무에 가혹한 부담을 주므로 적기에 실시해야 한다.

시기는 봄에 눈이 나오기 전이 좋고, 분에 올린 후에는 습도가 유지될 수 있는 보호실에 넣어 둔다.

줄기에 부정아가 나오기 시작하면 서서히 바깥 공기와 닿게 한다. 보호실에서 진열대 밑으로, 다음에는 진열대 위로 옮기는데, 눈의 상태를 보고 옮겨야 한다.

■ 부정아의 정리

부정아는 이듬해 봄, 눈이 나오기 전에 수형 전체를 미루어 보아 정리한다. 줄기의 곡의 바깥쪽 등 필요한 것은 남기고 불필요한 것은 기부에서 자른다. 이 때에는 아직 수세를 올려야 하므로 가지를 조금 많이 남겨 놓도록 한다. 특히 사쯔기는 아랫가지에 비해 정부가 약하므로 정부는 보다 많이 남겨 두도록 한다.

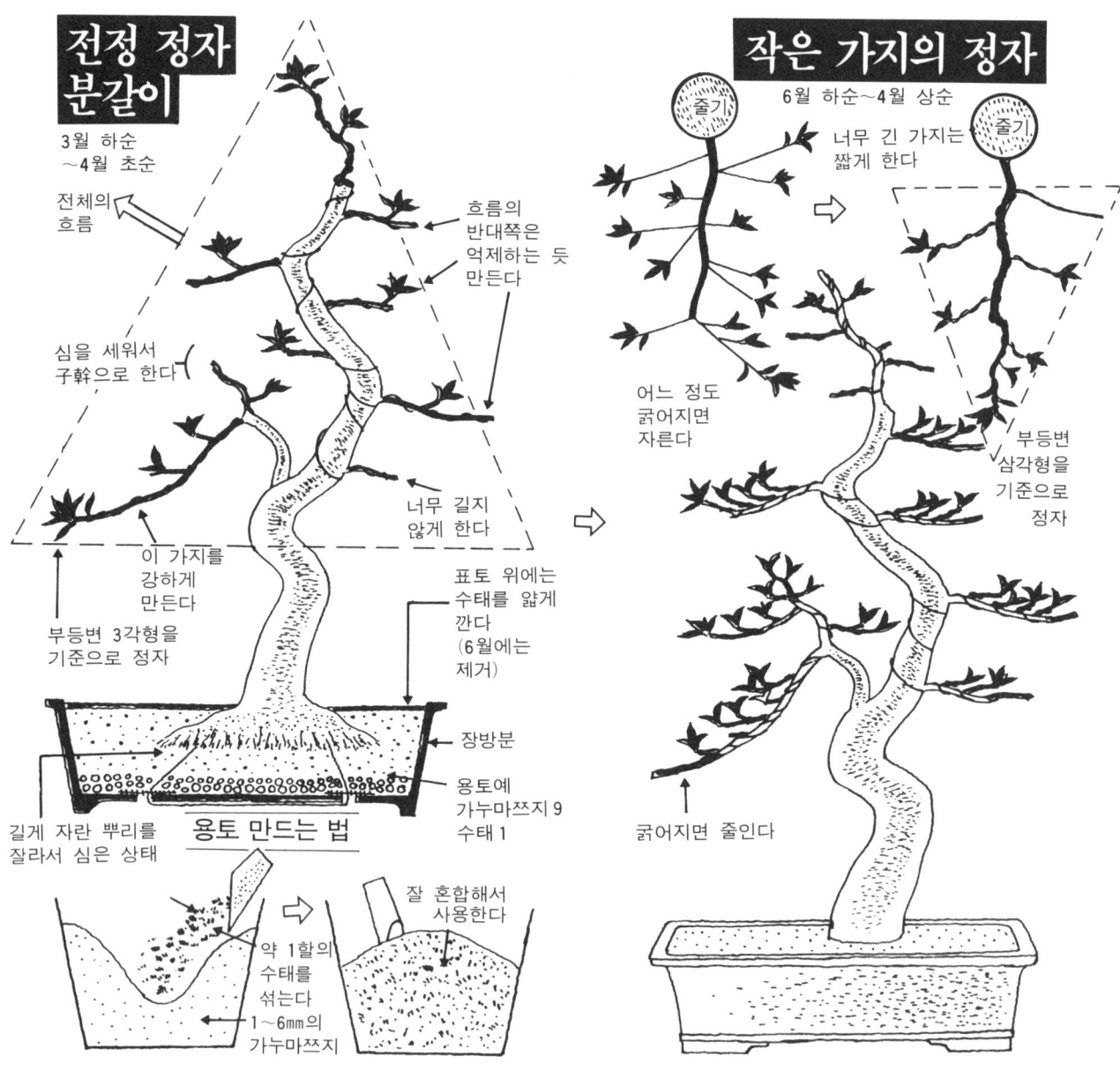

가지의 전정과 철사걸이

부정아를 정리한 그 해는 남겨 놓은 가지에 수세를 올리는 데에 전념하고, 다음해(개작 후 3년째)의 눈이 나오기 전에 본격적인 정자작업에 들어 간다.

■ **전정**

힘을 올리고 가지의 기부를 굵게 하기 위해 신장시켜둔 가지는 각각 나무 전체의 수관선(부등변삼각형을 기준)을 정해서 만들고 싶은 길이의 ½정도에서 잘라준다.

잔가지도 세 가닥에서 두 가닥으로 정리하는데 하향지와 상향지는 제거하고 가지의 기부에서 나온 불필요한 가지도 제거한다.

이 전정은 꽃이 진 후의 전정에도 응용되지만, 이 경우는 세력을 올리는 가지를 제외하고 2芽 2葉 남기는 것이 기본이다.

■ **철사걸이**

전정한 후 철사걸이로 손을 편 것과 같이 가지 전체를 가볍게 높혀 주는데, 이 후에 또 신장하면 높혀주는 작업을 반복해서 가지의 모양을 정리한다.

장수매
장수를 축하하는 신춘의 미화

적화의 기품과 소엽

장수매는 명자나무의 일종으로 4계절 꽃이 피는 왜성종이다. 필시 풀명자나무의 한 변종으로 생각된다.

장수매는 잔가지가 밀생하고 잎에 윤기가 있으며 잎 가장자리에 노란 무늬가 들어 있는 것도 있다.

꽃도 청초한 기품이 있고 비교적 단기간에 수형을 만들 수 있는 것도 특징이다. 최근 여성 취미인에게 특히 인기를 얻고 있는 것도 이러한 매력에 의한 것이다.

종류는 적화와 백화로 대별되는데 적화종의 무늬가 든 것이 주류를 점하고 있다. 적화종 중에는 소엽성 외에 대엽성도 있다. 가지의 발달과 개화가 뛰어난 것은 소엽성이며, 특히 소품 분재 만들기에 적합하다.

한편 백화종은 잎이 조금 크고 얇다. 적화종에 비해 확실히 조밀하지 못하지만 가꾸어 볼 가치는 있다.

이른 봄부터 꽃이 피기 시작하므로 삭막한

露根 樹高 12cm

懸崖 上下 13cm

連根 樹高 27cm

분위기를 한층 밝게 해준다. 그리고 장수매는 장식의 주역으로 보다는 보조역으로 인기가 높아진 것이 재미있는 점이다.

사철 꽃이 피기 때문에 계절감은 없지만 근본이 왜성이므로, 이것 만큼 주역을 돋보이게 하는 것은 없으므로 누구라도 반드시 1분쯤은 가져야 할 수종이다.

수형 가꾸기

장수매는 상당히 본격적인 수형 만들기가 어려운 나무이다. 줄기가 굵어지는 것도 늦고 가지가 옆으로 자라는 성질이 있으며 근원에서 땅가지가 나오기 때문이다.

삽목에 의한 번식은 용이하며 오랫동안 정성 들여 가꾸어가면 풍격있는 수자를 나타낼 수 있다.

배양 관리

■ 휴면기의 전정

장수매는 이른 봄에 꽃이 핀다. 꽃은 전년지

꽃눈의 분화

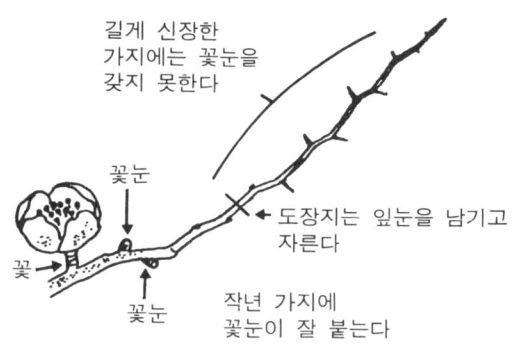

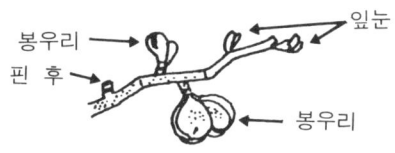

결실

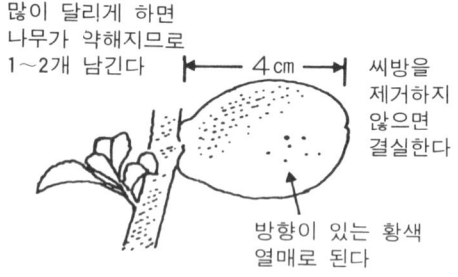

장수매·명자·풀명자의 다른 점

장수매

명자

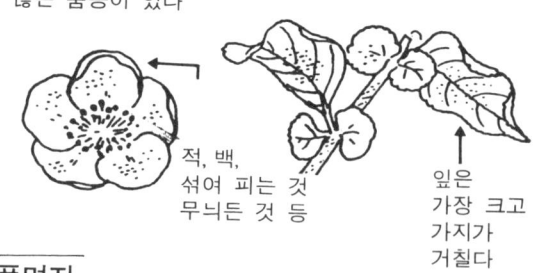

풀명자

에 나온 단지(短枝)에 잘 붙는다. 그러므로 휴면기의 전정은 단지를 남기고 도장한 듯한 가지를 2~3마디 남기고 잘라준다.

■ **배양장소**

통풍과 일조가 좋은 곳에 둔다.

■ **물주기**

물을 좋아하므로 분토의 표면이 건조하면 충분히 관수해 준다. 단, 꽃이 필 때는 물이 가지 않도록 주의한다.

■ **분갈이**

통상 명자나무계통은 가을에 분갈이를 한다. 이것은 명자나무에 잘 발생하는 근두암종병의 발생을 막기 위해서이다. 봄과 달리 기온이 점점 내려가므로 균도 휴면기에 들어가 뿌리의 상처를 통한 균의 침입을 막는 효과가 있다. 용토는 산모래에 적옥토나 부엽토를 2할 섞는 것이 좋다.

■ **시비**

주로 덩어리 거름을 봄부터 가을까지 계속 준다.

■ **병충해 방제**

생장기에는 새순에 진딧물의 발생이 심하므로

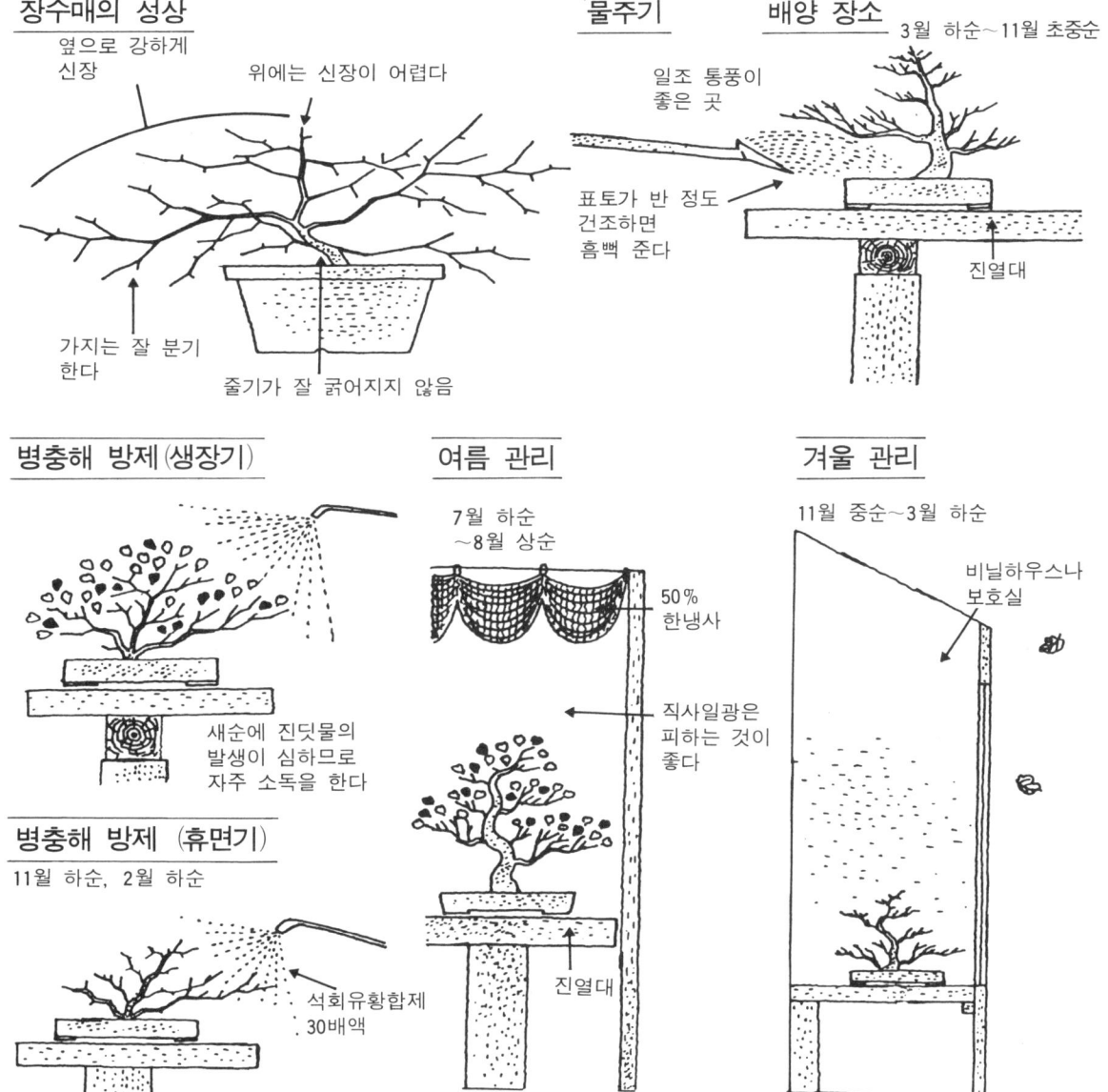

월 1회 정도 메타시스톡스를 산포한다.
 또 휴면기 때 보호실에 들어가기 전에 석회휴황합제 30배액을 산포한다.

■ **결실**

 장수매는 꽃이 진 후 따내지 않고 두면 결실한다. 특히 여름에 핀 꽃이 결실이 잘 된다. 우아한 수자가 매력인 장수매에 직경 3~5cm 정도의 열매는 불균형이어서 관상 가치가 있다고는 생각되지 않는다.
 수세를 약하게 하고 가지의 멋을 파괴하지 않도록 빨리 따내든지 남기더라도 한 개 정도로 제한하는 것이 좋다.

번식

 장수매는 삽목으로 번식해서 가꾸는 것이 가장 빠르다.

■ **삽목 적기**

 삽목은 거의 시기 없이 하지만 6월 중순에서 7월 상순경이 최적기이다. 이 때에는 새순이 신장해 충실해져 있고 가지를 자르더라도 줄기의 굵기에 영향을 주지 않는다.

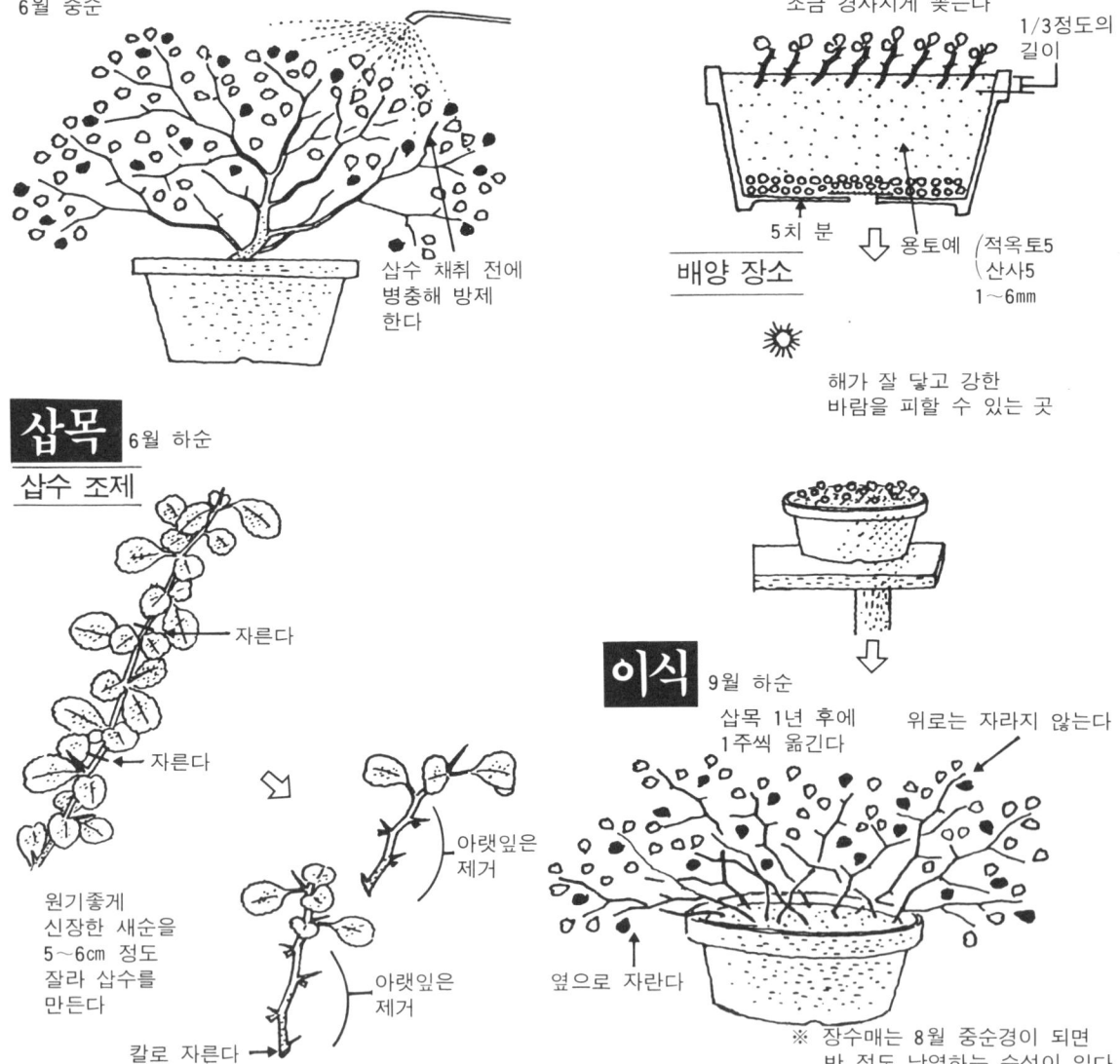

■ 삽목 요령

새순을 4~5마디씩 잘라 삽수를 만든다. 아래 잎은 따고 칼로 조제를 한다.

그리고 삽목하기 전에 의외로 어미나무의 병충해 여부 확인을 소홀히 하기 쉽다. 삽수를 채취하기 1주일 전에 반드시 어미나무에 약제를 산포해 준다. 삽수는 잎이 닿지 않을 정도의 간격으로 비스듬히 꽂는다.

수형 가꾸기

삽목 후 성적이 좋은 것은 20일 정도이면 발근하므로 8월 하순에서 9월에 들어서면 시비를 한다. 이듬해 가을에 1주씩 분에 올린다.

■ 이식방법

이식할 때는 길게 뻗은 뿌리를 잘라주고 다른 뿌리도 짧게 자른다. 또 이식할 때는 목표로 하는 수형에 따라 자리를 잡아주면 나중에 수형 가꾸기가 쉬워진다.

■ 철사걸이

철사걸이는 늦어도 이듬해 장마시에 끝내도록 한다. 굵어지면 철사걸이가 어려우며 무리하게 교정하면 가지가 부러지기 쉽다.

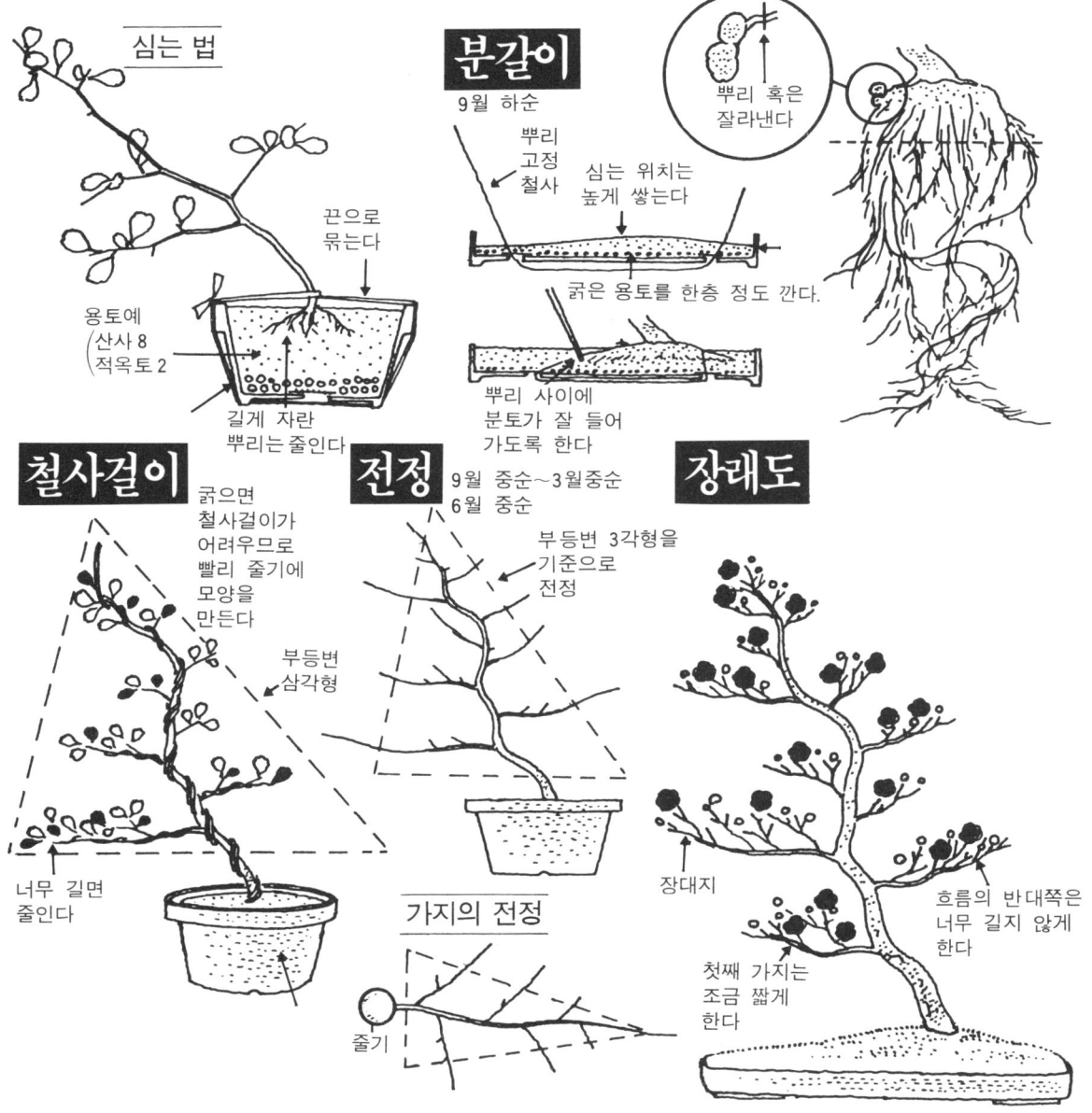

소품분재

 단순히 초목을 화분에 심어서 가꾸며 관상하는 일반 분재와는 달리 소품분재는 작은 분에서 인공적인 창작을 통해 자연의 경관을 즐기는 데 매력이 있다.
 한 치의 마당도 없는 아파트일지라도 베란다나 창가에 해안, 산야, 낭떠러지 늘어진 고목 등 대자연의 풍경을 옮겨 놓는다면 관상하는 것도 즐겁겠지만 가꾸는 일 또한 즐거울 것이다.

상과분재편

낙상홍
모과나무
심산해당

낙상홍
섬세한 가지에 붉은 열매

붉은 열매와 야취가 풍부한 수자

　낙상홍이란 이름은 서리가 내릴 때쯤 잎 뒤에서 돌연히 붉은 열매를 엿보이게 하는 특색을 잘 표현하고 있다.
　잘 가꾸어진 나무는 결코 송백에도 뒤떨어지지 않는 풍격을 지니고 있다. 그 이유의 하나는 상과 분재로는 드물게 지엽이 밀생하고 섬세한 가지 만들기가 가능하다는 것이다.

　둘째는 수성이 극히 강건해서 강전정에도 잘 견딘다.
　셋째는 수형의 변화가 많은 것이다. 낙상홍은 근원에서 많은 땅가지가 나오기 때문에 자연 수형으로는 총생간으로 되지만 분재는 곡간, 사간 등의 단간과 쌍간도 많이 보인다. 또 특히 야취가 풍부한 수형으로 앞으로 기대되는 것이 반현애와 문인목이다.
　낙상홍은 산지에 따라 약간 차이가 있는데 잎이 작은 것이 가지가 섬세하다. 잎이 큰 품종으로써 다이나곤(大納言)이 있는데 열매가 큰

叢生幹 樹高 47cm

叢生幹 樹高 63cm

双幹 樹高 65cm

것이 특징이다. 그 밖에 왜생종으로 고쇼바이(小性梅, 胡椒梅)가 있으며 중·소품 분재에 적합하다.

소재의 선택

낙상홍은 감탕나무과의 낙엽교목이며 자웅이주이므로 나무를 구입할 때는 반드시 열매(또는 꽃)를 확인해야 한다. 암나무라고 하는 말을 믿고 사고나면 수나무인 경우가 적지 않으므로 자신의 눈으로 직접 확인해 보아야 한다.

초심자도 안심하고 만들 수 있는 강건한 수종이므로 특별한 배양 관리를 요구하는 것은 아니지만 일반적인 상과 분재와 같이 열매를 관상하기 위해서는 몇 가지의 원칙이 있다.

■ 배양 장소

일조와 통풍이 좋은 곳이 조건이다. 단, 여름은 잎이 타는 것을 방지하기 위해 오전 중만 햇볕을 쬐어주고 오후에는 갈대발이나 한냉사로 차광해 준다.

■ 물주기

물을 좋아 한다. 특히 여름에는 수분이 부족

되지 않도록 주의를 요한다. 의외로 태만하기 쉬운 때는 이른 봄 보호실에서 꺼낸 1~2주간이다. 이 기간은 될 수 있으면 바람을 피해서 관리하고 분을 건조하지 않게 해주어야 한다.

■ 시비

비료는 개화에서 결실까지는 쉬고 열매가 확실해지고 난 뒤에 주는 것이 무난하다. 10월까지 덩이거름을 주는데, 이 시비는 열매를 키우는 것은 물론 다음해에 필 꽃에 영향을 줄 중요한 비료이다.

■ 병충해 방제

개각충, 진딧물 등이 발생하므로 개화 결실기를 제외하고 살충제를 산포한다.

■ 번식

실생, 삽목, 취목으로 한다.

가지의 손질

■ 순치기

낙상홍은 가지를 자르면 그 부분에서 부정아가 잘 나오므로 수형 만들기가 비교적 쉽다고 생각되지만 가지의 선단부에 수세가 집중해서

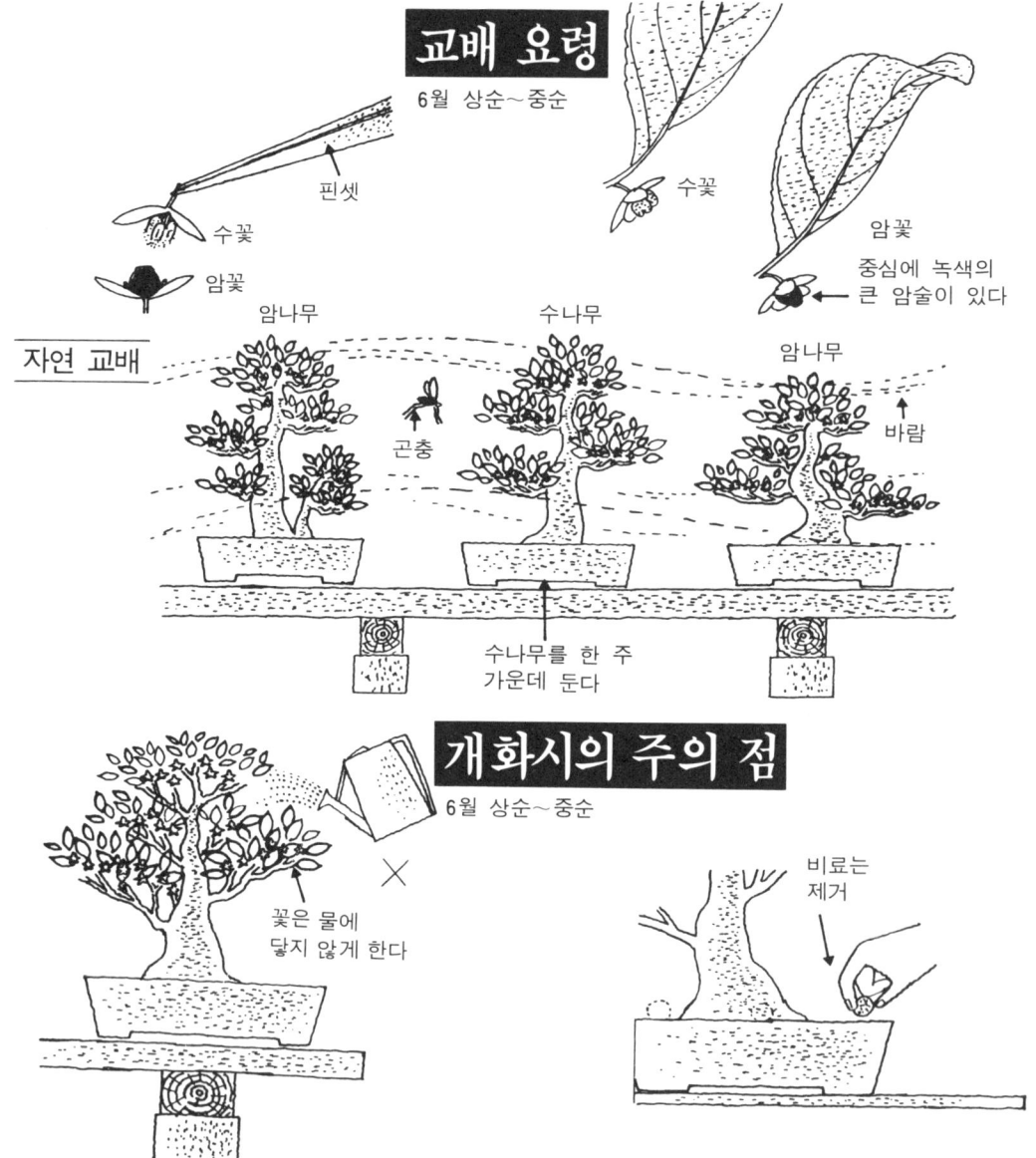

순이 나오기 때문에 내부엔 가지가 없고 선단부만 잔 가기가 밀집한다.

열매는 뒤로 하고 가지 만들기만 전념하는 경우는 이러한 수세의 특징을 근거로 해서 작업하는 것이 중요하다.

새순이 10~15cm 정도 자라면(대개 6월 중순경) 두 눈 남기고 자른다. 다시 두 번째 순이 10~15cm 자라면 잘라주어 가지 수를 증가시킨다.

새순을 방치하면 30~40cm 정도 자란다. 한 번의 순치기만 해도 그 부분에 수세가 집중되어 가지 끝이 투박해지므로 두 번째 순이 자라 나오면 필요한 것 이외에는 전부 제거하는 것이 중요하다.

이것은 봄에 새순이 나올 때뿐 아니라 두 번째 순 이후도 마찬가지다. 눈의 활동이 주춤해지는 9월경까지는 불필요한 눈이 자라나오기 전에 제거하는 것을 염두에 두어야 할 것이다.

■ 결실을 위한 순치기

낙상홍은 전년지의 엽액에 꽃눈이 분화하고 이듬해 봄 그 곳에서 자라 나온 새순의 엽액에 꽃이 피고 열매가 맺는다.

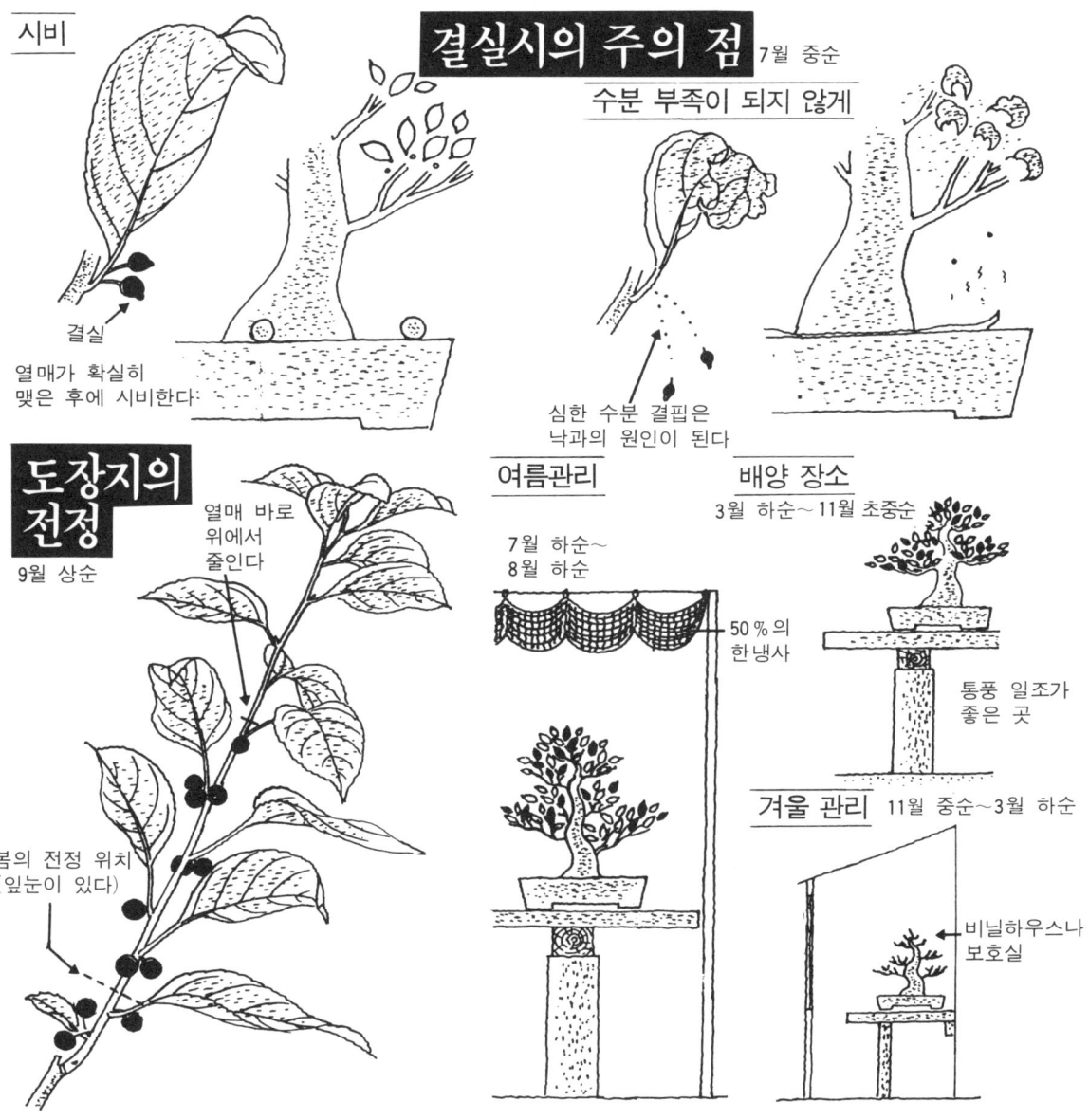

따라서 올해 열매를 보기 위해서는 자라는 새순을 잘라서는 안 된다. 낙상홍의 개화기는 5월 하순에서 6월 상순경 이므로 꽃이 진 뒤의 결실을 확인한 후 순치기를 한다.

열매가 붙은 새순은 고작 10㎝ 정도밖에 자라지 않으므로 수형을 흐트러지게 하는 것만 열매가 붙은 곳 앞에서 잘라주는 정도로 한다.

도장지의 본격적인 정리는 봄의 전정이 중요하다. 새순의 엽액에 개화하므로 다소 많이 자르더라도 전혀 열매가 맺지 않아 관상할 수 없는 것은 아니다. 두 눈 남기는 것이 기본이다.

실생묘를 구입 총생간으로

아래에 구입한 묘는 총생간형으로 되어 있는데 이것은 군식한 것이 아니고 실생한 후에 땅가지가 나온 것이다.

정확히 줄기가 5개 나와 있으므로 오간(五幹)의 총생간으로 눈이 나오기 전에 정자를 한다(장마철도 좋다).

총생간도 군식과 같이 전체의 구성미를 관상

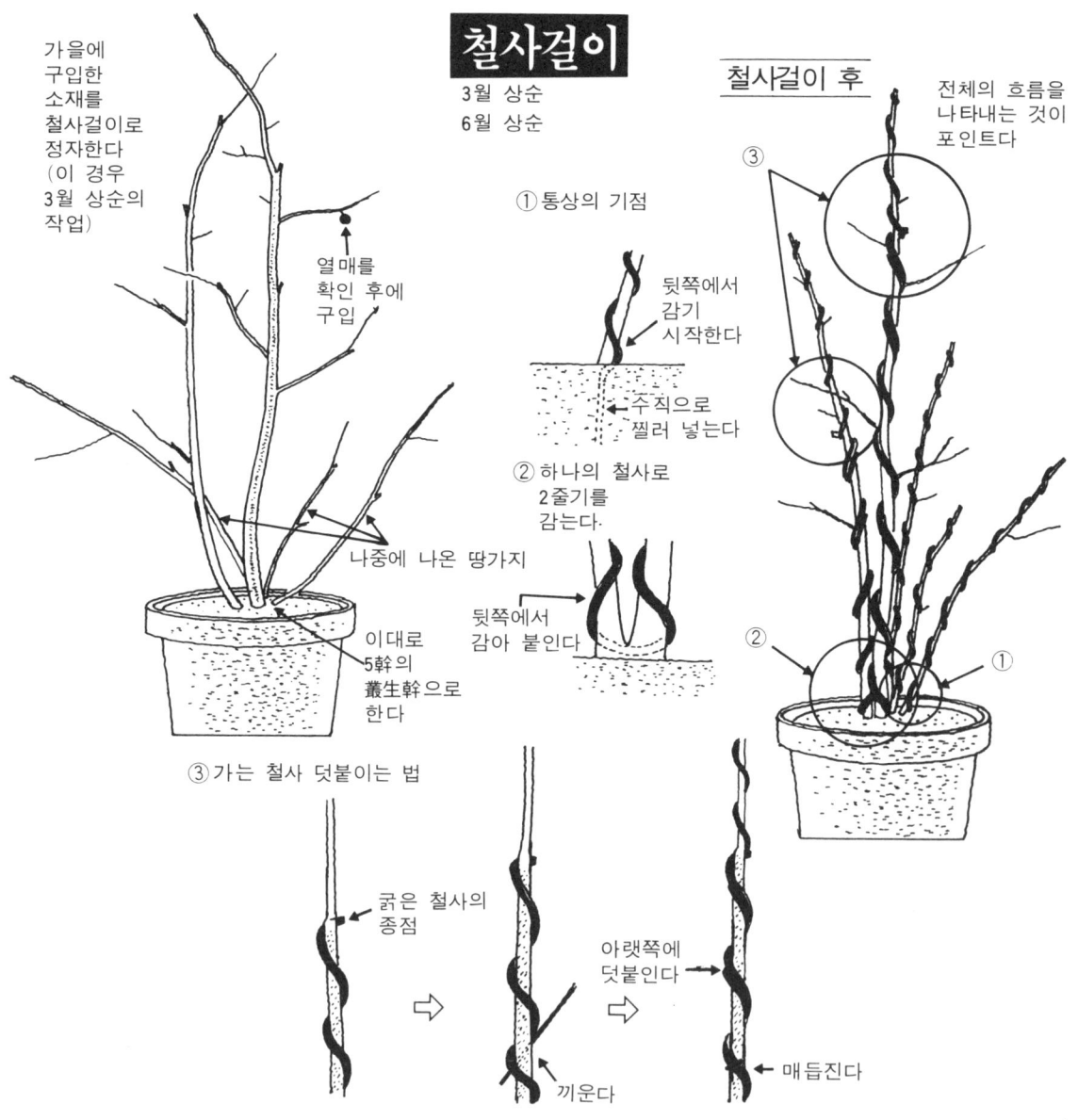

하는 것이므로 처음 정자시 검토할 것은 전체의 흐름을 좌우 어느쪽으로 하느냐 이다. 물론 주간은 5개의 줄기 중에서 가장 굵고 큰 것을 선택하지만 이와 같이 줄기가 가는 소재는 가령 현상태의 수심이 좌측으로 기울어 있어도 정자에 의해 어느 쪽이든 바꿀 수 있으므로 흐름을 좌측으로 만들려는 속단을 해서는 안 된다.

전체의 흐름을 결정하는 것은 자간(子幹)이 나온 상태이다. 자간에서 가장 주의해야 할 것은 주간(主幹)의 좌측에 있는 부간(副幹)과 주간의 우측에 있는 가는 줄기 두 개이다.

만약 주간의 흐름을 좌측으로 하면 부간도 그 방향으로 곁에 있으므로 전체의 균형이 깨지는 것은 분명하다.

한편, 주간을 정자해서 흐름을 우측으로 방향 전환해주면 우측의 가는 줄기는 흐름을 그대로 하고 부간의 흐름을 반대쪽으로 하여 전체의 균형을 유지시킬 수 있다.

이것은 단간의 표준곡간과 비교하면 보다 이해가 쉬울 것이다. 즉, 이 우측의 자간은 군식이나 총생간에서 전체의 흐름을 결정할 때, 또 수형에 여운을 주는 의미에서 큰 역할을

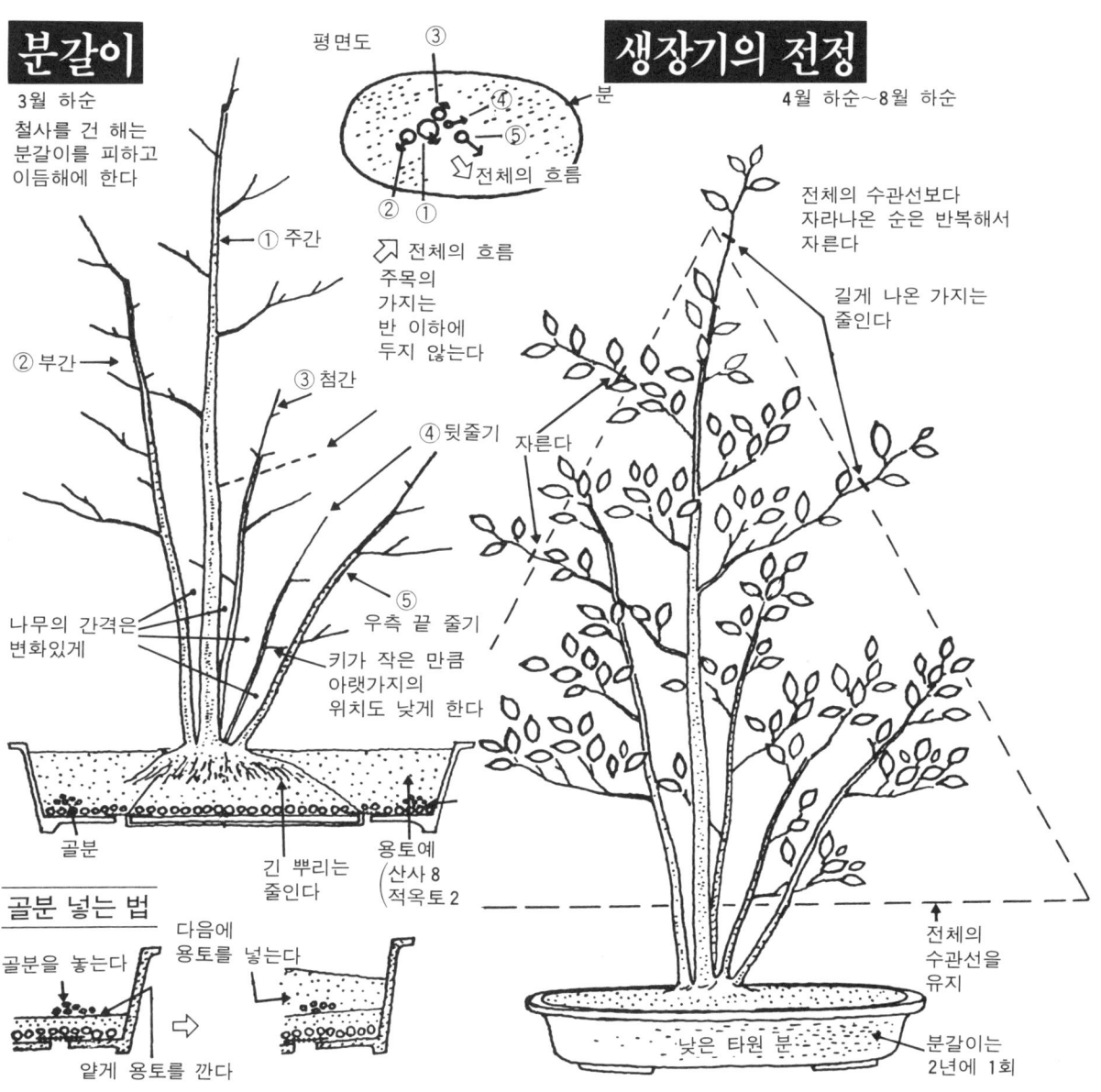

담당하고 있음을 꼭 알아야 한다.

총생간에서 특히 주의해야 할 것은 정면이나 측면 어디에서 보더라도 전체의 줄기가 중복되지 않게 정자해야 한다.

측면에서 보았을 때, 줄기가 중복되어 있으면 수형에 깊이가 나오지 않으므로 전체가 평판과 같은 인상을 주게 된다.

또한, 정면에서는 단순히 중복만 되지 않게 하는 것이 아니고 줄기의 분기가 확실히 보이며 줄기와 줄기 사이의 공간에 변화가 있게 하는 것이 중요하다.

가지의 손질

정자에 의해 기본적인 구도가 결정된 후 본격적인 가지 손질로 들어간다. 부등변삼각형의 수관선을 기준으로 가지의 도장을 억제하고 잔가지를 만든다. 좌측에는 그다지 강한 가지를 길게 뻗지 않도록 한다. 이 나무의 경우 부간의 가지 억제가 특히 중요하다. 한편 제일 우측의 줄기의 가지는 더욱 우측으로 신장시켜 전체의 흐름을 강조하게 한다.

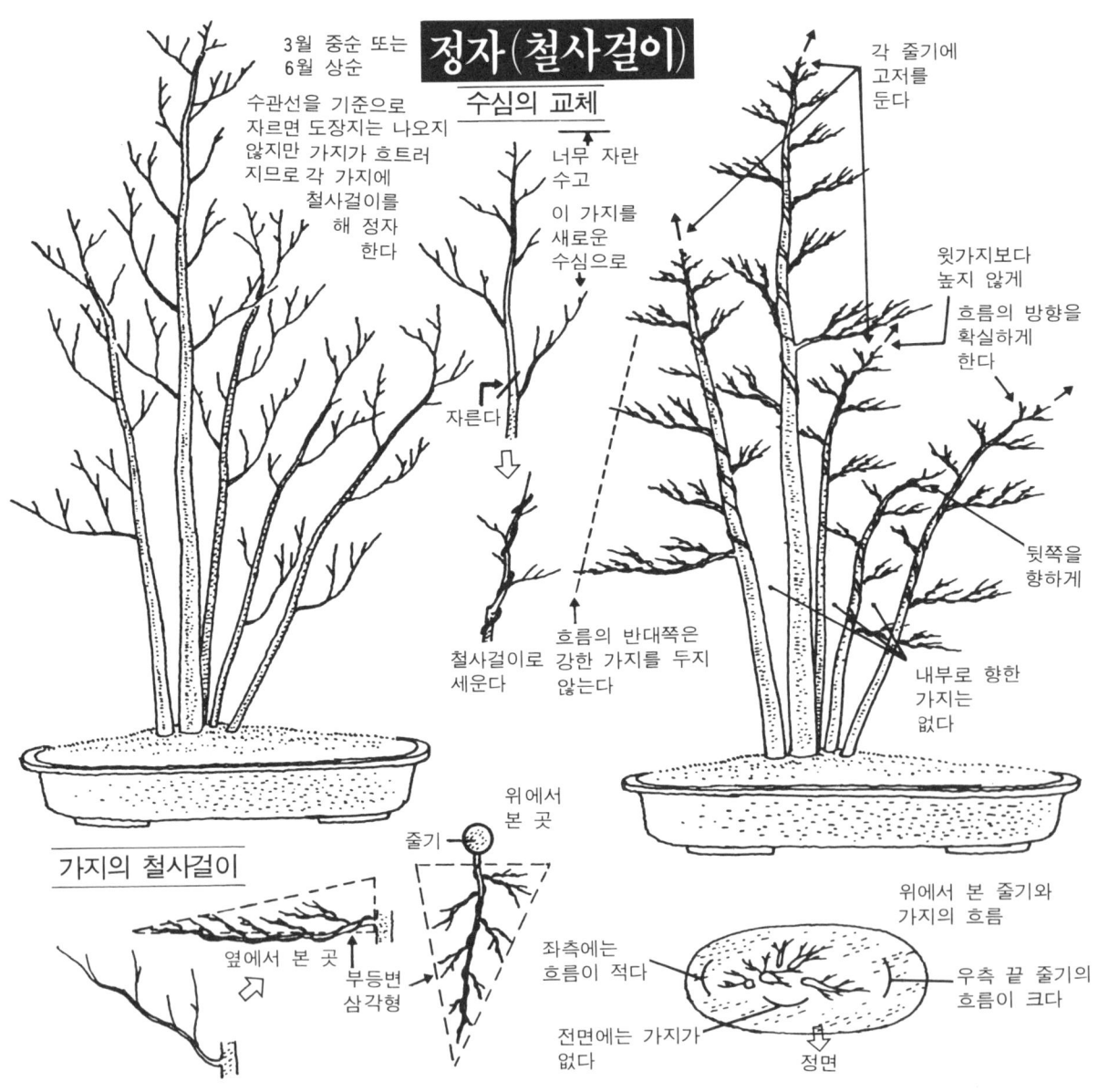

단, 여기서 주의해야 할 것은 제일 우측의 줄기는 끝에 있어서 생육조건이 좋아지므로 방심하면 굵어지기 쉽다. 그래서 가지를 신장시켜도 계속적으로 줄기의 굵기를 억제해야 하고 수고도 억제하는 것이 중요하다.

어쨌든, 우측 끝 줄기는 줄기가 가늘어야 그 멋이 가장 잘 나타나므로 이것을 유지해 가는 것이 수형 가꾸기의 중요한 과제 중의 하나이다.

그 외에 수고에 변화가 있어야 하며 줄기와 줄기 사이의 공간에는 가지를 많이 두지 않아야 한다.

깊이를 나타내는 주간 뒤의 자간은 수고와 굵기를 가장 억제시키지 않으면 안 되지만 생육환경이 좋아 강하게 된다. 만약 강하게 된 경우는 땅가지를 이용하거나 다른 묘와 교체하는 등의 조치를 한다.

그리고 낙상홍은 가지가 위로 자라는 성질이 있으므로 반드시 가지가 가늘 때 철사걸이를 해준다. 가지의 기부를 약간 올리면서 아래로 휘어 내린다.

모과나무
방향있는 큰 과일과 풍격있는 모습

대륙적인 풍취

분재 수종으로서 큰 열매를 맺는 것은 이 모과나무일 것이다. 10월경에 익는 열매는 황색으로 직경이 8~12cm이며 향기가 좋다.

모과나무는 중국이 원산이지만 우리나라에는 오래 전에 들어 왔으리라 생각되며 자생지처럼 지방 곳곳에 군생하고 있다.

큰 열매, 남성적인 가지 모습, 박력있는 수자는 모과나무에서만 볼 수 있다. 또 노목이 되면 표피가 떨어져나가 청갈색의 구름 무늬 모양의 광택을 띠는데, 이것도 모과나무의 독특한 운치를 나타낸다.

수형으로는 곡간, 쌍간, 총생간이 주류를 이루고 있다.

수성이 강건하다

모과나무는 내한성이 상당히 강해 자생 상태로는 영하 20℃에 가까운 저온에도 피해를 받지 않는다는 기록이 있을 정도이다. 겨울에는 비닐

曲幹 樹高71cm

曲幹 樹高85cm

叢生幹 樹高85cm

하우스 속이면 충분히 월동이 가능하다.

뿌리의 활동도 매우 빠르며, 겨울철 온도가 조금만 올라도 눈이 나오기 시작하므로 낮에는 환기를 잘 시켜 너무 고온이 되지 않도록 유의해야 한다.

그리고 모과나무는 토질을 가리지 않는 것도 큰 특징이다. 다습한 듯이 관리하는 것이 좋고, 건조하게 되면 생육이 나빠지고 결실도 나쁘게 된다.

충실한 단지(短枝)만들기

모과나무는 이른 봄 충실한 단지에 꽃이 피고 결실한다. 즉, 전년생의 짧은 가지의 끝에 꽃눈이 형성되는데, 그 곳에서 약간 순이 자라 개화, 결실하게 된다.

■ **암꽃에 결실**

꽃은 직경 3cm 정도의 담자색으로 꽃잎은 5장이다. 꽃은 많이 피지만 결실하는 것은 극히 약간의 암꽃(자방 부분이 크고 볼록하게 나와 있다)이다.

■ **전정**

생장이 왕성한 가지 특히 도장한 듯한 가지에

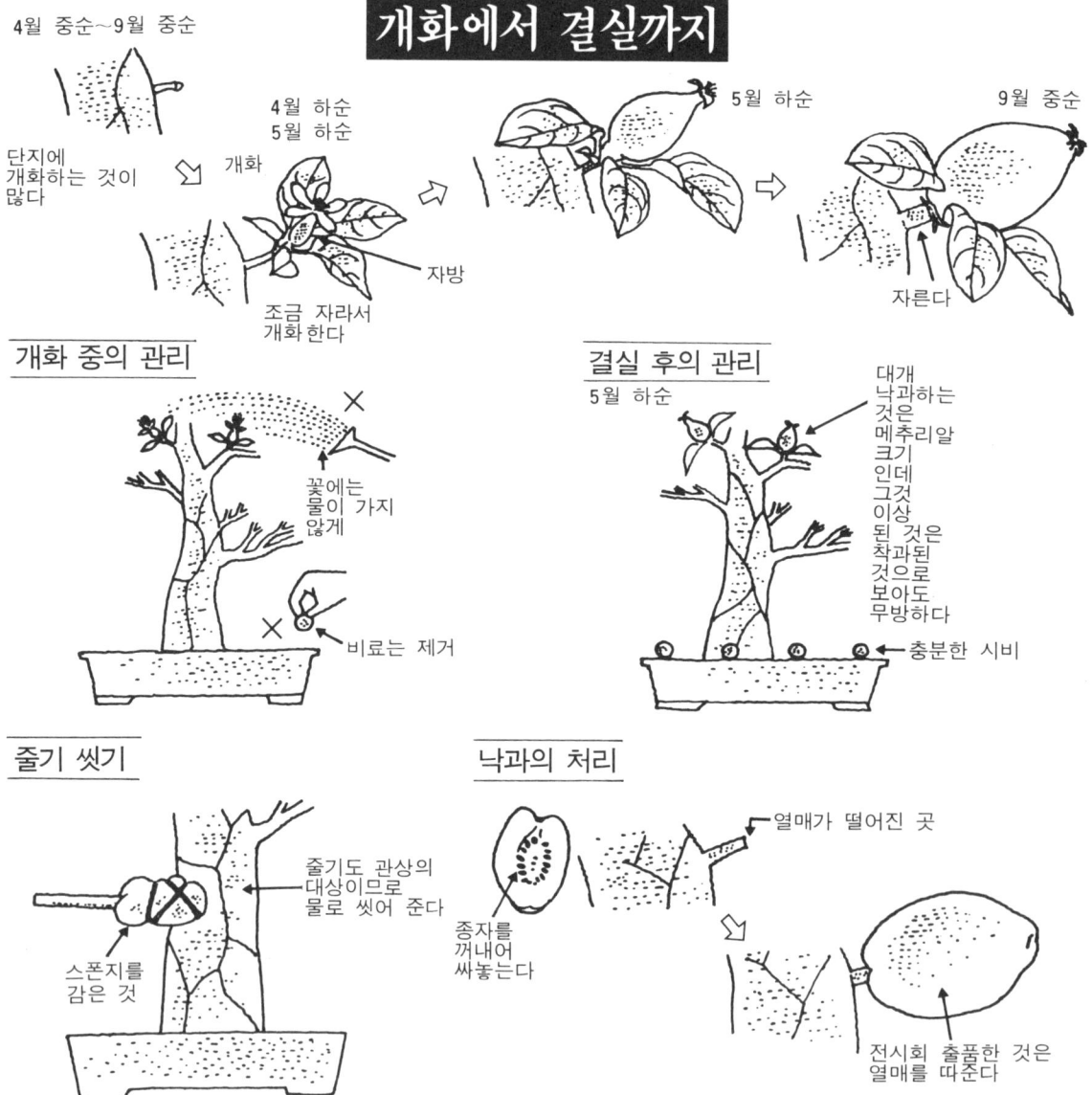

는 꽃이 붙지 않으므로 수형을 흐트러뜨리는 긴 가지는 솎아내거나 잘라주어 단지를 될 수 있으면 많이 나오게 한다. 이 전정은 휴면 기간 중 아닌 장마철에도 한다.

■ 물주기

수분을 좋아하는 수종이다. 새순이 신장하는 시기와 한 여름은 특히 수분 부족에 주의를 해야 한다. 또, 결실한 후부터 수분이 부족되면 낙과의 원인도 된다.

■ 시비

비료는 결실 후 5~6월, 8~10월에 덩이거름을 월 1회씩 주는 것을 기준으로 한다. 꽃이 피기 시작할 때부터 결실할 때까지는 시비를 해서는 안 된다.

■ 배양 장소

일조부족이 되면 개화 결실이 어렵게 되므로 될 수 있으면 햇빛이 잘 비치는 곳에서 관리한다. 겨울에도 오전 중은 해가 닿는 곳에 둔다.

■ 분갈이

봄 새순이 나오기 전이 적기이다. 수세가 강하므로 뿌리와 가지를 꽤 많이 잘라도 활착을 잘하고 맹아력도 있다.

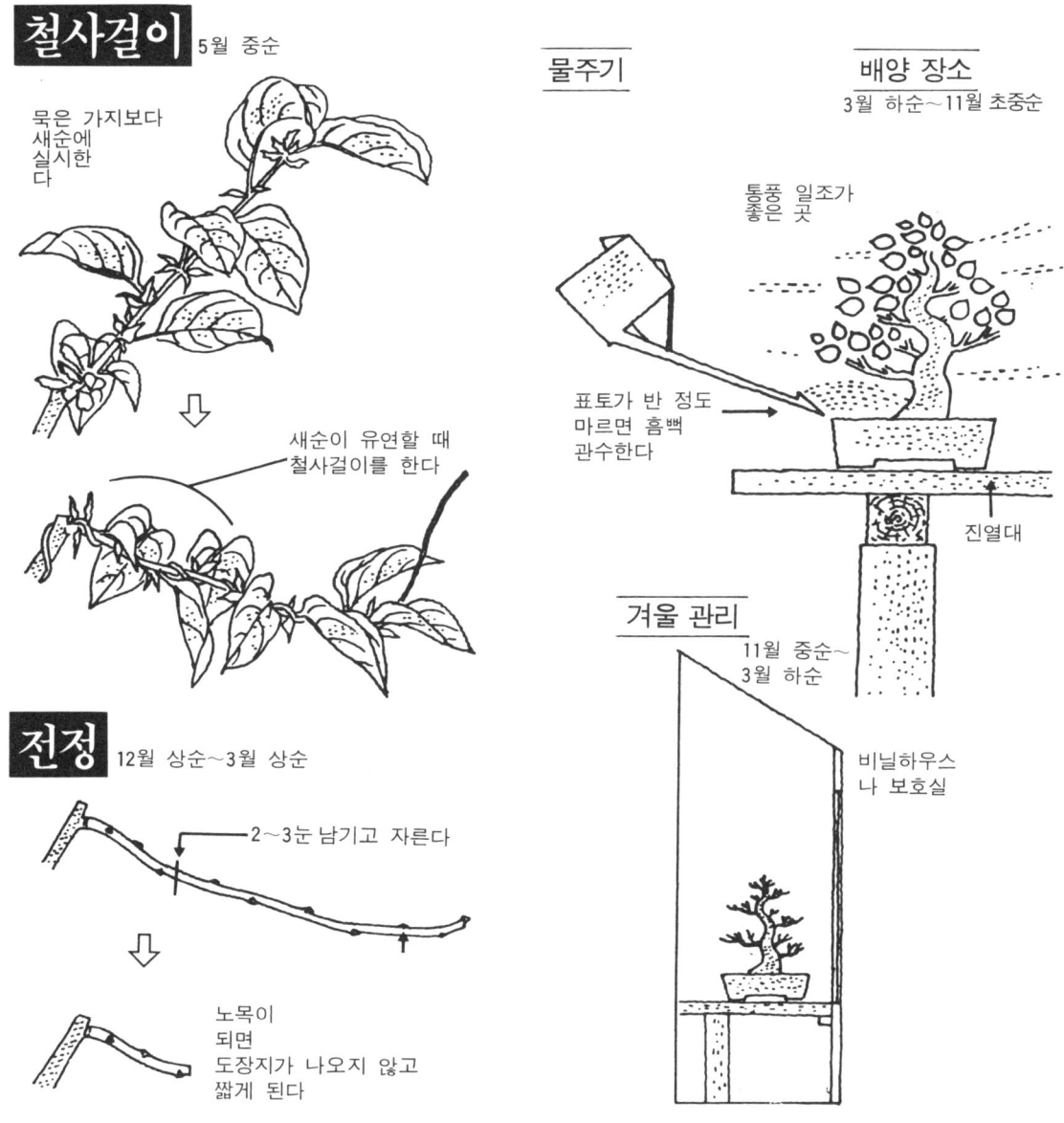

■ 적과

많이 결실한 경우는 관상상 필요한 2~3개 정도 남기고 다른 것은 빨리 적과하여 양분의 소모를 막는다. 열매의 생육을 보고 몇 회에 나누어 적과한다.

실생과 접목

모과나무에는 실생한 것과 접목한 것이 있다.

■ 실생모과

가지가 가늘고 많이 생기며 수피도 좋은 장점이 있지만, 문제는 열매가 맺는데 상당한 연수가 요구된다. 또 열매가 맺더라도 꽤 작다. 대개 줄기가 가는 것이 많다.

■ 접목모과

실생모과에 비해 가지가 세밀하지 못하지만 상과 분재로서 열매를 즐기는 데는 적합하다. 접목 4년째 정도부터 개화하기 시작한다.

실생묘를 대목으로 하고 암꽃이 비교적 많은 계통의 것을 접수로 한다. 보통 밭에서 비배되는 것은 줄기도 굵고 곡이 있는 것이 많이 재배

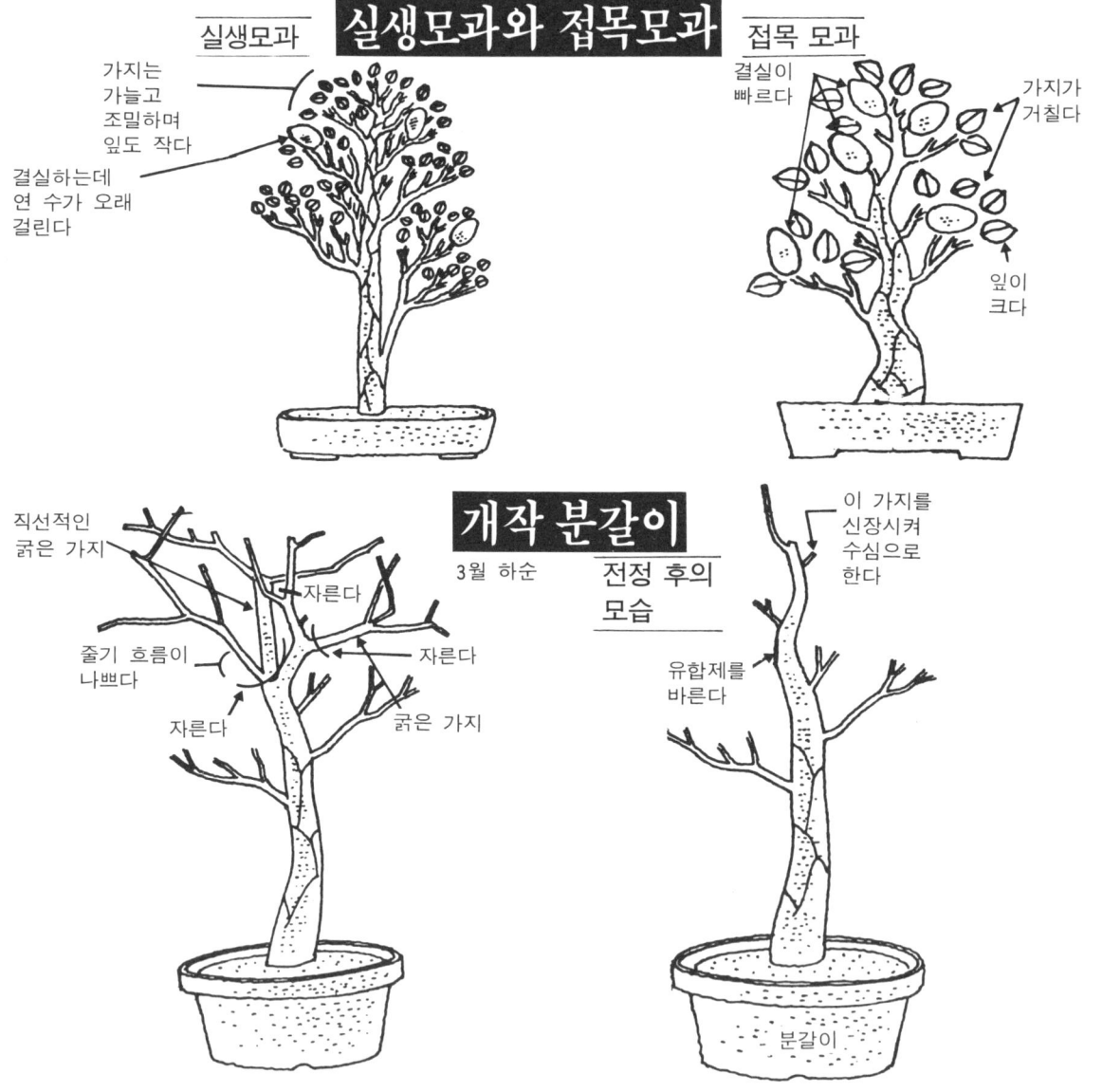

되고 있다.

순치기와 철사걸이

상과 분재로는 키가 큰 수종이므로 정부가 강하게 된다. 다행히 강전정에 잘 견뎌 왕성한 맹아력을 보이므로 구입한 나무의 잘못된 가지를 교체할 수 있다.

또 모과나무는 가지가 위로 자라는 성질이 있으므로 주지(主枝)는 될 수 있는대로 옆으로 길게 펼쳐주면 가지 끝은 위로 자라도 보기 좋게 된다.

가지 만들기의 단계에는 열매에 구애받지 말고 새순이 녹색에서 갈색으로 변할 때 2~3잎 남기고 자르는데, 두 번째 순이 나오면 같은 작업을 반복해서 잔가지를 만든다.

그리고 모과나무의 재질은 극히 딱딱하고 부러지기 쉬운 성질이 있으므로 철사걸이는 새순일 때 끝내는 것이 좋다. 장마철에 위로 자라는 새순을 높혀서 가지의 기초를 만든다.

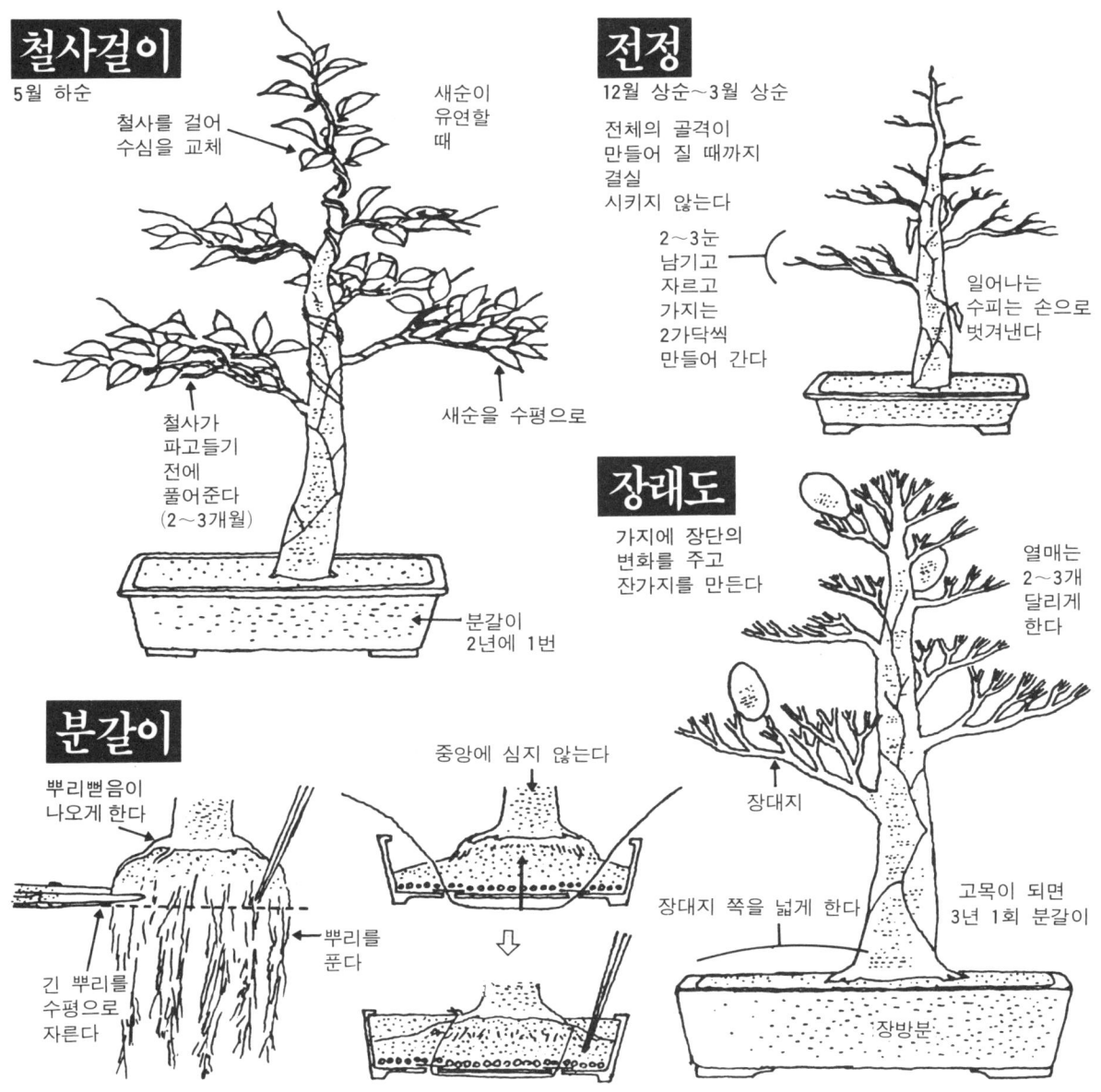

심산해당
소박하고 사랑스런 작은 열매

특성

　심산해당은 식물학적으로 아그배나무의 총칭으로 장미과 사과나무속의 낙엽소교목이다.
　해당에는 이 심산해당 등의 열매해당과 오로지 꽃만 관상하는 꽃해당(수사해당)이 있다.
　잎은 장타원형으로 꽃은 4월경에 새순의 엽액에 3~7개 피는데, 봉우리일 때는 붉은 빛을 띠지만 피면 백색이 된다. 열매는 직경이 6~10mm 홍색과 황색이 있고 9월경에 익는다. 방울처럼 매달려 있는 작은 열매는 야취가 풍부하고 소박한 느낌을 준다.
　그리고 심산해당은 열매가 매우 잘 붙는 것도 큰 매력인데, 사과나무 속의 식물은 단과지를 될 수 있으면 많이 나오게 하는 것이 열매를 잘 맺게하는 요령이다.
　길게 신장한 새순에는 꽃눈이 붙지 않고 아주 짧은 가지에만 꽃눈이 분화한다. 꽃을 잘 피게 하기 위해서는 새순이 5~6월에 걸쳐 세력 좋게 자랄 때, 특히 강한 가지의 끝눈을 적심해서 신장을 억제해 준다. 특별히 어려운 것은 없으

斜幹 樹高 74cm

石附 樹高 60cm

曲幹 樹高 47cm

므로 상과 분재 중에서 비교적 손질이 쉬운 수종이다.

배양 관리

■ **분갈이**

세근(細根)이 잘 발달하는 수종이므로 몇 년이고 분갈이를 하지 않으면 분 속에 뿌리가 꽉 차게 된다. 2년에 1회는 분갈이를 해서 묵은 뿌리를 갱신시켜 준다.

분토는, 수형 가꾸기 단계의 경우, 산사만 사용해도 좋지만 어느 정도 수형이 만들어지면 적옥토나 부엽토를 2할 정도 배합한다.

■ **물주기**

상과 분재는 다른 상엽 분재보다도 물을 많이 주게 된다. 특히 심산해당은 습윤한 토지에서 자생하고 있으므로 수분 부족이 되지 않도록 주의해야 한다. 한여름과 열매가 자라는 계절은 건조하기 쉬우므로 하루에 2~3회 관수해 준다.

■ **시비**

시비는 결실 후 6월, 8월에서 10월까지 월 1회씩 덩이거름을 준다.

■ **병충해 방제**

새순이 나오면서 진딧물이 발생하므로 메타시

개화 결실시의 관리

4월 중순~
5월 중순

개화에서 성과까지

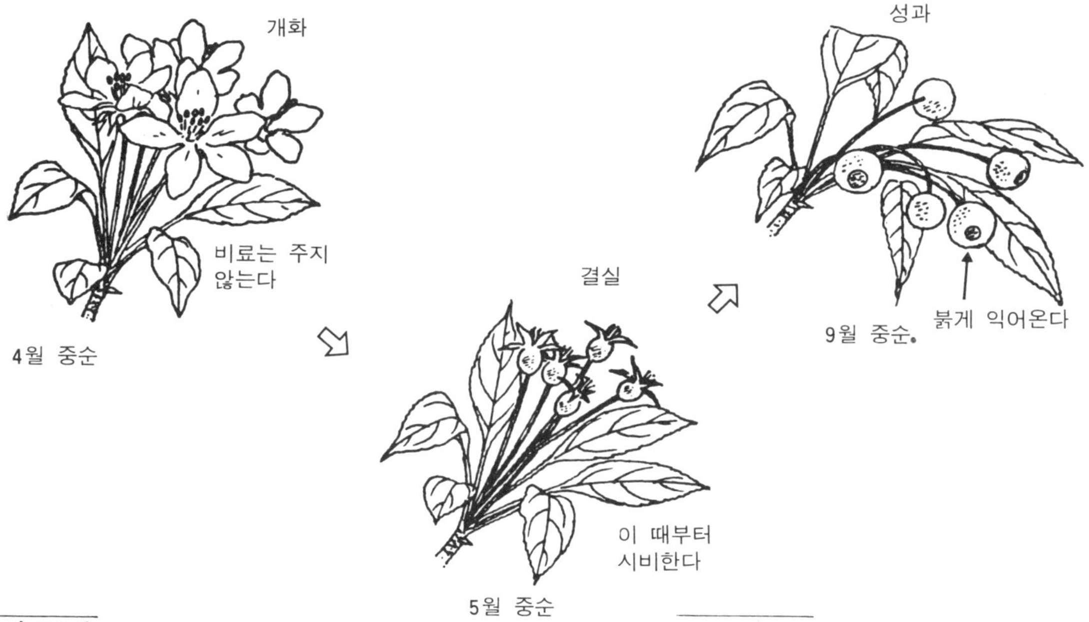

개화
4월 중순
비료는 주지 않는다

결실
5월 중순
이 때부터 시비한다

성과
9월 중순
붉게 익어온다

자연 교배

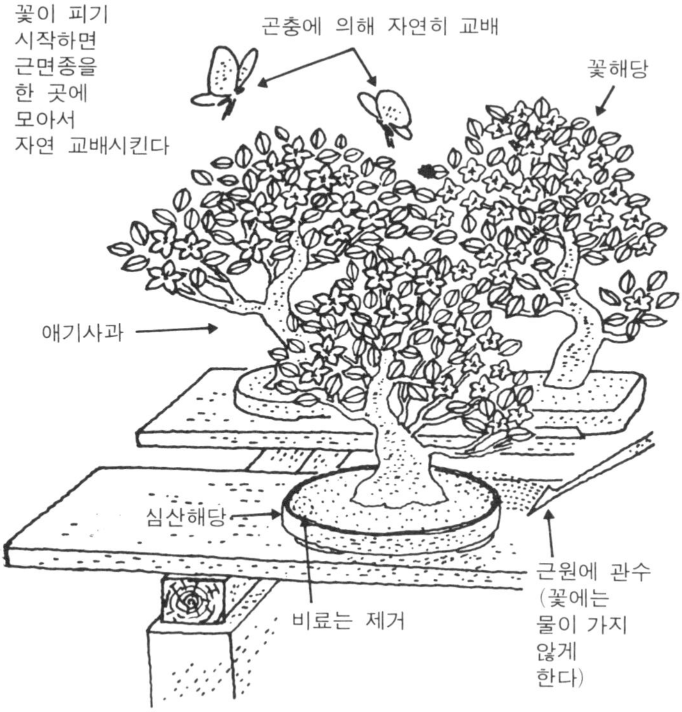

꽃이 피기 시작하면 근면종을 한 곳에 모아서 자연 교배시킨다

곤충에 의해 자연히 교배

꽃해당
애기사과
심산해당
비료는 제거
근원에 관수 (꽃에는 물이 가지 않게 한다)

인공 교배

꽃해당과 애기사과의 꽃으로 교배

수사해당
심산해당

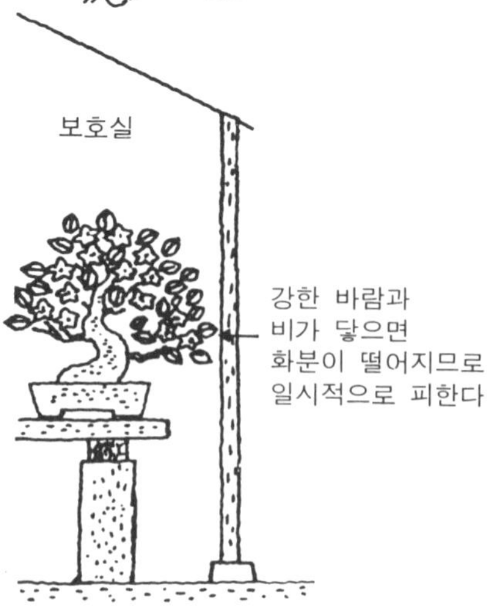

보호실
강한 바람과 비가 닿으면 화분이 떨어지므로 일시적으로 피한다

스톡스를 산포한다.

잎에 등황색의 반점이 생기는 적성병과 통풍, 일조가 나쁘면 발생하는 흰가루병에는 다이센과 벤레이트 등을 개화 결실하는 시기를 제외하고 산포한다.

결실

사과나무속 식물의 대부분은 자가불친화성이므로 같은 나무에 핀 꽃의 화분으로는 수정이 어려운 성질이 있다. 꽃은 많이 피었지만 거의 열매가 붙지 않는 경우는 사과나무속의 이러한 성질에 의한 것이 적지 않다.

자가불친화성이라고 하는 것은 식물이 가지고 있는 자기방위본능과 같은 것이다. 자신의 화분(花粉)만으로 수정을 반복하면 유전 형질이 순화되어 수성이 약하게 되는 것이다.

그 때문에 재배하고 있는 나무가 한주(一株)일 경우, 같은 어미에서 번식한 것만 있는 경우는 극단적으로 결실이 나쁘게 된다.

이것을 막는 데는 다른 유전 형질을 가지고 있으며 수정이 가능한 근연종을 가까이 두어야

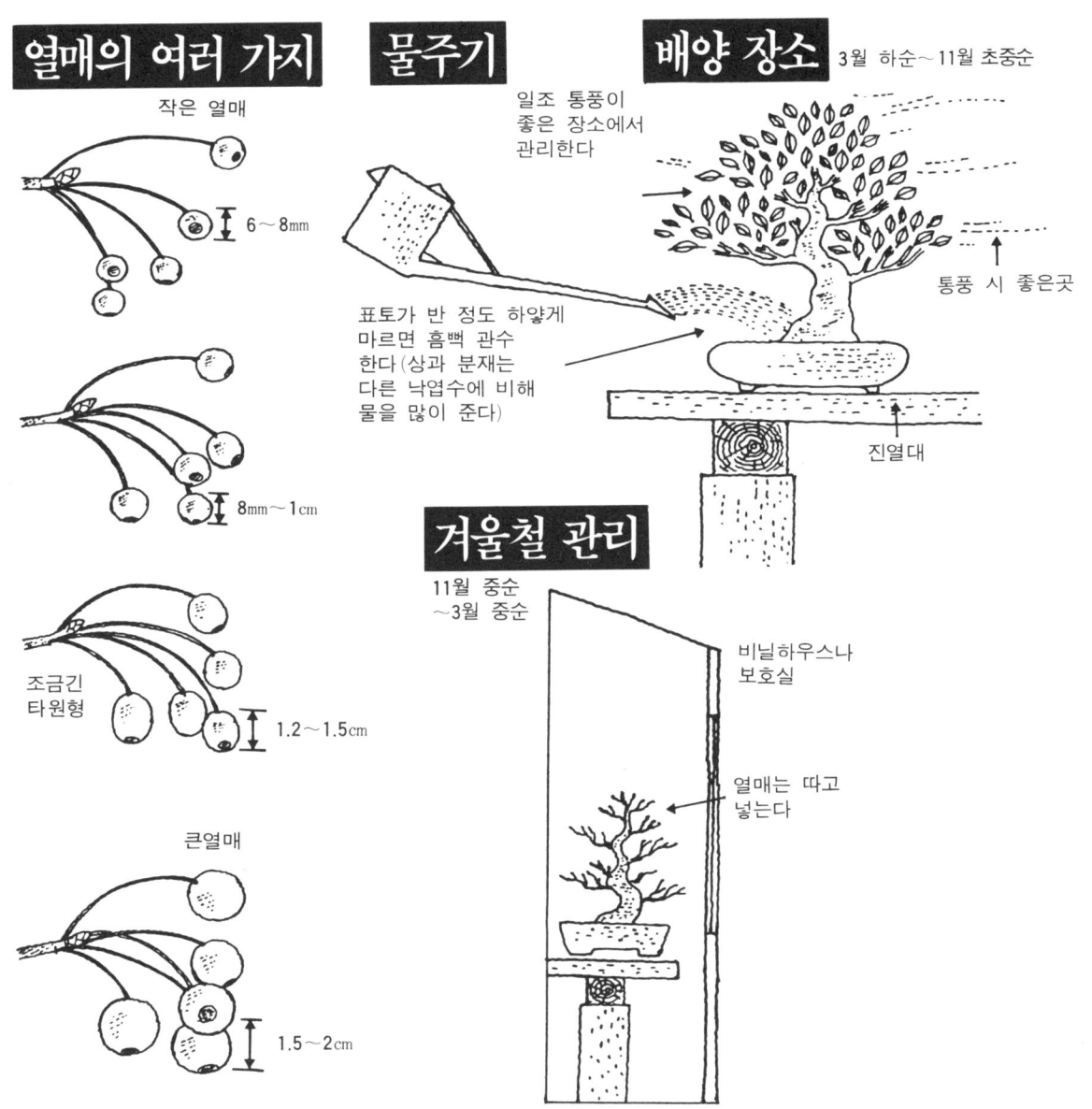

한다.

심산해당을 개화시에 애기사과와 수사해당 가까이에 두면 교잡이 잘 된다. 또 비가 계속 내려 곤충이 적은 경우는 다른 종류의 화분으로 인공 수분해주면 보다 확실하다.

가지 만들기의 요점

맹아력이 아주 왕성해서 도처에 부정아가 나온다. 새순이 다 나오는 5월 중순경에는 불필요한 순을 제거하고 어린나무는 잔가지를 증가시키기 위해 2~3눈 남기고 순치기한다.

대개 한여름까지 1~2회 순치기를 하지만 그 이후는 낙엽 후에 잘라준다. 열매를 관상할 경우는 6~7월에 순치기를 하면 두 번째 순에는 꽃눈이 형성되지 않으므로 5월 하순에서 6월 중순에 새순에 철사걸이를 하고 정자는 낙엽 후에 한다.

심산해당은 낙엽 시에 철사걸이를 하면 가지가 부러지지 쉬우므로 어린나무나 고목에 관계없이 새순에 철사걸이를 한다. 철사가 파고 들지 않게 2~3개월 후에는 풀어 준다.

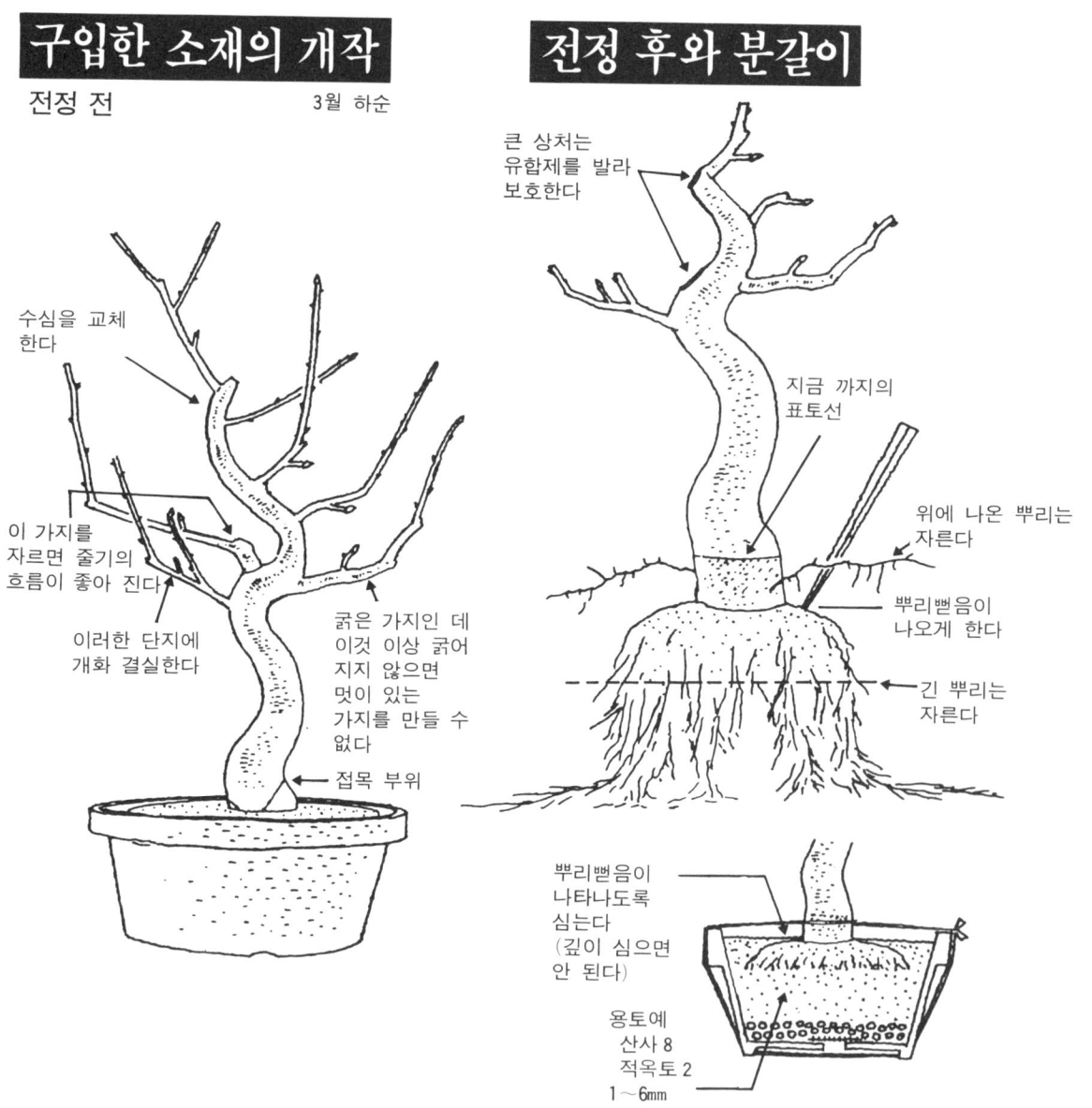

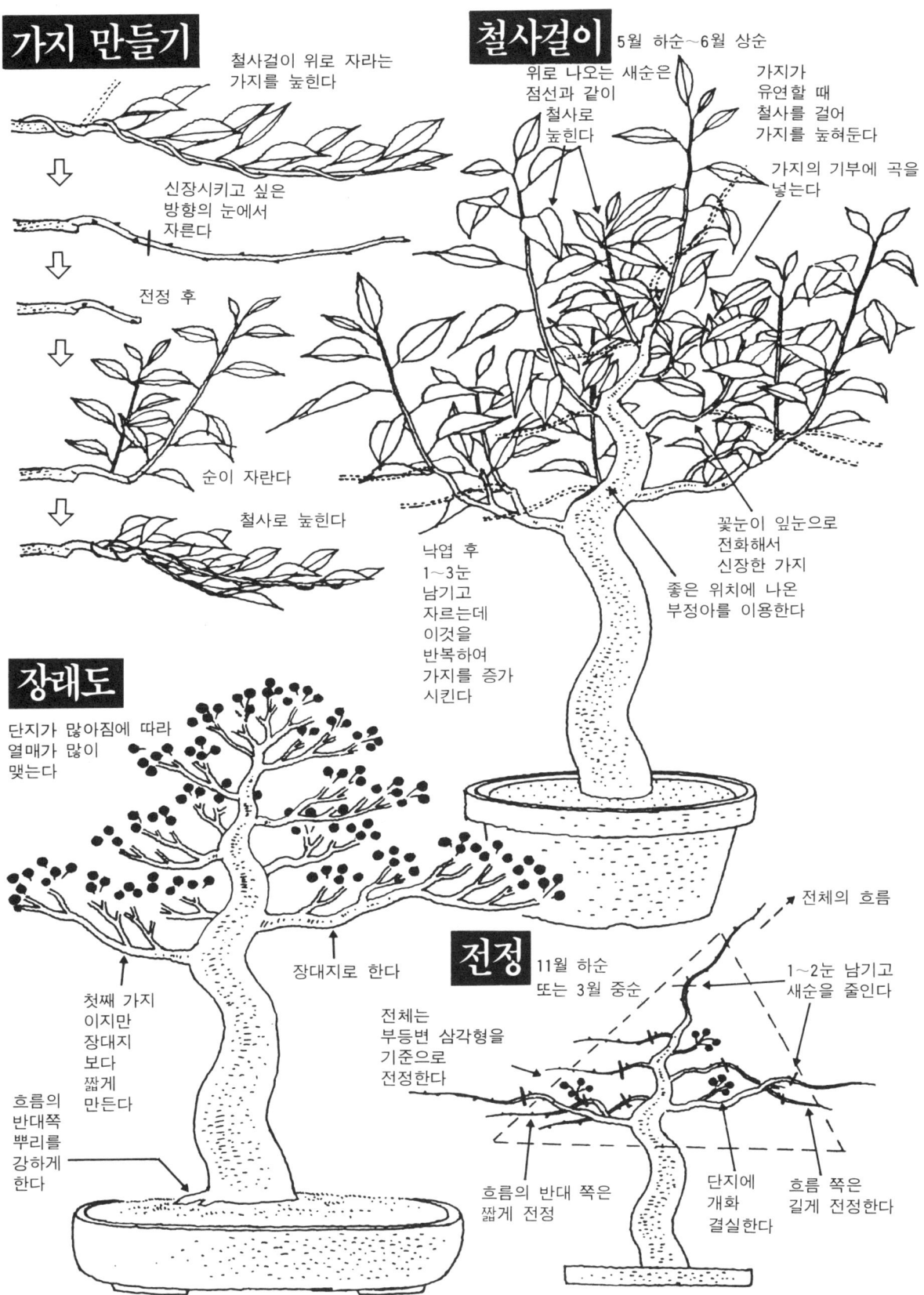

⊙ 편저자
김세원 (金世元)

서울시립대학교 원예과 졸업, 고려대학교 대학원 수료.
(사)한국화훼협회 교육부장, (사)한국분재협회 편집위원장 역임.
고려대학교 농업개발원 강사, 중앙대학교 강사.
저서 : 분재총론(학문당, 1986)
　　　분재가꾸기(하서출판사, 1988)
　　　분재(대원사, 1989)
　　　수종별 분재가꾸기(전원문화사, 1989)
　　　월별 분재가꾸기(전원문화사, 1990)
현재 : 신구전문대학 원예과 강사, (사)한국분재협회 편집위원
　　　분재 전문농장 선유원(仙遊園) 2代

인지란

수종별 분재 가꾸기

2018년 11월 10일　1판 11쇄 발행

편저자 ＊ 김세원
펴낸이 ＊ 남병덕
펴낸곳 ＊ 전원문화사

07689 서울시 강서구 화곡로 43가길 30. 2층
　　　T.02)6735-2100 F.6735-2103

등록 : 1999년 11월 16일 제 1999-053호
Cooyright ⓒ 1989, by Se-won Kim
이 책의 내용은 저작권법에 따라 보호받고 있습니다.
잘못 만들어진 책은 바꾸어 드립니다.
　● 저자와의 협의하에 인지를 생략합니다.

값 15,000원